新时代教师专业发展实践
——教师培训之新教师篇

◎ 何劲松 主编

北京理工大学出版社
BEIJING INSTITUTE OF TECHNOLOGY PRESS

版权专有 侵权必究

图书在版编目（CIP）数据

新时代教师专业发展实践．教师培训之新教师篇/何劲松主编．—北京：北京理工大学出版社，2020.11

ISBN 978-7-5682-9275-7

Ⅰ．①新… Ⅱ．①何… Ⅲ．①中小学-师资培养-研究-北京 Ⅳ．①G635.12

中国版本图书馆 CIP 数据核字（2020）第 232492 号

出版发行 / 北京理工大学出版社有限责任公司	
社　　址 / 北京市海淀区中关村南大街 5 号	
邮　　编 / 100081	
电　　话 /（010）68914775（总编室）	
（010）82562903（教材售后服务热线）	
（010）68948351（其他图书服务热线）	
网　　址 / http://www.bitpress.com.cn	
经　　销 / 全国各地新华书店	
印　　刷 / 三河市华骏印务包装有限公司	
开　　本 / 787 毫米 × 1092 毫米　1/16	责任编辑 / 刘　派
印　　张 / 14	文案编辑 / 李丁一
字　　数 / 329 千字	责任校对 / 周瑞红
版　　次 / 2020 年 11 月第 1 版　2020 年 11 月第 1 次印刷	责任印制 / 李志强
定　　价 / 72.00 元	

图书出现印装质量问题，请拨打售后服务热线，本社负责调换

新时代教师专业发展实践
——教师培训之全景篇
编 委 会

主　　编　何劲松

副主编　杨江林

编　委　李海燕　邓永卫　方怀胜　柳立涛　季　茹　祁建新　闫新全
　　　　　申军红　石群雄　周玉华　胡国友　武维民　全　斌　徐秋生
　　　　　尼　腾　田　娟　刘浩仁　黄海明　郭立增　吴连民　刘江波
　　　　　梁文鑫　陈琦璐　郭　佳　温　岩　焦　滢　田　原

指导专家（按姓氏笔画排序）
　　　　　马宪平　乔爱玲　伍芳辉　苏小平　李　晶　杨朝晖　余逸群
　　　　　林秀钦　周金燕

新时代教师专业发展实践
——教师培训之新教师篇
编 委 会

主　　编　何劲松

副主编　杨江林

编　委　李海燕　邓永卫　方怀胜　柳立涛　束　旭　张　怡　景卫国
　　　　　刘　锌　王冬梅　陈绪峰　陈明欣　田小将　肖　月　王振江
　　　　　王　君　阴希春　刘立辛　于晓龙　李金凤　胡红宇　夏　永
　　　　　梁文鑫　陈琦璐　郭　佳　王海峰　苑　薇　吴健伟

指导专家（按姓氏笔画排序）
　　　　　马　宁　叶菊艳　刘　菁　孙　众　吴　娟　何彩霞　徐中伟

序言 PREFACE

教师是教育发展的第一资源,是国家富强、民族振兴、人民幸福的重要基石。党和国家历来重视教师工作。习近平总书记强调,要从战略高度来认识教师工作的极端重要性,把加强教师队伍建设作为教育事业最重要的基础工作来抓。"十三五"以来,中央、中办、国办相继下发重磅文件,为新时代教师队伍建设提供了根本遵循。首都教师教育工作者们以此为指引,走过不平凡的五年。五年来,市委、市政府顶层设计、擘画蓝图;市委教育工委、市教委细化政策、明确措施;各区教育行政部门、培训机构、广大中小学校改革创新,大胆实践,用新奋斗、新措施、新成效书写了首都教师队伍建设的奋进之笔。

教师培训作为提升教师专业素质的重要途径,在加强教师队伍建设方面发挥了重要作用。高质量的培训是以高质量的研究为基础的,北京市各区教师培训者坚持以研促训,研训一体,以理论指导实践,以实践滋养理论,在丰富的培训实践中开展课题研究,同时以研究的态度和方法促进培训质量的提升。"十三五"期间,形成了一大批培训研究成果,北京市中小学中等职业学校教师培训中心组织专家遴选了其中更具有实践性、典型性和可借鉴性的优秀成果结集出版。

全书分为两册,从教师培训时代背景、国际比较切入。新教师篇聚焦新教师培训,突出把好入口关。从教师培训机构和中小学校两个层面,探讨了新教师的职业认同、培训需求、培训课程、培训方式、培训管理与培训评价等问题,构成了一个具有内在逻辑的新教师培训研究成果体系。全景篇汇集了北京市各区教师培训部门、教研机构、中小学校老师们的关于教师专业发展实践研究的文章,比较全面地反映了在教师培训方面所做的工作和取得的成果,勾勒出北京市中小学教师培训工作系统化、现代化、多样化的景象。

专家们在文稿审阅过程中,多有鼓励,他们认为收录的文章既单独成篇,又相互补充;角度多样,且相互印证;既有许多此前少有论述的话题,也有许多"旧题新解";宏观概览与具体案例结合,专家点评做延伸,较充分地反映出教师培训工作的新理念、新内容、新模式、新成果。这些研究能够紧密结合教育工作和教师队伍建设的时代特点,反映教师培训工作最新理论成果运用和实践经验总结,是"做出来的"教师培训学问。每份研究报告都力求遵循教育研究的基本规范，用事实说话，以人的积极变化体现出教师专业发展的可行路径和策略。文章为研究教师专业发展提供了大量数据和信息，为开展教师专业发展理论研究和推进教师培训工作提供了很有价值的文献资料，是很好的实践经验的理论总结和历史记录。

值此教育"十三五"收官之际，希望以此书的出版，为首都基础教育教师培训积累经验、升华实践、沉淀智慧。当前，建设教育强国的冲锋号已经吹响，新时代育师强师的考卷等待着我们坚定的回答。站在新的历史起点上，期待北京市中小学教师培训工作者不忘立德树人初心，牢记为党育人、为国育才使命，立足首都中小学教师队伍建设实际，以更加务实的培训、更加深入的研究，切实为首都教育造就高素质专业化创新型教师队伍贡献培训者的智慧和力量。

本书编委会
2020 年 8 月

目录 CONTENTS

第一章 回顾历史，梳理政策，分析现状

教师队伍建设迎来最"好"的时代与最"大"的挑战 …………………………（002）

第二章 放眼全球，立足国情，聚焦新教师入职培训

把好入口关：全球视角下的新教师入职培训 ……………………………………（008）

第三章 新教师队伍现状研究

中学新教师职业认同现状及影响因素研究 ………………………………………（014）
海淀区中小学新教师专业发展调查研究报告 ……………………………………（026）

第四章 新教师培训：培训机构视角

基于教师发展需求的新教师培训模式建构 ………………………………………（042）
基于课堂观察与行为改进的新教师培训 …………………………………………（050）
以学习者为中心的新教师培训模式建构 …………………………………………（058）
小初衔接视阈下的英语阅读教学培训实践研究 …………………………………（068）
指向精准供给的区域新教师培训课程构建与实践 ………………………………（076）
论 PDCA 循环培训管理模式在新教师培训中的应用 ……………………………（083）
混合式培训促进新教师专业发展的行动研究 ……………………………………（094）
"四段式"培训助推中小学新教师成长 ……………………………………………（104）
创新培训内容实践片区化管理 ………………………………………………………（111）
远郊区（县）新教师专业成长途径的实践探索 …………………………………（117）
导师课例研究发展新任体育教师反思能力 ………………………………………（125）
密云区新教师"三年递进式研修"的实践研究 …………………………………（136）
新教师培训低效原因及对策 …………………………………………………………（144）

第五章　新教师培训：学校视角

城乡一体化背景下新教师专业发展的模式研究 ……………………………………（152）
基于新教师需求的校本培训课程体系研究 ……………………………………（161）
集团化视野下的新教师职初培训探索 ……………………………………………（169）
面向新教师的项目式校本培训课程建设与实践 ………………………………（178）
借助 OTP 需求分析模式完善中小学新教师校本培训个案研究 …………………（188）
新教师专业发展的内容与路径 ……………………………………………………（197）
师徒制促进小学实习教师专业化成长 ……………………………………………（207）

后　记 ……………………………………………………………………………（216）

第一章

回顾历史,梳理政策,分析现状

教师队伍建设迎来最"好"的时代与最"大"的挑战

  教师重要,就在于教师的工作是塑造灵魂、塑造生命、塑造人的工作。一个人遇到好老师是人生的幸运,一个学校拥有好老师是学校的光荣,一个民族源源不断涌现出一批又一批好老师则是民族的希望。国家繁荣、民族振兴、教育发展,需要我们大力培养造就一支师德高尚、业务精湛、结构合理、充满活力的高素质专业化教师队伍,需要涌现一大批好老师。

——习近平

  教育质量已经成为衡量一个国家发展的重要软实力。近年来,伴随着 OECD 对各国教育质量的测评,各国也愈发关注本国教育质量。教师质量作为决定教育质量的重要影响因素,也引起了诸多关注。我国改革开放 40 年以来,发布了一系列关于教师队伍建设的政策、制度,教师队伍建设也取得了长足的进步,在数量与质量上都有较大的发展。荀渊等对 40 年来的政策沿革进行分析并指出,改革开放以来,教师教育的改革与发展沿着两条相互关联的路径逐步展开,一是如何在数量与质量上培养出适应基础教育改革与发展需要的教师为教师专业发展提供持续的支持;二是如何建立与经济、社会、教育体制改革相适应的教师教育体系与制度。在这个过程中,教师教育政策的重心逐步从满足师资数量规模需求为主的外延式发展转向了致力于提升教师培养质量的内涵式发展阶段。

一、改革开放 40 年以来教师队伍建设政策概览与阶段性特点

  纵观 40 年来的教师队伍建设发展历程,我们发现从制度与政策设计、制度落实、问题反思进而结合社会发展需求再完善制度政策设计,教师队伍建设按照螺旋式上升的过程,在数量与质量上不断适应社会发展、国家建设的需求与需要。

  1. 教师资格制度的确立,标志着教师队伍建设的关注点从学历补偿向职业规范迈进

  1994 年之前,主要是消除教育系统的一些不良影响,满足教师岗位上有人教学,保障数量的需求。1994 年,实施了教师资格证书制度,标志着教师队伍建设将朝着一个更为规范的路径前进,重视教师的在职培训,强调教师的终身学习,凸显对教师这一职业的内涵式发展,关注点也从关注数量到数量与质量的兼顾,通过专门的教师培养与培训机构来落实有关的政策要求。

  2. 系列标准的制定标志着教师队伍建设朝着国家导向下标准驱动的教师专业发展路径前进

  从 2004 年 10 月起,教育部师范教师司启动了包括教师专业标准、教师教育课程标准、

教师教育机构认证标准和教师教育质量评估标准等在内的教师教育标准体系的研究与制定工作。2011年11月,教育部印发《关于大力推进教师教育课程改革的意见》《教师教育课程标准(试行)》;2012年2月,教育部印发了《教师专业标准(试行)》;2012年8月,国务院颁布《关于加强教师队伍建设的意见》,进一步完善教师专业发展标准体系与制度体系。在国家系统顶层设计下,我国教师教育的支持制度与政策得以实现。自2012年以后,我国的教师队伍建设也越来越朝着标准化、规范化与专业化的内涵式发展道路前进。

3. 十年扩招与开放化教师教育格局的交互作用,大量非师范毕业生进入到中小学教师队伍

1999年开始的高校扩招持续了10年之久:一方面是师范专业毕业生的急剧增加;另一方面是开放化教师教育格局形成后大量非师范专业毕业生只要参加教师资格认证考试,获得教师资格证即可从事教师职业。据2012年数据统计,进入到中、小学从教的毕业生当中,师范类专业毕业生占比达到74.7%;但是占师范类毕业生总数不足30%。由于教师资格证书制度尚不完善,无法全面考查非师范类专业毕业生的理论素养与实践能力,也给教师职后培训带来了极大的挑战,也标志着中、小学教师队伍的职后培训需要加强分层分类的针对性培训。

4. 中共中央、国务院联合印发教师队伍建设文件标志着教师专业发展迎来前所未有的最好的时代

进入"十三五"以来,我国先后发布系列重磅文件,尤其是2018年《中共中央国务院关于全面深化新时代教师队伍建设改革的意见》的发布标志着教师队伍建设对国家发展、民族复兴的基础性、先导性、全局性、重要性愈发凸显。习近平总书记在全国教育大会上也强调"教师是人类灵魂的工程师,是人类文明的传承者,承载着传播知识、传播思想、传播真理,塑造灵魂、塑造生命、塑造新人的时代重任。全党全社会要弘扬尊师重教的社会风尚,努力提高教师政治地位、社会地位、职业地位,让广大教师享有应有的社会声望,在教书育人岗位上为党和人民事业做出新的更大的贡献。"一系列政策的制定,尤其是以中共中央、国务院联合发布教师队伍建设的文件,是自中华人民共和国成立以来的第一次,也昭示了对优质教师队伍的迫切期待。自2018年以来,我国教师队伍建设迎来了最"好"的时代。

"十三五"时期,在国家系列教师队伍政策的顶层设计与指导下,北京市结合"十三五"时期的全市教师队伍建设重点、难点,建立了纵深性的政策体系结构。在政策的有力引导下,市、区、校三级全力贯彻、有效落实,取得了较大成就。五年来,基本上形成了与国家政策相衔接、与北京市具体情况相适应的纵向政策体系,尤其是多部门联合制定、发布教师队伍建设的重要文件,确保了教师队伍建设工作在全市工作中的重要地位,有效地促进了教师队伍在数量与质量上的发展。

二、最好的时代里,教师队伍迎来数量与质量的双重考验

2019年教师节,教育部教师工作司任有群司长介绍了我国教师队伍建设成就,现有各级各类专任教师1673.83万人;比1985年,也就是从设立教师节之初的931.9万人,增长

了79.61%。其次,素质能力大为提升。在学历上,相比1985年,小学、初中取得本科及以上学历的教师比例分别增长了61.59%和80.59%。虽然教师队伍建设取得了巨大的成就,然而伴随国家对教师队伍建设要求的提升,以及二胎政策的放开,适龄入学儿童数也在不断攀升,教师队伍面临着数量与质量上的双重考验。

1. "十三五"时期,北京教师队伍面临着数量上的挑战

根据北京市教委每年公布的年度教育事业发展统计概况,以小学为例,2016—2020年,北京市小学每年招生人数与毕业生人数逐年攀升。按照1∶13.83的小学师生比(数据来自北京市人民政府教育督导室官网),所需的教师数量也逐年增加。

根据北京市教师信息管理系统的数据显示,2015年新教师入职总人数3855人,2016年新教师入职总人数4790人,2017年新教师入职总人数5251人。2018年1月,北京市发布了《北京市拓展中小学教师来源行动计划(2018—2022年)》,决定每年新增2350个师范生培养名额(连续5年),以此弥补目前基础教育,尤其是幼儿园和小学教师数量的不足。然而,就未来5年师范生培养数量(每年大约2000人)与日益增加的需求量(从2015—2017年的招聘数量来推断)相差仍然较为悬殊。

2. 北京市中、小学教师队伍质量亟待提升以与首都城市定位相匹配

2014年2月26日,习近平总书记在北京视察时指出,要明确城市战略定位,坚持和强化首都全国政治中心、文化中心、国际交往中心、科技创新中心的核心功能,深入实施人文北京、科技北京、绿色北京战略,努力把北京建设成为国际一流的和谐宜居之都。2017年9月29日正式发布的《北京城市总体规划(2016—2035年)》明确,北京城市战略定位是全国政治中心、文化中心、国际交往中心、科技创新中心。2018年,北京教育大会上北京市委书记蔡奇强调要紧紧围绕首都城市战略定位,以凝聚人心、完善人格、开发人力、培育人才、造福人民为工作目标,扎实推进教育现代化,办好人民满意的教育,努力培养德、智、体、美、劳全面发展的社会主义建设者和接班人,为建设国际一流的和谐宜居之都提供强大的人才智力支撑。然而,目前北京市中、小学教师队伍与国际一流的教师队伍还有差距。

(1)从学历水平来看,世界强国先后出现了中、小学教师"硕士化"的趋势。2008年7月2日,法国部长联席会议决定于2010年9月1日开始实施中、小学教师培训与录用硕士化标准。按照新的规定,在师范生录取考试成绩公布之时,候选人应具备硕士学历。结合TALIS国际测试数据,芬兰所有从事学前教育、义务教育、高等教育、成人教育的教师都必须具有硕士以上学历;英国、新加坡等国也会通过PGDE实现教师的学历提升。日本也把职前培养逐步提高到研究生教育的水平。从OECD 2018年官网公布的数据来看,在所有36个成员国当中,12个国家要求小学教师拥有硕士水平,19个国家要求初中教师拥有硕士水平,22个国家要求高中教师拥有硕士水平。结合北京市近年来新入职教师的学历情况,2015—2017年入职的新教师中本科毕业生依然是新教师的主体。硕士、博士占比保持相对稳定,占比约45%。目前,小学主要以本科学历为主,初中、高中则以硕士学历为主。近几年教师队伍中高学历人才(博士学历)呈上升趋势,尤其是在初、高中教师队伍中有上升趋势。

(2)从专业性来看,由于师范生培养不足,每年有大量非师范专业毕业生进入到教师队伍。非师范专业的新教师入职比例在逐年攀升,而师范专业已经由2015年的45%下降到

2017年的32%。在小学、初中与高中阶段，非师范专业的占比较为均衡，并且呈逐年上升趋势。非师范专业新教师在教育学、心理学的理论知识与教育实践的先天不足，以及差异化较大的入职前培训将导致其在入职后势必面临巨大挑战。

伴随着北京市中、高考改革的逐渐落实，历史、地理、政治、生物等学科急需师资补充，进而出现了执教学科与所学专业不一致的"教非所学"现象。这些问题都给北京市教师质量的提升带来了挑战。根据英国2016年对新教师职前培训的系统评估报告显示，教师的学科知识、学科教学知识与专业实践对新教师顺利开展教学工作至关重要。"教非所学"教师很大一部分还需要兼任班主任工作。对这些新教师而言，挑战将是多重的，需要系统地掌握学科知识、教学法知识、专业实践；此外也要学习教育学与心理学相关知识，了解如何有效管理班级、与学生相处。这些挑战不仅影响新教师的入职适应，而且不利于其专业发展，甚至可能会出现一定比例的教师流失。

综上所述，在迎来教师队伍建设最"好"的时代的同时，也要直面北京市教师队伍建设中数量与质量双重的最"大"挑战。"十三五"时期，在北京市教委人事处的领导下，在市师训中心的全面统筹下，各区教师培训机构及中、小学认真领会文件精神，与时俱进、定向发力，创新培训课程与培训模式，使得北京市基础教育系统的教师职后培训绽放出全新的创造力，有效应对了时代提出的挑战。

参 考 文 献

[1] 荀渊，曾巧凤. 改革开放40年教师教育政策变迁的回顾与反思——教师教育专业化两种路径的探索与实践［J］. 教师发展研究. 2018，2（4）：10-16.

[2] 高慧斌，王文宝，何美，刘妍. 改革开放40年教师政策体系演进［J］. 教师发展研究. 2018，2（4）：1-9.

[3] 闫建璋，王换芳. 改革开放40年我国教师教育政策变迁分析［J］. 教师发展研究. 2018，30（5）：7-13.

[4] 顾明远. 关于提升我国中小学教师质量的思考——基于世界各国的政策经验［J］. 比较教育研究，2014（1）：1-4.

第二章

放眼全球，立足国情，聚焦新教师入职培训

把好入口关：全球视角下的新教师入职培训

教师质量关乎人才培养质量，新教师质量则是决定教师队伍质量的关键。近年来，各国都越发重视新教师入职培训。入职培训不仅仅是知识与技能的培训，更应当是职业理想、职业情怀以及职业规划的奠基。帮助教师迈好职业生涯第一步，助力新教师站稳讲台，是提高教师队伍质量的关键。

一、世界各国新教师培训概览

1. 英国

英国的新教师入职培训注重顶层设计，多年的探索使教师入职培训逐渐成为国家的法定制度。通过国家层面制定的多项制度与项目，帮助新教师完成从入职到胜任的转变。20世纪末，英国已将新教师入门引导上升到国家层面，依照法规系统实施。1997年，制定新教师训练（Initial Teacher Training，ITT）项目，在ITT的国家课程中，四年制教育专业学生需要在校实习36周，三年制需要24周，入职引导和在职培训方面注重对新教师的监督、支持和评估。经验丰富的老教师根据新教师的具体情况，制订专业发展目标和计划，由校长、指导教师和新教师填好评价表，确保每个教师获得学校提供的帮助监督和评估。1998年的《教师：迎接变革的挑战（绿皮书）》中，英国政府规定了教师必须经历法定的入职期，以确保他们在执教初期能够熟练掌握教职所需的知识与技能。《2002年教育法案》又进一步规范了教师入职教育行动。2012年4月，英国教育部在修订2008版的基础上颁布了《2012年教育（学校教师入职教育安排）规定（英格兰）》。2014年10月，英国教育部颁布了新一轮《新教师入职教育指南》，要求任何单位或个人在履行新教师法定入职教育的相关职责时必须遵照执行。

英格兰于2016年7月由教学学校理事会（Teaching School Council，TSC）颁布了《校本教师培养指导教师国家标准》（简称《校本导师国家标准》），对校本教师培养中承担职前教师指导任务的中小学教师（以下称"校本导师"）的角色与素质要求首次进行了明确的规定，强调指导教师的指导及支持对职前教师培养的重要性，并建议将之延伸到对新教师的指导。英国通过顶层的制度设计、标准研制明确了新教师入职培训的相关流程、环节、人员角色以及需要负责的具体工作，进而多重保障新教师入职培训的效力及效果。

2. 加拿大

加拿大自20世纪80年代中期起，开始重视新教师入职教育，到2010年已有12个省建立了中、小学新教师入职教育制度，全国有超过80%的新教师在工作的最初三年接受了形式不一的入职教育。以西北行政区为例，其"新教师入职指导计划"规定该区新教师教育目标包括：提高教师技能；保留与吸引有能力的教师；促进新教师的个人健康和职业幸福；通过与指导教师、行政人员和其他经验丰富的教师有组织地进行联络，为将来的职业发展打下基础；传播学校文化和教育文化。例如，安大略省的"新教师入职启导项目"为每一位新教师提供目标定向，包括：新教师在教育教学专业领域的能力；适应安大略省课程及课程文化背景，适应具体教育局和学校的要求；通过参加"导师制"培训，获得专业技能与自信的提升；能够通过参加课堂管理、与学生家长沟通及其他与教育部现行举措相一致的各种培训，持续发展自身专业化水平；证明自己能够胜任安大略省公立学校教职。

加拿大新教师入职教育目标反映了对教师职业初期特殊内在需求和现实困境的把握，体现出社会对教师职业的要求以及对教师可持续专业发展的呼唤。虽然加拿大的新教师入职教育大多采用导师制开展，但是各地区结合自己的特色与实际，开展了形式多样的培训。安大略省自 2003 年开始实施新教师入职指导，经过多年的探索，基于对专业实践、专业形象和教师教育的理解，构建了教学专业标准，即专业道德标准与专业实践标准，并通过评价认识水平、反思专业实践、标准融入案例、专业探究与评估学习活动五个步骤将"标准"融合到入职指导中。这样的融合式教育不仅回答入职初期的困惑，而且帮助新教师在提高责任心、培养归属感、丰富教学经验的过程中，发展其领导技能和深化专业知识。

3. 澳大利亚

澳大利亚高度重视教师专业发展，为促进教师专业发展构建了相对完善的机制。2014 年 12 月，教师教育部长级咨询小组颁布了《立即行动：培养有准备的教师》，在第五部分"支持新教师"着重聚焦新教师培训，指出要着手开发国家新教师入职启导指导纲要，以培养课堂教学所需要的具备实践技能的新教师。2016 年 7 月 21 日，澳大利亚教育部教育委员会签署了《从毕业到熟练：澳大利亚教师入职启导指导纲要》（以下简称《纲要》）。《纲要》规定了教师入职培训的目标，强调其重要性，明确了指导的四大关键领域，即专业实践、专业认同、职业幸福感和职业定向，为更高效地实现由"新手教师"向"熟练教师"的转变提供支持。

从模式上看，澳大利亚的新教师入职培训有系统培训、学区培训和校本培训，有集中培训和师徒帮带等。从管理机构上看，各级教师培训管理机构在人员构成上都凸显教师的专业自主性。校外培训计划、校内辅导计划以及培训教师和辅导教师资格都要提交地方教育行政部门审查，地方教育行政部门要定期到基层学校或培训基地进行视导。从实施机构上看，大学、地方、校外培训机构和学校在市场机制的引导下，形成了一种平等竞争的关系。这些机构能够根据新教师的需要与意愿提供适当的教育与学习机会，满足不同群体的入职培训的需求。有针对性的入职教育计划，使得新教师在关注自己生存的同时考虑未来如何发展，尽快适应教师的角色。

4. 芬兰

芬兰近年来的教育水平在国际教育领域有目共睹，其重要的影响因素也在于高质量的教师队伍。TALIS 2013 年的结果显示芬兰新教师的入职培训水平远高于国际平均水平，芬兰中小学教师全部为硕士学历。2001 年，芬兰颁布的《教师教育发展计划》指出要将终身教育理念贯彻于教师的入职培训和在职培训。2011 年的《教育研究发展计划（2011—2016

年)》提出要涵盖职前教育、入职教育和继续教育，拓展教师教育内容。2016年，芬兰政府发布了"打造世界上最优秀教师"教育发展计划，这一系列举措为新教师入职培训提供了政策支持。

2006年，芬兰设计了同伴小组指导模式（PGM），用于帮助新教师适应岗位需求，即一位经验丰富的教师带领一组教师，这组教师里既有新教师，也有老教师。经过2008—2010年的试点，芬兰政府发现这种模式灵活有效，能够支持教师的早期职业生涯。在实践运行中，PGM是以小组形式开展的，由一个教育区域内不同学校的新教师和老教师组成，可以从不同教师那里各取所长。有经验的老教师作为指导教师，定期召开小组会议，让新、老教师能够在一个安全的环境中讨论教学和工作，最终成为在专业发展过程中共同进步的伙伴。虽然指导教师拥有更丰富的教学经验，但是指导教师并不传递正确的解决方案，而是通过倾听和分享经验来启发新教师。针对新教师的需求，帮助其解决工作中的实际问题。PGM可以使新、老教师相互交流，成为彼此的重要伙伴，不仅能够促进新教师个人发展，也能使有经验的教师获得可持续发展。

5. 新加坡

为了保障高质量的教师队伍，新加坡的教师入职门槛较高，新加坡初中考试排名前30%左右的学生可以进入高中参加全国A水准考试后进入大学学习，30%的学生在师资质量上保证了成为教师的人选相对更为优秀。进入大学学习后，有意愿成为中、小学教师的学生需要提出申请，成绩合格需进一步参加面试，通过面试来检验申请者是否具备从事教育行业的条件，如从事教育行业的热情、价值观、学习能力与沟通技巧。申请者取得成为中、小学教师的资格后，还不能立刻开始教学，需要到中、小学进行为期6个月的观察，通过教育实践申请者可以切身体验并判断自己是否真正热爱教育，希望从事教育工作，另外也给学校观察与选择的机会，判断是否适合从事教师这个职业。

新加坡中、小学教师任职之前，必须接受入职培训。新加坡中、小学教师任职前必须进入南洋理工大学国立教育学院，接受为期16个月的专门培训，即PGDE培训项目。如果申请者为教育学学位的获得者，则无须参加PGDE培训项目。PGDE培训项目将帮助见习教师对教学与学习的关键能力概念有更为深刻的理解，具备在中、小学初级学院任教的知识与技能，具备了解在校生的需求以及兴趣的技能，了解不同能力兴趣与背景的学生，让每一个学生都能得到发展。在为期16个月的PGDE培训项目，为了保障见习教师的实践能力，他们有10周需要到中、小学校开展教学实践，在教学实习中实习学校会派出导师帮助见习教师。来自国立教育学院的教学督导会在整个教学实习期间，对见习教师进行视导。

二、我国新教师培训探索

目前，我国颁发了一系列政策文件以加强新教师入职培训工作，2011年《关于大力加强中、小学教师培训工作的意见》指出要对所有新教师进行入职培训，帮助新教师尽快适应教育教学工作。2018年的《教师教育振兴计划（2018—2022年）》，要求加强教育行政部门对新教师入职教育的统筹规划，推行集中培训与跟岗实践相结合的新教师入职培训模式。2020年3月，教育部首次发布了《新教师入职培训指南》，从新教师入职培训的目标任务、课程设置、流程建议、考核评价、职责分工对新教师培训进行了系统的规定。

依据《新教师入职培训指南》，新教师入职培训的总体目标为通过 2~3 年递进式培训，从育人理念、职业规范、教育教学理论与能力等方面，促进新教师扣好职业生涯"第一粒扣子"，以适应教师岗位要求。在课程设置上，遵循新教师成长规律，依据《教师培训课程指导标准》，聚焦新教师专业发展核心素养和教育教学基本能力。课程突出实操性、实用性和实效性，重点规划了 5 个方面的课程内容：第一是职业领悟与师德践行；第二是教学常规与教学实践；第三是班级管理与育德体验；第四是教学反思与教研基础；第五是教育理论与专业知识补偿。在流程建议上，依据需求诊断、集中研修、跟岗学习、在岗实践与跟踪指导等步骤。需求诊断可以通过问卷调查、实地访谈、课堂诊断等方式综合形成需求调研报告，为培训提供依据。集中研修为 10~20 天，内容可以包括职业理想、教育理论、教学技能及教学常规等。跟岗学习为每学年一两次，累计不少于一个月，具体形式为结对指导、观察诊断反馈、实践性活动等。在岗实践则通过老教师的"传、帮、带""陪、助、促"，帮助新教师适应岗位需求。跟踪指导则借助指导教师的后续帮助，通过总结提炼、自我反思、对比改进等方式帮助新教师明确方向。在培训评价上，通过培训机构、任职（跟岗）学校、指导教师以及新教师个体的多方评价，过程性考核与终结性评价、量化评价与定性考核等多维评价，共同形成对新教师的完整评价。此外，还强调了新教师培训中的多方主体参与，通过省级统筹、县区组织、多方参与、自主发展共同促进新教师成长。

三、上海与北京新教师入职培训实践

1. 上海探索见习教师规范化培训制度

2010 年，上海市教委依据上海市实际情况做出一个重要决策，实行中、小学（幼儿园）见习教师规范化培训制度，即新教师在一年的见习期内，在上海市教委认定的教师专业发展学校及见习教师规范化培训基地进行统一规范内容和考核标准的浸润式培训。上海市教委在顶层设计方面汇集专家智慧，制定了 14 个文件，涉及内容标准、机制、制度等方面，各层面确保见习教师规范化培训项目的探索能有所成效。见习教师规范化培训制度规定师范院校或其他高等院校的毕业生在通过教师资格考试并取得教师资格证进入见习教师规范化培训基地学校，由指导教师带教进行为期一年的教师教育见习学习，进入见习教师规范化培训基地学校由指导教师带教，见习结束后通过考核才能正式录用上岗。规范化培训内容主要包括职业感悟和师德修养、课堂经历与教学实践、班级工作与育德体验、教学研究与专业发展四大方面的 18 个要点，培训要以经历这 18 个要点的过程或完成这 18 个要点的有关任务为主，把过程记录和结果填写在"见习培训手册"上，作为培训考核和注册的依据，通过培训新教师获得相应的感知体验和感悟，最终能胜任新的岗位工作。

2. 北京探索职前培训与职后培养相衔接的全局统筹、集中展示模式

新教师的培训与培养对北京市教师队伍建设具有重要意义，是"十三五"时期北京市教师队伍建设的关键所在。北京市《关于"十三五"时期中小学干部教师培训工作的意见》明确要求要帮助新教师尽快胜任岗位要求，形成专业认同。"十三五"时期，北京市的新教师培训形成了全局统筹、定向发力、集中展示的实践经验。部分城区依托区级培训机构开展区内新教师培训，从职业理想、师德修养、教学实践、职业规划等多方面创新培训形式、优

化培训内容，积累了多样态的培训模式与课程。部分远郊区与市级培训机构合作，形成了市、区、校三级联动的培训模式。市级培训机构在充分调研各区队伍情况的基础上形成新教师培训整体设计，包括培训目标、培训课程、培训模式、评价方式等；区级培训机构配合市级培训机构，选拔新教师指导教师、统筹安排区内培训活动；学校为新教师安排校内指导教师，并为新教师提供相应的校本培训课程，支持新教师参与市级、区级的培训活动。同时，依托新教师入职培训的课题研究、课程开发等工作，实现了市、区、校三级联动模式下专业化、规范化的培训模式与培训课程构建。通过市、区、校三级主体的多角度探索，形成了优势互补、相互增益的培训成果。

在此基础上，为了有效衔接职前培训与职后培养，全面统筹全市新教师培训工作，研究新教师队伍的特点、规律，从2017年开始，由北京教育学院在市级层面组织全市新教师开展"启航杯"教学风采展示活动，即为即将入职的新教师提供展示平台、交流平台。目前，"启航杯"新教师教学风采展示活动已经连续举办了四届，受到了全国各省市的关注，也得到了北京市各区、中、小学校以及参加展示新教师的认可。

不同国家、不同城市都会依据各自的基础、目标、新教师队伍情况设计新教师入职培训制度、项目，我们也能从中看到国家、省（市）、区级、校级不同层面在制度以及项目设计上的差异。在全球视野、多层视角下全面认识新教师培训的重要价值、实施途径以及尚待解决的问题，助力"十四五"时期北京市新教师培训工作再上新台阶，帮助更多优秀人才进入教师队伍，站稳讲台。

第三章

新教师队伍现状研究

中学新教师职业认同现状及影响因素研究

西城区教育研修学院 李 玮

【摘 要】 新教师处于职业生涯初期,职业认同关系着新教师从教的热情和专业发展的程度。本文以北京市西城区中学入职1~3年的新教师作为研究对象,研究不同性别、教龄、学历、学校的新教师对于职业认同的状况及差异。研究发现工资待遇水平、学校文化环境和专业发展状况,是影响新教师职业认同的三个主要因素。本文据此提出了改进策略,从促进注重学校管理中的人文关怀、改进新教师的专业发展、坚持发展性的评价制度等方面提出优化建议,以期提高新教师的职业认同,促进新教师成长和发展。

【关键词】 新教师,职业认同

一、核心概念的界定与研究问题的提出

1. 核心概念的界定

(1)新教师。一般指开始从事教师职业的教师。对于新教师年限的界定,不同国家有不同标准。根据傅乐、卡茨、费斯勒、司德菲等教师专业发展阶段论中对新教师入职阶段的描述,虽然在划分阶段、名称上各有差异,但是大致都将教师走向岗位的最初1~3年算作入职期。本文将新教师定义为完成大学教育课程,正式进入教师专业岗位从事教学工作三年以内的教师。

(2)认同。认同是一个心理学概念,不同学科对认同的认识存在差异,但研究者的共识是:认同是指人们对自身同一特性的意识或在内界定,它不是一个人固定不变的态度,而是一种相对的现象;认同是一个主体内部发生、发展,并受到环境制约的过程[1]。

(3)教师职业认同。本文认为教师职业认同是教师主体与客体之间的一种相互作用关系,主要指教师对自身职业能力、职业地位、职业价值等的认识、思考和看法,以及在此基础上产生的职业情感及行为表现。

2. 研究问题的提出

教师的职业认同关系着教师专业化发展。一名教师从新教师成为有经验的教师,既是一个教师的职业理念不断获得提升、专业知识和能力获得发展的过程,同时也是一个教师不断认知职业,内化职业认知和价值的过程。对职业的高度认同会使教师积极主动地调动已有的

知识、情感和意志等投入到工作中去，使自己在专业化成长中有足够的内在动力。教师的职业认同会影响教师从教的热情和专业发展的程度。

在与新教师的接触中发现，这一时期教师虽然持有较高的工作积极性，但在教学目标达成、学生习惯养成、课堂组织与管理等方面仍难以应付自如；对于中学新教师来说，其教育对象的年龄特点、考试压力与工作环境等各方面原因，使其职业认同状况呈现出更加复杂的情况。学校评价以考试成绩为主、行政性事务过多也给新教师造成不少压力与困扰。面对挫折失败，不少新教师缺乏成熟应对的能力，以致影响从教热情和积极性，有些甚至产生放弃教师职业的念头。因此，了解新教师处于何种职业认同状况，以及有着怎么样的成长诉求，并提供有针对性的培训和指导策略是本研究的中心问题。

二、研究背景

1. 国外教师职业认同研究

在教师教育领域，职业认同得到越来越多的关注。国外对教师职业认同的研究主要集中在以下几方面。

（1）对教师职业认同感知的研究。这类研究主要是描述教师对职业认同各方面的总体认识。例如，皮亚得（Beijaard D.）[2]通过研究得出，教师的职业认同的积极度会随从教年限的增而增加。对于作为学科专家、教学专家、教育专家这三种角色，教师们较能认同教学专家和学科专家，而较少认同教育专家。但随着教学年限增加，他们会逐渐寻求这三种角色的平衡。

（2）对教师职业认同形成过程的特点、构成成分的研究。例如，古德森和寇勒（Goodson I. F. & Cole, A. L.）[3]认为，教师的职业认同是一个正在进行着的个体与情境相互作用的过程，它基于个人和职业两个方面。职业认同不是固定的或单一的，而是一个复杂的、动态的平衡过程。

（3）对教师职业认同影响因素的研究。例如，穆尔和霍夫曼（Moore M. J. & Hofman J. E.）[4]通过对高校教师的问卷调查发现，教师职业认同与教师的离职倾向显著相关，教师对学校的不满更多是由于教师的自我尊重和自我实现的需要得不到满足，而不是来自工作环境。

（4）对教师传记进行的研究。这类研究主要运用叙事研究方法探究教师的经验背景对职业认同的影响。例如，布鲁克（Brooke G. E.）[5]描述了她"成为一个幼儿园教师"的职业成长过程，指出教师职业认同是在同行评价和自我评价相互作用中形成的。

2. 国内教师职业认同研究

我国对教师职业认同的研究也逐步发展，在现有的文献中可分为以下几类。

（1）对教师职业认同水平及影响因素的研究。如李倩、王传美等[6]使用元分析方法对我国23个省市自治区14155名教师调查后发现，教师职业认同处于中等偏上水平，性别和教师所处学校的城乡差异对职业认同有一定影响，中、小学教师在教师职业认同方面的差异不显著。

（2）对特定类别教师职业认同状况的研究。例如，郭二梅等[7]对农村教师职业认同进行研究发现，当前我国农村学校教师职业认同度普遍较低。究其原因主要是长期存在的二元格局使城乡之间存在较大的差距。张传月[8]研究中、小学特岗教师发现，特岗教师职业认同处于中等偏上水平，职业自豪感是影响中、小学特岗教师职业认同的关键因素。

（3）对不同学科教师职业认同状况的研究。例如，有对小学教育专业本科生教师职业认同情况的研究[9]，有对中学英语教师职业认同、工作倦怠与教学效能感的调查与研究[10]，有对心理健康教师动机与职业认同的关系调查研究等[11]。

虽然在现有的研究中，教师职业认同已成为独立的研究的主题。但是，对于这一主题的研究还有待于进一步补充和完善，特别是对新教师群体的研究关注较少。为了解本区新教师职业认同现状和影响因素，为新教师成长创造良好条件，本文将对新教师职业认同展开研究。

三、研究设计

1. 研究问题

本文以"中学新教师职业认同现状及影响因素研究"为题，以西城区入职 1~3 年的中学新教师作为研究对象，试图了解中学新教师职业认同状况及影响因素，并试图解决以下主要问题：

（1）开展新教师职业认同调查与分析，描述不同变量情况下中学新教师职业认同现状及差异。

（2）揭示新教师职业认同的影响因素及主要原因，提高中学新教师职业认同度。

2. 研究过程

这里采用"文献分析——实证调查——发现问题——分析原因——提出建议"的研究思路。

步骤一：在研究相关专著、论文基础上，分析界定教师职业认同的内涵与研究维度。

步骤二：通过问卷调查、访谈，采集本区中学新教师职业认同数据与原始信息。

（1）编制调查问卷。以魏淑华为代表的研究者在已有研究的基础上，编制和修订了中、小学教师职业认同量表等，可用于研究我国中、小学教师的职业认同状况。本文在借鉴魏淑华[12]和陈辉[13]研究结果基础上，编制了《中学入职 1~3 年教师职业认同调研问卷》。问卷由三个部分组成：第一部分，基本情况调查，包含性别、教龄、学历、职称、职务和学校；第二部分，职业认同情况调查，包含职业价值认知、职业体验感受和职业行为倾向三个维度，共计 20 个问题；第三部分，对新教师职业认同状况的进一步调查，包含 7 个问题。

（2）确定调查对象。本次调查对象为本区入职 1~3 年新教师，借助西城区教育研修网网络平台发放调研问卷，随机取样方式，由新教师无记名作答。为了获得更加准确翔实的材料，在调研过程中，深入地了解影响教师职业认同的原因，又与不同学校教师进行了访谈和交流。

步骤三：运用 SPSS 等统计软件，分析中学新教师职业认同问卷填写结果，从中分析职业认同的现状及差异，探索影响中学新教师职业认同的相关因素，提出支持策略与建议。

四、研究结果

1. 中学新教师基本信息及职业认同总体情况分析

1)调查对象基本信息

本次参与问卷调查新教师共计 74 人,基本情况如表 1 所示。

(1) 不同性别方面,男教师 27 人,占样本总数 36.49%;女教师 47 人,占样本总数 63.51%。

(2) 不同教龄方面,一年教龄教师 29 人,占样本总数 39.19%;二年教龄教师 11 人,占样本总数 14.86%;三年教龄教师 34 人,占样本总数 45.95%。

(3) 不同学历方面,本科学历教师 27 人,占样本总数 36.49%;硕士学历教师 44 人,占样本总数 59.46%;博士学历教师 3 人,占样本总数 4.05%。

(4) 不同学校方面,示范校教师 29 人,占样本总数 39.19%;非示范校教师 45 人,占样本总数 60.81%。

表 1　中学新教师基本情况

类别	教龄			学历			学校		合计
	1 年	2 年	3 年	本科	硕士	博士	示范校教师	非示范校教师	
人数	29	11	34	27	44	3	29	45	74 人
百分比/%	39.19	14.86	45.95	36.49	59.46	4.05	39.19	60.81	100

2)中学新教师总体职业认同情况分析

中学新教师职业认同情况总体水平如表 2 所示。

表 2　中学新教师职业认同情况总体水平

调查维度	人数	最小值	最大值	均值	标准差
职业价值认知	74	1.00	5.00	3.6914	0.92310
职业体验感受	74	1.00	5.00	3.2252	0.89325
职业行为倾向	74	1.00	5.00	3.9426	0.62455
Valid N (listwise)	74				

调查问卷均采用 5 分计,得分越高表明职业认同度越高。由表 2 的统计结果可以看出,职业认同的总均值为 3.62 分,处于中等偏上水平,说明中学新教师职业认同度较高。在不同维度方面,职业行为倾向维度得分最高为 3.9426 分,其次为职业价值认知为 3.6914 分、职业体验感受为 3.2252 分。

职业价值认知是新教师对教师职业的作用、价值和喜欢程度的认知与态度。当前教育工作的意义与价值受到国家和社会的广泛重视,教师职业地位得到改善。新教师普遍认可和看好教师职业,职业价值认知得分也较高。

职业体验感受是新教师在从事教师职业过程中的感受与体验,包括工资水平、职称、工作环境的满意程度和在社会交往中的感受。在实际工作中，由于不同学校在教师工作环境、待遇上还存在差距，不同学科受到升学压力、学生家长重视程度不同，在职业体验感受上有所不同，所以得分略低。

职业行为倾向是新教师在教育教学、履行教师职责过程中积极表现，包括与学生、家长、同事交往中的行为表现和自我评价。从调查结果看，职业行为倾向均值得分最高，说明当前本区新教师综合素质较高，在工作中均具有较强的主观能动性和积极性，自我要求高，能够自觉自发地投入开展教育教学实践与研究，不断提高自身工作能力和水平，努力做好本职工作。

2. 中学新教师职业认同差异情况分析

1）不同性别中学新教师职业认同差异情况分析

不同性别中学新教师职业认同差异分析如表3所示。

表3 不同性别中学新教师职业认同差异分析

调查维度	性别	人数	均值	标准差	T值	显著性
职业价值认知	男	27	3.5494	1.00300	-1.003	0.319
	女	47	3.7730	0.87465	-0.967	
职业体验感受	男	27	3.0000	1.03672	-1.664	0.101
	女	47	3.3546	0.78221	-1.543	
职业行为倾向	男	27	3.7639	0.78088	-1.898	0.062
	女	47	4.0452	0.49483	-1.687	

通过表3统计数据能够看出，对于不同性别中学新教师进行独立样本T检验分析，结果表明，男教师和女教师在职业认同方面不存在显著差异。

但是，通过均值数据对比发现，女教师在职业价值认知、职业体验感受、职业行为倾向三个维度得分略高于男教师。分析其原因认为，传统文化对男性具有更高的成就期望，在选择职业时男性一般倾向于工资待遇较高、社会声望较好的企事业单位或政府机构，当老师对男性来说往往是退而求其次的无奈之举。另外，随着首都社会经济的快速发展，加大了住房、出行等生活成本，而男性在家庭生活中承担较大的经济责任，教师工资待遇不高，也降低了男性教师的职业认同。

对女性来说，教师工作稳定、社会地位较高，容易受到青睐。另外，作为教师，面对学生往往要求老师亲和、耐心、细致，能适应并处理好一些相对复杂琐碎的事务，在这些方面女性比男性见长，因此女教师具有较高的职业认同度。

2）不同教龄中学新教师职业认同差异情况分析

不同教龄中学新教师职业认同差异情况分析如表4所示。

通过表4统计数据能够看出，对不同教龄中学新教师进行单因素方差分析比较，结果表明，1~3年不同教龄新教师在职业认同方面不存在显著差异。

表4 不同教龄中学新教师职业认同差异分析

调查维度		平方和	自由度	平均平方和	F检验	显著性
职业价值认知	组间	1.190	2	0.595	0.692	0.504
	组内	61.015	71	0.859		
	总和	62.205	73			
职业体验感受	组间	1.560	2	0.780	0.977	0.382
	组内	56.687	71	0.798		
	总和	58.246	73			
职业行为倾向	组间	0.856	2	0.428	1.100	0.338
	组内	27.619	71	0.389		
	总和	28.475	73			

不同教龄新教师在职业认同各维度变化趋势如图1所示。

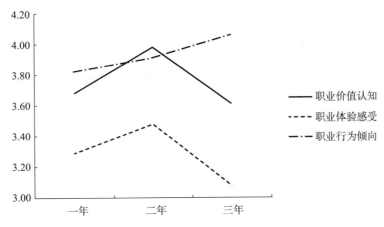

图1 不同教龄新教师在职业认同各维度变化趋势图

虽然不同教龄新教师在职业认同方面没有显著差异，但是通过图1分析对比发现，不同教龄新教师在职业认同各维度略有不同：在职业价值认知、职业体验感受维度，入职二年教师高于入职一年教师和入职三年教师；在职业行为倾向维度，入职三年教师高于入职二年和一年教师。

究其原因本文认为，入职一年新教师处在从学生到教师角色的转换中，不少新教师还未完全适应，对怎样做教师、怎样备课、上课、上好课，与领导、同事、学生相处还处于不断摸索、积累经验的阶段，实际工作与职前预期存在差距，影响新教师对于教师职业价值和职业体验的评价与感受。入职二年教师由于经过第一年的适应与摸索，已能够逐渐适应学校教育教学工作与生活，与领导、同事、学生也从陌生到熟悉，建立起一定的职业自信，无论职业价值认知、职业体验感受和职业行为表现都展现出积极向上的态势。入职三年左右教师基本完全适应学校教育教学工作，初入职的好奇心和热情度有所减退，对教师职业认同度有所降低。但是，此阶段的教师已积累一定的学科教学知识与技能，有精力了解学生们的复杂需求,会通过培训和学习活动,寻求新的教学技巧和解决问题的新方法,在职业行为倾向上仍有积极表现。

3)不同学历中学新教师职业认同差异情况分析

不同学历中学新教师职业认同差异分析如表5所示。

表5 不同学历中学新教师职业认同差异分析

调查维度		平方和	自由度	平均平方和	F检验	显著性
职业价值认知	组间	2.624	2	1.312	1.563	0.217
	组内	59.581	71	0.839		
	总和	62.205	73			
职业体验感受	组间	2.160	2	1.080	1.367	0.261
	组内	56.086	71	0.790		
	总和	58.246	73			
职业行为倾向	组间	0.279	2	0.140	0.351	0.705
	组内	28.196	71	0.397		
	总和	28.475	73			

通过表5统计数据可以看出,对不同学历中学新教师进行单因素方差分析比较结果表明,本科、硕士、博士不同学历新教师在职业认同方面不存在显著差异。

不同学历中学新教师职业认同各维度变化趋势如图2所示。

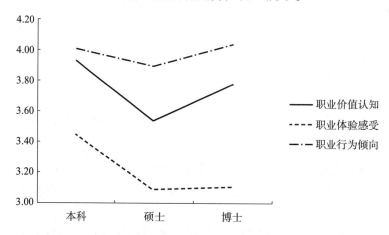

图2 不同学历中学新教师职业认同各维度变化趋势图

通过图2的分析对比发现,不同学历新教师的职业认同度虽不存在显著差异,但仍有所差别。在职业价值认知、职业体验感受和职业行为倾向三个维度,本科学历教师均最高,其次为博士学历教师,硕士学历教师则最低。

西城区作为北京市中心城区,基础教育发展历史悠久,名校汇集,对新教师的选拔招聘历来重视,当前中学新教师普遍具有高学历。因此,本科学历教师对于当前严峻的就业形势下,获得中学教师这样一份稳定、相对有保障的工作满意度较高。入职后相比具有硕士与博士学历的新教师，他们并不希望在教学能力和水平上显示出不足，因此普遍具有较高的工作积极性和主动性。具有博士学历的新教师，在选择到中学执教时，本身就对教师职业对有较高的职业认同度。本次参与调查的教师中共有3位具有博士学历，对于选择中学教师职业的原因，2位是因为"喜欢"，1位是"专业对口"。因此，他们在工作中更愿意表现出积极的态度和行为。另外，经过大学期间严格的专业学习，博士学历教师具有更扎实的学科知识和专业积淀，在工作中容易脱颖而出。虽然硕士学历教师在中学新教师人数中已占多数，但是在职业选择初衷上，少部分人是因为"别无他选"或"受他人（如家人）影响"，他们对教师职业价值的认知略低，对工作环境、工资待遇和社会地位倾向于用一种高标准去衡量，对自我价值实现和所从事的工作会有更高的期待和发展。

4）不同学校中学新教师职业认同差异情况分析

不同学校中学新教师职业认同差异分析如表6所示。

表6 不同学校中学新教师职业认同差异分析

调查维度	学校	人数	均值	标准差	T值	显著性
职业价值认知	示范校	29	3.7241	0.86175	0.243	0.809
	非示范校	45	3.6704	0.96954	0.249	
职业体验感受	示范校	29	3.2356	0.93702	0.080	0.937
	非示范校	45	3.2185	0.87460	0.079	
职业行为倾向	示范校	29	3.8534	0.67403	−0.985	0.328
	非示范校	45	4.0000	0.59113	−0.957	

通过表6统计数据能够看出，对不同学校中学新教师进行独立样本T检验分析结果表明，示范校和非示范校教师在职业认同上不存在显著差异。

通过均值对比可以看出，在职业价值认知和职业体验感受维度示范校教师高于非示范校教师，而在职业行为倾向维度示范校教师则略低于非示范校教师。

究其原因本文认为，示范校在区域教育教学中发挥着辐射和带头作用，新教师身处其中，具有较高的归属感和自豪感，更能够体会到教师工作的意义与价值，也愿意将自我价值实现目标与学校目标相统一。另外，示范校具有较为丰富的教育资源，工作环境好，师资力量和学生水平高，新教师具有较好的职业体验。而非示范校由于生源和办学条件限制，新教师在备课、上课、与学生沟通相处、参与市区校培训活动上表现出更加积极的态度和意愿，以期提高尽快自身教育教学水平。

五、研究结论

为了进一步探索影响中学新教师职业认同的主要原因，在正式问卷中设计了第二部分选择题，分别从职业动机、职业期望、影响工作积极性的主要因素以及学校专业发展情况等方面进行了统计分析，结合统计分析结果得出以下结论。

1. 中学新教师职业认同情况良好

从问卷调查数据分析结果可以看出，以5分计，中学新教师职业认同的总体平均分为

3.62 分，处于中等偏上水平。在性别、教龄、学历、学校不同变量上均不存在显著差异。由此可见，西城区中学新教师对教师职业具有较高的认同度。

（1）新教师职业价值认知全面，从业动机明确。在心理学上，动机被普遍认为是行为的发端，动机产生行为并在很大程度上决定行为的方向和持久性。对本区中学新教师的调查显示，新教师对教师职业在经济、社会发展中的价值和促进作用具有清晰的认识。58.11%的新教师是因为"喜欢"而选择教师职业，认为中学教师工作能很好地发挥自己的才能，实现自己的人生价值（图3）。

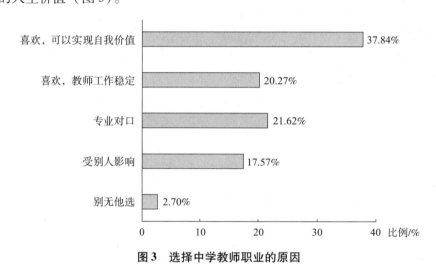

图3　选择中学教师职业的原因

（2）新教师职业行为倾向表现积极，职业意志坚定。职业意志是从业者在实践中所表现出来的对所从事职业的不断坚持与追求的精神。一个人对所从事职业的意志强弱很大程度上决定了其对职业的付出和完成职业使命的程度。对于新教师在教育教学工作中的表现，学校反馈新教师知识面广、基础扎实；善于学习、进步明显；教学中有新思路、新尝试、有创新；师生关系融洽、现代信息技术运用娴熟。在实际调研中发现，新教师能够自动自发地开展教育教学工作，主动进行教材教法研究、改进教学技巧，加强与学生的互动交流、自觉参加各级各类培训与学习活动、希望在工作中有所作为。在调查中，64.87%的新教师认为自己"作为一名中学教师"达到了"良好"及"优秀"水平。对于"是否会一直从事中学教师工作"，50%的新教师表示"会不断提高自己的教学水平，尽力把工作做好"，表明了新教师坚定的职业意志（图4）。

2. 中学新教师职业认同受不同因素影响

（1）工资待遇水平。新教师虽然刚刚实现学生向教师的转变，但其承担的工作任务与老教师并没有任何差别。每天要上课、备课、批改作业，还要处理班务、组织活动、开展家访等；还要参加各类会议、评比、进修活动等。新教师在入职前虽有中、小学实习经历，但由于时间较短，理论性知识向实践性知识转化的效果并不明显，新教师走上工作岗位后，面临诸多工作和突发状况，常常应接不暇，以致下班时间也处于工作状态，有受访的新教师说"我备课经常要到夜里11:00或12:00"。但是，工作的付出与劳动报酬之间往往是不成正比的。从调查中了解到，工作待遇已成为影响新教师工作积极性最主要的因素，68.92%的新教师表示"工作中最不开心的事情"是"工作量大，付出得不到回报"，60.81%认为"工

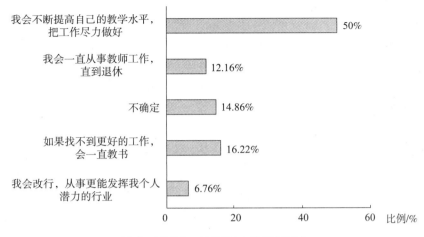

图 4　是否会一直从事中学教师职业

作最开心的事情"是"工资奖金福利待遇提高"。

在访谈中,有新教师提到"曾有过不想当老师的想法,原因之一就是工资太低。尤其跟原来的同学相比,一些可能还没有我优秀的同学去了公司,很快就挣得很多,工作也轻松。但我们当老师很辛苦,我不算是学校里最勤奋的老师,但也要早上 6:30 起床,晚上 6:30 离校,一天工作 12 个小时,没有自己的时间。别人都说老师这个职业好,我自己怎么一点儿没瞧出来呢。又辛苦、工资又低、成就感又不高,感觉特别压抑、特别痛苦"。时间与精力成本的高投入,与工资待遇产出的不匹配,降低了新教师的职业认同。

(2) 学校文化环境。学校管理文化环境的不理想,也是很多新教师认为导致其职业认同较低的原因之一。在新教师认为工作中最开心的事情中,60.81% 的教师选择了"学生成绩的提高"。有受访教师说"学生成绩是我衡量自己工作的主要标准,虽然觉得同事间不会有那么强的竞争,但还是会有压力。会觉得学生不给力,我那么付出那么卖力,学生却在成绩上没有体现。这个时候就觉得特别有挫折感"。由此可见,新教师对教学还不能驾轻就熟,学生成绩可能会低于其他有一定工作年限的教师所带的班级。此时如果学校教师评价机制较为单一,过于重视学生成绩,容易使新教师难以获得成就感,对自己的工作能力和成绩产生怀疑。

另外,新教师作为学校群体中的一员,校园文化氛围也会对他们的职业认同起到一定的导向作用。调查显示,44.59% 的新教师认为工作中最开心的事情是"工作能力得到领导的肯定和表扬",40.54% 的新教师认为是"同事间的融洽相处"。这与访谈中新教师表示"同事的关心、教学上的起色、领导的认可是工作中最高兴的事情"相一致。52.7% 的新教师则表示工作中最不开心的事情是"成绩和能力得不到应有的肯定"。根据马斯洛的需要层次理论,人有归属和爱的需要。在一个融洽和谐的文化环境里,新教师容易产生归属感,从而加强对职业的认同。

(3) 专业发展状况。教师职业认同状况与教师专业发展水平密切相关。新教师所处阶段又决定了他们渴望积极地学习与实践,从而提高自身教育教学水平。在调查中,60.81% 的新教师认为目前自己最欠缺的是实践技能知识和教学方法知识,而 37.84% 的新教师认为学校促进教师专业发展制度与计划安排"有,但没有什么效果",无法满足自身专业发展需要。64.86%的教师认为"工作中最开心的事情"是"自身能力提高"。

有受访新教师提道:"入职前知道当老师挺辛苦的,但辛苦在哪儿没太想过。入职后发现设计课真是挺难的,这是自己完全没想到的。在课堂中,我成为一个传授者,不再是知识的输入者而是输出者,想传达给学生什么,需要自己去生成、去准备。包括课的设计、课堂的控制,这些都不太容易做。而且入职的时间越长,发现空白的东西越多。特别是想不出来课的时候,确实是挺焦躁的"。

由此可见,教师个人的专业发展水平对教师的职业认同也会起到很大的影响作用。特别是对于新教师来说,在大学阶段虽然学过一些教育教学原则,但如何很好地将这些原则运用于教学实际中,却并不是很容易,需要自己在实践中去不断探索,有时难免会遭遇到一些困难和挫折。在任职初期,有些教师由于感受到种种压力和困难,失望、压抑,感觉刚毕业时的激情被磨砺一空,而有些教师却能积极面对,在失败中不断反思、积累经验,平稳度过"入职初期",甚至取得一定的成绩。

六、研究启示与建议

1. 促进新教师的专业发展

提升新教师职业认同,关键是要让新教师能够健康成长和发展,让他们在工作中体会到成就感。因此要在了解新教师需求基础上,设计开展区级、校级培训活动,为新教师创造观摩优秀课例、研究课、展示课的条件和机会。

另外,可适当开展一些"以赛促教、以赛助教"的竞赛型活动,如"教学评比""课堂展示""讲坛新秀"等,激发新教师教育教学热情。提倡教师间互相交流、互相合作、取长补短、共同进步的工作氛围,使新教师在学习教学经验、提高自身能力的同时,进一步增强归属感和集体荣誉感。

2. 注重管理中的人文关怀

职业生涯规划的培训是新入职教师终身教育的需要,它有助于教师确立发展目标、有助于教师适应未来的竞争与社会需求,真正把自己的职业生涯置于理性的思考之上,提高对教师职业的认同度。

实行富有弹性的管理制度,给予新教师更为宽松的环境和可自由支配的时间,防止过多的行政事务对新教师教育教学工作产生干扰,允许新教师依据岗位和个性特点开展工作,发挥新教师的主动性和创造性。

给予适当的心理调适,帮助新教师认识到教师的成长是不断累积的过程,入职阶段是教师职业生涯的初期,会遇到比其他阶段更多的困难和挑战,新教师应该对自己的工作和能力要有合理的期待,既不好高骛远也不妄自菲薄,学会乐观面对工作中的挫折和失败,让新教师有一个放松而正常的心态去面对工作。

3. 坚持发展性的评价制度

坚持发展性教师评价制度,为新教师的健康成长营造良好的制度氛围。在日常和年终考核等各个环节上,坚持定量评价与定性评价相结合,提高评价的科学性。注重新教师个人工作表现的同时,更加注重教师的未来发展。多对新教师进行鼓励,给予更多的认可,提高新教师自我效能感，使他们能够实现自己的专业期望和追求。

参 考 文 献

[1] 张敏. 国外教师职业认同与专业发展研究述评［J］. 比较教育研究，2006（2）：77-81.

[2] Beijaard D，Verloop N，Vermunt J D. Teachers' Perceptional Identity：An Exploratory Study from a Personal Knowledge Perspective［J］. Teaching and Teacher Education，2000，16：749-764.

[3] Goodson I F，Cole A L. Exploring the Teacher's Professional Knowledge：Constructing Identity and Community. Teacher Education Quarterly，1994，21（1）：85-105.

[4] Moore M，Hofman J E. Professional Identity in Institutions of Higher Learning in Israel［J］. Higher Education，1998，17（1）：79-79.

[5] Brooke G E M. Personal Journey toward Professionalism［J］. Young Children，1994，49（6）：69-71.

[6] 李倩，王传美. 我国中小学教师职业认同研究的元分析［J］. 教育研究与实验，2018（4）：93-96.

[7] 郭二梅，曹文剑. 农村教师职业认同的影响因素分析［J］. 现代教育科学，2017（10）：62-66.

[8] 张传月. 中小学特岗教师职业认同现状调查研究［J］. 教育导刊，2016（10）：74-77.

[9] 刘淑红，李艳红，高文娟. 小学教育专业本科生教师职业认同的调查研究［J］. 甘肃高师学报，2015（4）：92-95.

[10] 唐进. 中学英语教师职业认同、工作倦怠与教学效能感的调查与研究［J］. 外国语言文学，2014（1）：19-25.

■ 专家点评

职业认同是影响教师从教热情、持续时间和专业发展的关键因素之一。了解新教师的职业认同情况，探明影响职业认同的主要因素，对于高质量的教师队伍建设至关重要。本研究在界定了核心概念、综述国内外相关文献后，围绕研究问题，运用较为成熟的中小学教师职业认同量表，对西城区新教师展开调查。本研究的选题很有现实意义，研究思路明确，步骤清晰，数据分析合理，提炼出"薪资待遇、校园文化、自身能力水平"等多个与职业认同密切相关的影响因素，并据此给出了解决与改进建议，有较好的理论价值和实践指导意义。

首都师范大学　孙　众

海淀区中小学新教师专业发展调查研究报告

北京市海淀区教育科学研究院　严星林
北京外国语大学附属中学　霍霖霞
中央民族大学附属中学　赵长宏
北京实验学校　马惠玲
北京交通大学附属中学　姜　慧

> 【摘　要】　本研究围绕立德树人、教师专业发展、新教师三个核心概念进行文献综述，从教师专业发展的专业精神、专业知识与专业能力三个维度设计问卷调查，对海淀区2424名中、小学新教师进行了问卷调查，全面分析了新教师在专业发展三个维度现状、需求，结合立德树人时代要求与新教师专业发展已有研究成果，对海淀区中小学新教师专业发展，分别从区域、学校及教师个人三个层面提出专业发展的对策。
>
> 【关键词】　教师专业发展，中小学新教师，立德树人，现状需求及对策

党的十九大报告强调，要"全面贯彻党的教育方针，落实立德树人根本任务"。作为现阶段教育的根本任务，立德树人目标的实现需要全体教育工作者的共同支持和努力。其中，新教师作为未来教育发展的中坚力量，必须深入理解立德树人的内涵和要求，提高师德水平和业务能力，全面实施素质教育，深化教育领域综合改革，增强教师教书育人的荣誉感和责任感，不断创新内容、形式、手段，切实增强立德树人教育的针对性和实效性，提高教育教学质量。

一、调查背景

随着海淀区教育事业的蓬勃发展，越来越多的优秀毕业生加入教师队伍，近几年新教师增长迅速。新教师正处于对教师职业定位、评价与认识初步形成时期，从教是其职业生涯的起点，这一阶段发展一定程度上关系到他们对于自身职业的展望与规划，甚至直接影响他们整个教师生涯的走向。同时，新教师是学校师资队伍中最具活力的一部分，他们的可塑性极强，如果能对他们多一些关注，帮助他们在专业上不断发展，今天的新教师很可能迅速地成长为明日学校的中流砥柱。所以，关注新教师专业发展已成为海淀区教育发展的现实要求。

二、调查目的

通过本研究，全面了解海淀区新教师专业发展基本情况，为区域教师队伍建设政策研制、学校校本教师研修培训活动设计、教师专业发展研究等提供基础数据及相关建议、对策。

（1）借助问卷调查了解海淀区中、小学新教师专业发展的现状与需求；

（2）依据数据，提出立德树人背景下海淀区中、小学新教师专业发展的对策。

三、调查对象

海淀区中、小学新教师。本调查中的新教师主要是指已经完成规定的职前教育，并具备相应教师资质，由学校正式聘任，已经踏入教师岗位，也已经承担具体的教育教学任务，但专业发展尚处于初期阶段，并未完全适应和胜任教育教育教学，任教1~3年（含）的教师。

四、调查内容及过程

本次调查主要聚焦在教师的专业发展，结合2012年2月教育部下发的《小学教师专业标准（试行）》和《中学教师专业标准（试行）》的相关内容，将本调查中教师专业发展的内容维度分为专业精神、专业知识与专业能力三个方面。调查问卷包括了新教师基本情况、专业发展（含专业精神、专业知识、专业能力）的现状、专业发展需求及建议四部分。

本问卷采取全样本抽样的方式，利用海淀区教育科学研究院信息中心平台进行网络调研，面向海淀区新教师（任职不大于3年）下发、回收问卷，共回收有效问卷2424份，采用SPSS 22.0版软件进行统计，使用较为常见的频次分析方法和交叉分析方法，对问卷结果进行综合研究。

其中，对新教师专业发展的现状调研，分布于问卷第三部分1~7题，主要采用结构化的单项选择的形式，让被调查者根据自身专业发展的实际情况，与问卷设置选项对照，进行赋分1~5的符合程度判断。数值越大，说明该项专业发展符合度越高，能力水平越高。为了便于统计的归类分析，我们将维度4和5认定为高符合、高能力水平维度；维度1和2认定为低符合、低能力水平维度。对新教师基本情况、发展需求的调研，则采用单选、多选的形式。对于建议部分，采用开放题的形式。

五、调查数据及讨论

1. 海淀区新教师专业发展现状分析

从整体现状看，海淀区中、小学新教师专业发展具有教育观念先进、教学知识扎实和专业能力较为突出的区域发展特点。但是，在教师专业精神、专业知识与专业能力具体发展水平上，反映出发展的不平衡。其中专业精神维度选择4和5的平均比例为90.89%，专业知识维度选择4和5的平均比例为90.5%，专业能力维度选择4和5的平均比例为89.42%。在专业能力中，其中教学能力选择4和5的平均比例为91.4%，教育能力选择4和5的平均比例为91.34%，科研能力选择4和5的平均比例为85.52%。由此可见，海淀区中、小学新教师专业精神相对较高，专业能力相对发展较低。而在专业能力中，科研能力明显是短板。各维度具体现状分析如下。

（1）关于新教师专业精神发展现状

第一，先进的教育观念是新教师专业精神发展突出优势。

如图1所示，选择4和5的比例在94.6%以上，远远高于本部分的其他题目。这说明新教师在尊重学生独立人格、遵守职业操守、平等对待学生和尊重学生个体差异方面做得比较好，海淀区中小学新教师整体素养高，具有先进的教育观念。

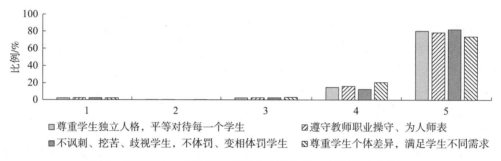

图1　海淀区中、小学新教师教育观念相关表现百分比分布图

第二，新教师职业认同感相对偏低。

如图2所示，题目"我能胜任教师这个职业"选择1、2、3的比例占到11.6%；关于"我喜欢教师职业"这一问题，也有12.5%的教师选择了1、2、3，这说明新教师队伍中有10%以上的教师还对教师职业缺乏明确的认同感和喜爱感。虽然从总体来看比例不算大，但是新教师正值职业发展初期，是确立职业目标和信念的关键期，没有较高的职业认同感，如何能够全身心投入教育事业，所以这部分数据值得我们重视。

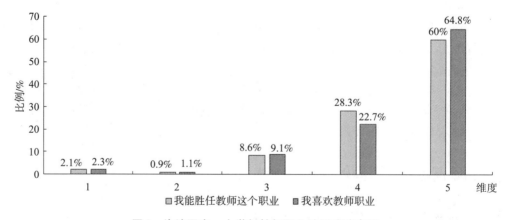

图2　海淀区中、小学新教师职业认同感分布图

此外，我们从另一道题目"假设今后您的孩子选择职业，您愿意支持他/她从事教师职业吗"，深入考察新教师职业认同程度。如图3所示，51.7%的教师选择"愿意"；29.4%

的教师认为"无所谓",这可能是因为新教师年龄普遍偏小,有孩子的少之又少,所以还未考虑过子女的择业问题;但是18.9%的教师选择"不愿意",再一次从一个角度说明了新教师对教师职业的认同感不高。

调查结果的数据也在一定程度上印证了本研究特意将"立德树人"作为研究新教师专业发展现状、需求、对策的背景的重要价值,将专业精神作为"教师专业发展"一个方面的重要意义,新教师的教师职业认同感亟待加强。

第三,新教师师德修养需要加强时代精神的引领。

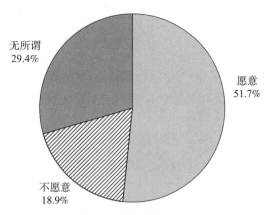

图3 新教师支持孩子从事教师职业意愿分布图

从对"四有好老师"和"四个引路人"的含义了解程度调查中看到(图4),两道题维度4和5的比例之和分别为85.6%和83.7%。按理说,"四有好教师"和"四个引路人"本应是各校教师思想政治建设、师德建设工作的宣传重点,但是仍有15%左右的新教师对这一部分内容并不熟悉。由此可见,青年教师的师德修养缺乏与时俱进的先进性。这与本调查的初衷吻合,在立德树人背景下,青年教师在理想信念、思想政治教育观念等方面的专业精神学习必须加强。

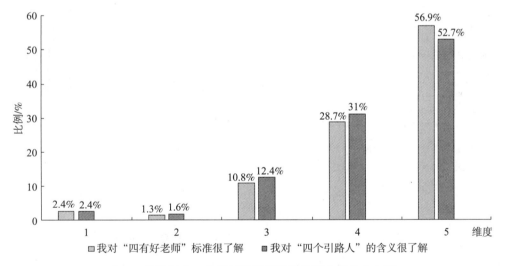

图4 海淀区中、小学新教师师德修养调查情况分布图

第四,任职两年的新教师是教师职业认同干预的关键群体。

通过调研发现(图5),不同教龄的新教师选择"我能胜任教师这一职业"和"我喜欢教师职业"这两道题目的4和5的比例之和呈现出随着教龄增长,认同感先高后低再高的趋势,即一年教龄＞两年教龄＞三年教龄。这样的一组数据恰恰说明了新教师的职业认同方面的心理规律,从最初的对职业充满新鲜感,非常认同,到工作一段时间后,发现各种问题和挑战,职业认同感会出现降低。随着工作经验的增加,工作又会渐入佳境,职业认同感就会再次达到一个高峰。

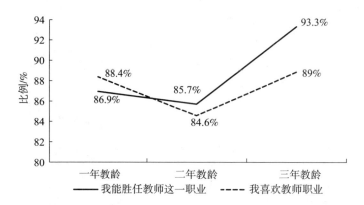

图 5　不同教龄教师对教师职业认同感题目选择 4 和 5 的百分比分布图

（2）关于新教师专业知识发展水平现状

本调研主要从教育知识、学科知识和学科教学知识三个维度调查新教师在专业知识方面的发展情况。调查结果分析如下。

第一，新教师的教育知识与学科教学知识储备具备优势。

如图 6 所示，90% 以上的教师认为自己拥有比较扎实的教育理论知识，在教育方法、学生身心发展规律、立德树人要求、引导学生自主学习、激发学生求知欲方面，对自身现状的评价都比较满意。由此可见，海淀区新教师整体教育理论知识水平较高。

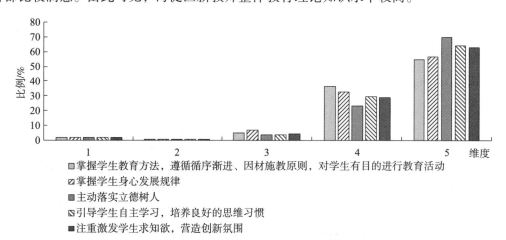

图 6　海淀区中、小学新教师教育理论知识掌握情况分布图

新教师对自身学科教学知识掌握情况比较满意。如图 7 所示，选择 4 和 5 的比例均在 90% 以上，说明海淀区新教师的专业学科知识功底扎实，这一点令人放心。

第二，新教师学科知识的系统建构与融通性方面存在不足。

如图 8 所示，题目"我建立了完整的所教学科知识体系"，选择 1、2、3 的比例达到 14.7%，题目"我了解了所教学科与其他学科的联系，加强学科间的融合"，选择 1、2、3 的比例达到 14.9%，与本部分其他题目的低符合度百分比分布相比，这两道题显得稍高，这说明新教师在学科知识体系的完整性、系统性方面自我评价偏低，这与新教师工作时间短，都没有一轮完整的三年或六年的教学体验有关；事实上，新教师对于本学科知识的系统性都未曾完整构建，何谈与其他学科的联系、融合，这对于新教师来说确实比较难，这一结

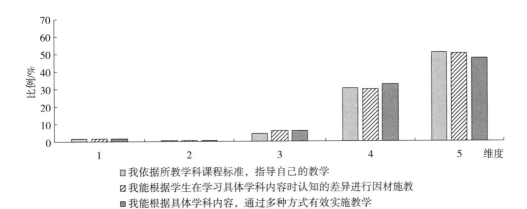

图7　海淀区中、小学新教师对自身学科教学知识掌握情况自评分布图

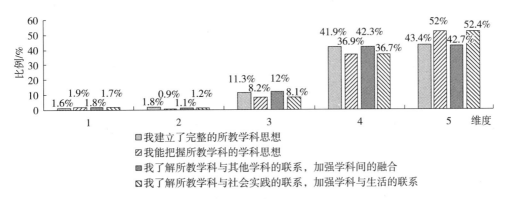

图8　新教师学科思想及学科与社会实践方面的知识自评情况分布表

果让我们明确了新教师专业知识培训的加强方向。

（3）关于新教师专业能力发展现状

教师专业能力主要由教学能力、教育能力及科研能力三部分构成，教学能力主要关注教学设计能力、教学组织与实施、教学评价三个要素；教育能力关注班级管理与家校沟通；科研能力集中在反思能力与表达能力两个方面。新教师在专业能力发展方面有如下特点。

第一，新教师在教学能力方面优势体现为善于合理利用教学资源，注重学生综合能力与创新能力培养，能多视角全过程评价学生，善于进行教学自我反思。

如图9所示，"我在设计教学过程中合理利用教学资源，注重教学方法的选取"一题，选择4和5的比例占到了被调查教师的91.9%；"我在课堂中积极营造良好的学习氛围，激发与保护学生的学习兴趣"一题，选择4和5的比例高达91.6%；"我主动将现代教育技术手段渗透应用到教学中"一题，选择4和5的比例高达91.7%。这些数据充分说明新教师搜集整理加工信息、素材的能力很强，能够结合课程的实际问题，选择合适资源，将现代教育技术手段渗透到教学设计中，能很好地营造课堂氛围，注重教学方法的选取。

如图10所示，"我关注学生综合能力，利用多元评价方法，多视角全过程评价学生"一题，选择4和5的教师占比达到了90.9%。由此可见，新教师在教学中能把学生放在中央，从发展的角度全面关注孩子的成长，利用多元评价，多视角多方位全过程激励孩子。

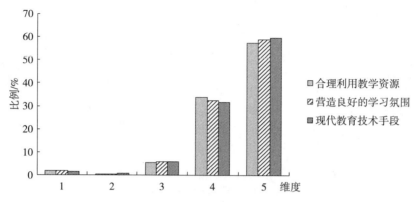

图9 海淀区中、小学新教师合理利用教学资源进行教学设计现状图

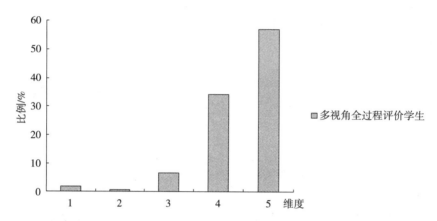

图10 海淀区中、小学新教师关注学生综合能力多视角全过程评价学生现状

如图11所示,在问及"我关注教学效果,通过自我反思或学生调研或向师父取经等方式,及时调整和改进教学工作"时,选择4和5的教师占比高达93.1%。由此可见,新教师教学热情高,积极要求进步,在教学中能不断自我反思,借助他人之力及时调整和改进自己的教学工作。

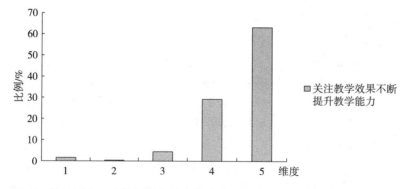

图11 海淀区中、小学新教师关注教学效果自我反思自我提升能力现状图

第二,在教学能力方面,新教师调控教学过程能力是短板。

"我能引导和帮助学生设计个性化的学习计划,有效调控教学过程"一题,选择4和5

的比例为88.9%，是教学能力7道题目中，唯一一道选择4和5的比例低于90%的题目（图12）。这在一定程度上说明，有效调控教学过程对于新教师来说还是有一定难度的，这正是新教师专业发展培训中教学能力板块需要加强的。

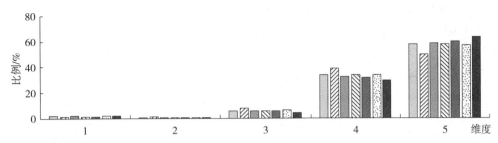

图12　海淀区新教师教学能力现状调查情况分布图

第三，在教育能力方面，新教师在学科渗透德育、与学生家长顺畅沟通、培养学生团队精神方面表现突出；在教育机智，学校与社区合作能力方面需要提升。

如图13所示，在问及"能在学科教学中有意识进行德育渗透，传播真善美"时，选择4和5的比例为94%，高于本题中其他调查项目；而选择1和2的比例为2.1%，低于本题中其他调查项目。而在问及"我具有教育机智，遇到突发事件能够迅速反应，科学妥善处理"和"我能够协助学校与社区建立合作互助的良好关系"时，选择4和5的比例加和分别为88.3%、87.80%，而其他各题此项比例加和均在90%以上。新教师由于缺乏教育经验，在教育机智和社区合作方面相对是短板，但具体如何通过专业培训策略提升，还需要认真思考和实践探索。

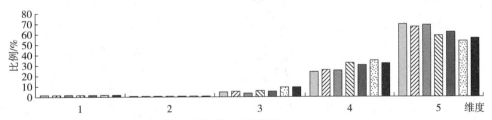

图13　海淀区新教师教育能力调查情况分布图

第四，在科研能力方面，新教师科研意识强，科研状态积极，但在科研表达能力方面需要提升。

如图14所示，在问及"在日常教育教学工作中，我会主动收集分析相关信息"，选择4和5的比例为90.4%；"在工作中，我不断进行反思，积极改进教育教学工作"，选择4和5的比例高达93.1%；"我能针对教育教学工作中的现实需要与问题，主动进行探索与研究"，选择4和5的比例高达92.2%。这些数据充分说明新教师在工作中具有很强的科研意识，能够结合工作中的实际问题，主动进行信息收集分析和探索研究。

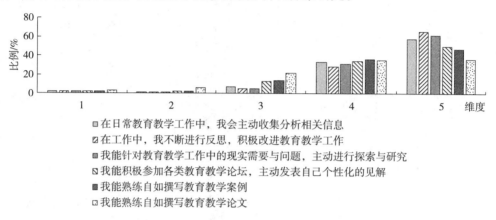

图14　海淀区新教师科研能力发展现状示意图

2. 海淀区新教师专业发展需求分析

新教师专业发展需求与专业发展现状相对应，涵盖了新教师在自身发展过程中对专业精神、专业知识和专业能力三个方面的发展需求，特别是细化了在立德树人背景下，专业修养方面对提升师德修养能力、家校沟通能力、班级管理能力、个人研究能力的需求调查。通过分析我们可以得到以下结论。

第一，新教师认为自身最需要提高的能力是科研能力和教学能力。

在问及"您认为最需要提高的方面"时，选择科研能力和教学能力的分别占43%和40.6%（图15），认为需要提高思想政治素质的比例最低，仅占3%。从前期文献研究中可知，新教师往往以"课堂生存"为最大目标，他们对于教学组织、班级管理、人际沟通的培训需求非常突出。而海淀区的新教师，对科研能力提升的需求比教学能力更加旺盛，这与海淀区新教师的学历水平不无关系，海淀区新教师中研究生比例为近60%，这也与前面科研意识的分析相吻合。海淀区的新教师具有很强的科研意识，普遍注重科研能力的提升。

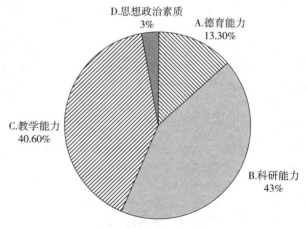

图15　新教师认为自身最需要提高的能力调查结果分布图

第二，学科交叉知识等广泛的文化

底蕴、专业学科及前沿知识、课程整合等通识性知识位列新教师专业知识发展需求的前三位。

如图 16 所示，海淀区新教师在专业知识方面最迫切的需求涉及学科交叉、学科前言与课程整合等，这一调查结果与专业发展现状调查的结果相吻合。进一步表明了新教师需要在学科知识的广泛性、前沿性和相关性方面给予持续支持，这也与课程改革的跨学科融合性、与生活关联性的变化紧密相关。

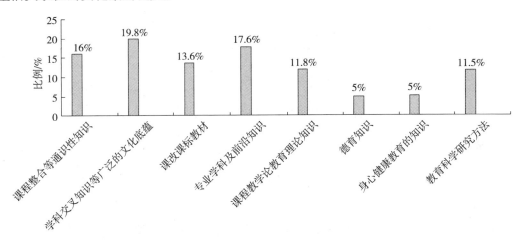

图 16　海淀区新教师专业知识需求调查情况分布图

第三，教学设计能力、实施教学方案的能力、创新教育方法能力成为新教师学科教学能力方面最迫切的需求。

如图 17 所示，海淀区中、小学新教师在教学设计能力、实施教学方案的能力、创新教育方法能力方面需求较大，分别占 21.7%、21.1% 和 14%。

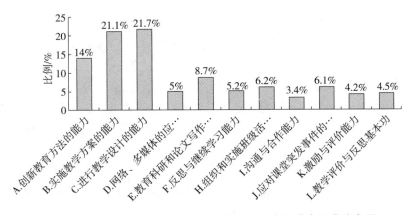

图 17　海淀区中、小学新教师专业能力发展迫切需求调查分布图

第四，新教师科研方面的需求排在前三位的分别是如何制定研究方案、如何进行研究成果的表述以及研究方法。

如图 18 所示，在科研方面，要加强对新教师在如何制定研究方案、如何进行研究成果的表述（包括论文、案例的撰写，课题研究报告的撰写等）方面的培训，通过设计系统的科研素养课程，让新教师在起步阶段就能将教学和科研紧密结合起来，让科研助力教学。

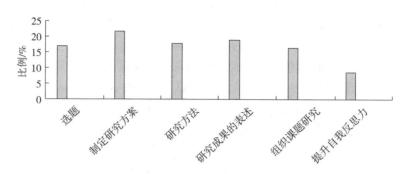

图 18　海淀区新教师科研需求分布图

3. 海淀区新教师专业发展对策分析

在立德树人背景下，教师专业发展呈现出新的要求。国家繁荣、民族振兴、教育发展，需要我们大力培养造就一支师德高尚、业务精湛、结构合理、充满活力的高素质专业化教师队伍，需要涌现一大批好老师。

结合我区新教师专业发展的现状与需求，分别从区域、学校、教师个人及三个层面整合融通的角度，提出促进教师专业发展对策：

1）区域层面

第一，不断吸收新时代教师专业发展的新要求，丰富和完善区域教师培训课程内容设置。

2018 年 1 月，中共中央、国务院颁布了《关于全面深化新时代教师队伍建设改革的意见》。2018 年 2 月，教育部、发改委、财政部等五部委联合印发《教师教育振兴行动计划（2018—2022 年）》。这些文件的出台为教师专业发展指出了方向。高素质、专业化、创新型成为教师专业发展的新内涵。要将这些新思想、新要求融入新教师培训工作。

第二，借助立德树人背景下师德修养的最新论述，加强对新教师专业精神的培养。

教师对教师职业的理解和认识是根本问题，无论从立德树人根本任务的要求，还是从问卷的调查结果来看，教师在职业认同感方面的自评偏低。一个真正的优秀教师，不仅仅在于具有广博的知识基础和丰富的教育技能、教学方法，更主要的还在于其对教育目的、教育过程、学生、教师和教育活动所持有的信念，因为教师的专业信念为其专业成长提供精神支撑和动力支持，是奉献于教育事业的恒久动力。要把习近平总书记关于教师的"四有好老师"和"四个引路人"的论述，要把新时期教师职业的新定位采取新教师认可的方式传达给教师，激发教师职业使命感，提高职业认同。

第三，紧跟学科专业研究前沿，强调学科专业知识的融通性、前沿性。

随着新课程改革的深入，以 90 后为主体的新教师在专业知识方面的发展现状和需求，均提示我们在学科教研方面的改进。新教师已经不满足学科知识系统培训、日常关注本学科的教材教法进修，他们更希望及早建立更为上位的学科思想与方法、学科间的融合以及跨学科的融合。

第四，把新教师科研能力培训纳入专业发展的视野。

从现状及需求的调查数据看，新教师在教学能力和科研能力方面的需求都很突出。我们传统观念中一般认为新教师三年内的目标就是会上课、上好课，所以，教学能力一直是各级培训的重点，而科研能力往往容易被忽视。但海淀区新教师普遍高素质的现状决定了他们更愿意用科研的方式去解决教育教学中的各类问题，因此，未来要格外注重新教师培训中科研素养方面课程的设计。

2）学校层面

根据海淀区新教师专业发展的需求以及教师专业发展已有研究成果，我们提出以下对策。

第一，为不同教龄的新教师制定不同的专业发展规划。

新教师的专业发展诉求在于迅速成熟，而有效的专业发展规划则是引导教师走向成熟的蓝图。教师专业发展计划的制定过程应避免学校的"一厢情愿"和教师的"被规划"，要让新教师积极主动地参与规划制定过程，新教师依据四个维度（发展标准、过程指标、结果指标和数据收集）的具体要求将入职三年内的发展规划逐年细化、量化。

第二，大力提倡问题引导下的案例参与式培训模式。

成人学习理论表明，成人学习具有强烈的目的性，问题导向的学习更容易激发他们的兴趣，所以设计问题串或者问题链形式的培训活动对成人更具挑战性。问题要源于真实的案例，不是"以问题为中心"培训模式与案例教学的简单相加，而是两者的整合优化。新教师入职"集中培训"应着力解决案例中理论与实践脱离的问题，打通理论知识与实践教学衔接的桥梁，通过真实问题案例让新教师切实融入学习中去，并提供解决问题的必要资源，让他们在集中培训时初步掌握理论解决实际问题的方法和技巧，完善专业知识结构。

第三，发挥"师徒制"在教师专业发展校本培训中的作用。

实践证明，校本培训是新教师专业持续发展的重要途径，也是新教师最喜欢的专业发展途径之一。学校要进一步丰富和完善"师徒制"相关机制。在实行师徒制时，应当注意：①慎重选定指导教师。除年龄和资历外，还应注重思想素质、业务素质、人格特征。②明确指导教师的职责范围，除协助新教师解决工作中遇到的问题外，还应指导新教师课堂管理、班级管理的技巧，提供新教师观摩的机会等。③建立指导教师培训制度。在担任指导教师之前，需要接受同伴指导、沟通和人际关系、行动研究等方面的培训。

第四，搭建多样化展示平台，帮助新教师建立自信心。

新教师初涉教育岗位，新环境、新工作、新挑战往往让他们很难尝到成功的喜悦，为此，学校可以适时举办各种活动，让他们展现自我。成功的喜悦会萌生出更强劲的专业发展动力。二年期和三年期青年教师的诉求在于通过教育教学的成功实现自身价值或赢得他人的认可、尊重。对于三年期教师，学校可以多给他们创造外出实践展示的机会，推动专业素质的提高。对于二年期教师，学校可以采用合理的激励手段，让他们以课题为主阵地，开展科研活动。

3）个人层面

调查显示，新教师最喜欢的自我专业发展策略包括师带徒、观摩示范课和在师父帮助下打磨个人公开课。这些策略也与区域或学校的很多做法契合。除了以上的一些策略，我们向新教师提出以下两点建议。

第一，树立自我发展与自我反思的意识。

在教师专业发展过程中，外在的各种因素只有通过教师主体的作用才能最终发生作用。可以说，先有教师专业发展意识，才会催生内在动力。海淀区新教师仍存在一些知识和能力的欠缺，为了海淀区教育质量的提升，也为了教师自身长远的发展，教师自我发展意识的觉醒势在必行。一个普通教师成为优秀教师，新教师蜕变为熟手型教师，都离不开教师的自我反思。新教师对自己日常教学的自觉反思不仅可以丰富个人教学经验，还可以缩短成熟时间。新教师的自觉反思不仅反思自己，还能结合同仁上课的优点进行整合，进而形成个人专业技能。

第二，养成终身学习的意识与能力。

教师的成长和发展是一个终生的、整体的、全面的、系统的过程，涉及个人、组织、外在支持等各种错综复杂的因素。多种因素如果能够有效地加以统合，教师专业发展的道路将会更加顺畅。信息技术时代，只有坚持终身学习，才能不断提高自身知识能力素养。除了积极主动参与学校、海淀区各部门组织的研训外，自学是新教师终身学习以获得不断发展的最佳途径。自学中要注意以下几点：熟读、精读经典理论著作；坚持撰写教学反思；制订学习计划。立足于自身专业发展规划和实际需要来确定自我专业发展方向。

4）运用学习发展共同体助推新教师发展

教师的专业发展是一个个体学习发展与外部环境互动交流的过程。丹麦的克努兹·伊列雷斯教授在2007年提出的全视角学习理论指出：所有的学习均包含两个过程，一是个体与环境的互动过程；另一个是心理的获得过程。两个过程大多数情况是同时发生的，这两个过程以及双向互动在学习中都必须能被顾及，学习也始终是发生在一个外部的社会情境之中。因此，借助学习发展共同体的形式，不仅可以打通区域、学校以及教师个人三个层面各种影响因素，也更有利于成人学习与同僚学习理论的渗透。对于新教师而言，这种有共同目标和追求的团队，有利于激发教师非智力因素的内在驱动作用，在教师专业精神与职业道德等多方面得到综合发展。

六、问题与思考

囿于自身能力，本研究中海淀区中小学新教师专业发展现状分析部分对数据挖掘得还不够深刻，尤其是新教师基本情况与对应的专业精神、专业知识、专业能力之间的相关性、规律性没能通过标准差数据得到更加科学的结论；此外，按照最初的研究计划，除了依据问卷统计数据外，还希望收集一些学校在新教师专业发展培训方面的案例，提炼一些对策，但最终因研究时间有限，新教师专业发展的对策只是对照问卷反映的问题提出了一些理论层面的建议，并没有经过实践的检验；同时，针对本课题的一个重要研究背景——立德树人提出的新教师专业发展策略也相对宏观，不够具体。

立德树人的时代背景下，新教师专业精神究竟如何培养、如何让我们提出的宏观策略落地、真正指导学校工作的开展，还需要我们继续潜心研究，积累更多的实践案例，提炼一些理性的具有普适性的做法才更有价值。

参 考 文 献

[1] 中国教育学会. 新世纪教师专业化的理论与实践［M］. 长春：东北师范大学出版社，2003.

[2] 扶摇. 小学青年教师专业发展的现状研究——以 S 省 C 市 P 区为例［D］. 成都：四川

师范大学，2018.

[3] 何雪峰. 初任教师专业发展需求分析及对策研究 [D]. 上海：上海师范大学，2011.

[4] 靳林燕. 初中新任教师教学适应现状及解决策略研究 ——基于 X 省 Y 市调查分析 [D]. 成都：四川师范大学，2017.

[5] 赵红梅. 关于农村中学教师专业化发展的思考——从我的路谈起 [D]. 济南：山东师范大学，2006.

[6] 赵琳. 高中化学教师专业发展现状及对策研究 [D]. 扬州：扬州大学，2014.

[7] 邹莹. 小学教师专业发展需求研究 [D]. 扬州：扬州大学，2014.

[8] 崔允漷，陈霜叶. 三个维度看"立德树人"的本质内涵 [N]. 光明日报，2017 - 05 - 09.

[9] 蔡金花，曾文婕. 初中教师专业素养与发展需求研究——基于深圳市的调查 [J]. 上海教育科研，2018（7）.

[10] 曹莹，陈悦香，方相成. 初任教师面临的发展问题及援助策略 [J]. 教育探索，2015（8）.

专家点评

这是一篇密切结合现实的调查报告，在我所看过的同类文章中，这一篇是比较突出的。

（1）调查报告的题目简洁明确，应予提倡。

（2）调查对象和调查的问题指向明确，能够紧紧抓住本地区的实际，问题分析和对策研究突出了海淀区的特点，具有鲜明的实证研究特征。越是地域性鲜明，其普遍意义越突出。

（3）调查报告研究取样覆盖了全部调查对象，且样本回收率高，保证了研究基础的科学性。对于研究范围较小，且研究边界清晰的项目，此种方法的科学性和保障性更强。

（4）调查报告的逻辑结构安排合理，思路清晰，有比较坚实的理论基础。

调查报告的薄弱之处在于可行性研究不够充分，但鉴于被告的研究范围，可以考虑将实施对策和措施的研究作为后续项目进行深入思考。

北京教育学院　徐中伟

第四章

新教师培训：培训机构视角

基于教师发展需求的新教师培训模式建构
——以东城区新教师培训实践为例

北京市东城区教师研修中心 束 旭 常洁云

【摘 要】 新教师培训是新教师们开始职业生涯的第一步,对于新教师尽快完成角色定位、培养职业精神、更好适应教育教学工作具有重要意义。本文立足于实践,提出了一种基于教师发展需求的新教师培训模式,并将这种模式归纳为:理解和诊断教师发展需求——制定满足需求的培训目标和内容框架——基于需求采取适切的培训方式实施培训——培训管理过程中建立反馈机制。将这种模式成功应用于东城区新教师培训,以期为其他地区新教师培训提供借鉴和参考。

【关键词】 新教师,需求分析,教师带教,培训模式

高素质、专业化、创新型的教师队伍是全面实施素质教育的重要保障。教师培训作为促进教师专业发展和加强教师队伍建设的一种有效方式,正不断朝着专业化、个性化的方向持续创新和改进。目前,教师培训工作已经引起了广泛的重视,各种教师专业发展理论和教师培训模式层出不穷。针对各类教师培训的实践和反思表明,处于不同发展阶段的教师具有不同的培训需求。因此,明确教师所处的发展阶段并基于其真实需求来指导培训的全流程设计成为促进培训取得良好效果的关键。

新教师是教师队伍的一个重要组成部分,也是每位合格教师的必经阶段。因此,新教师培训对于帮助新教师快速转变角色意识和胜任教学工作都至关重要,培训的成效也将对教师的终身发展产生深远的影响。但是,在具体实施过程中依然存在需求脱节、内容枯燥、形式单一等问题,导致培训效果不够理想。尤其在成规模的区域教师培训过程中,这种问题更加突出。本文结合东城区新教师培训的开展,讨论如何基于教师的发展需求来构建新教师培训模式。具体而言,这套基于教师发展需求的新教师模式包括如下几个步骤:理解和诊断教师发展需求—制定满足需求的培训目标和内容框架—基于需求采取适切的培训方式实施培训—培训管理过程中建立反馈机制,及时把握教师培训需求并对培训方案进行调整。

一、理解和诊断新教师发展需求

教师为了能够在教学生涯中持续胜任教学工作,需要不断完善自己的专业知识和技能、提高自身的能力和素质,因此产生了自我成长和发展的需要。教师发展主要包括适应期、成

长期、稳定期和衰退期四个阶段。不同时期的教师在发展水平、经验积累、职业态度等方面会存在较大的差异,所以这种需要是长期存在并伴随着教师所处发展阶段的不同而动态变化的。与此同时,由于职业环境的不同,即使处于相同的发展阶段,不同教师群体在能力和素质方面也各有千秋,所以不同群体、不同阶段的教师往往对应着有差别的教师发展需求。教师培训作为服务于教师终身学习和满足教师专业发展需求的重要举措,其有效性与教师的发展需求密切相关。精准把握培训主体的需求是开展培训设计的基础,也是评价培训效果的重要参考。

新教师一般指教龄未满三年的教师,处于教师专业发展的初始阶段。他们往往具有专业的知识结构和技能、了解前沿的教学研究成果,同时具备作为成人学习者良好的学习能力和强烈的学习动机。但是由于缺乏实际的教育教学和班级管理经历,导致其优势被束之高阁。这种经验的不足也成了相关人员设计培训的重要参考,从而为新教师提供平台和机会,帮助其快速积累相关经验。然而,这种凭借主观经验的单向设计思路很容易造成培训的同质化,导致培训内容简单生硬,难以调动新教师的学习兴趣和主观能动性。因此,全面了解新教师的真实需求,能够为整个培训流程的设计和创新提供现实依据。

培训需求分析是对教师培训参与对象及其参与培训的意义和期望进行系统性剖析的过程。需求分析的结果将直接决定培训目标、主题、内容以及形式的选择,并成为评价培训成效的重要因素,从而影响培训项目设计的全过程。教师培训需求包括主观需求和客观需求两个方面:主观需求指的是个体基于自身经验对感知到的工作绩效差异进行弥补或实现个性化成长的主观期待;客观需求是指基于组织绩效差异或个体知识技能与预期标准差距进行提升的客观需要。主观需求可能由于个体认知的局限性产生偏差,而客观需求往往容易忽略造成绩效差异的非教师因素,两者难以形成无缝链接的边界。因此,单纯地基于主观需求或客观需求确定培训方向,都难以全面地反映出真实的培训需要。这就意味着有必要将主观需求和客观需求整合起来统筹分析。但是,无论是主观需求还是客观需求,都依赖于深入了解培训对象的实际情况,从而为培训需求分析提供科学理性而非经验的依据。

考虑到新教师的身份特征,他们在培训前大多未进入岗位开展实际的教学工作,所以学校文化氛围、教学环境等组织因素尚未对教师个体产生实质影响,其本人也缺少对个人工作绩效差异的感知。因此,新教师培训的主观需求来源于其本人基于个人经验的实际期待,而客观需求则能够通过对教师已经具备的知识、技能和态度等方面的调研,并与教师工作标准或与胜任教师表现之间的差距进行比较分析,从而精准定位培训方向。

为了有效地整合主观需求和客观需求,在培训前对全区一线新教师进行了需求问卷调查,包括教师的基本信息、职业认知及专业发展情况、培训需求等方面,并进行详尽的培训需求分析。

(1)了解新教师的过往经历和成就是必要的,尤其是在教育教学、教学管理和科学研究方面的经历和成果,能够直观地反映出新教师的既往表现。随着高校人才培养理念和模式的转变,实践环节在教学过程中的重视程度越来越高。部分新教师在学校期间已经获得了不少参与实际教育教学或班级管理的机会,同时也有条件在相关领域取得一定的科研成果。根据是否具有相关经历,新教师将分化出不同的群体。为缺少相关经历的教师提供实践的机会既是他们的主观意愿,也构成了他们的客观需求,但是相同的内容必然难以适应另一个教师群体的切实需要。这不仅要求我们在相关实践环节的安排上需要体现出差异化的内容,而且在培训过程中的人员安排和划分上也要考虑周全。

（2）新教师作为培训的主体，表现出了一般成人学习者的共同特征。他们以问题为导向，学习的针对性很强。因此，往往带有明确的目的参与培训，尤其是提高专业知识水平和提高实际教学能力，所以更加重视培训内容的实用性。这些目的能够最直观地体现新教师的主观需求。同时对影响他们参与新教师培训影响因素的调查，能够掌握新教师的动机水平。新教师日常教学繁重，工学矛盾大，因此培训成为他们开展系统性学习和反思的宝贵机会。另外，他们基于以往的学习经验，形成了较为稳定的学习风格，对于不同的学习方式产生了不同的偏好，自然会关注教师培训的方式与手段。根据调查的结果，我们认为提供多元形式的培训方式，有利于新教师主动匹配适合自己的具体形式。基于这些培训方式的内容创新和质量提升，应该成为培训设计人员关注的重点。

（3）新教师培训主要为使新教师能够尽快具备合格教师的知识和技能、态度和观念，即快速弥补客观差距。在培训之前对当前教师的能力水平和情感态度进行调研是认识差距的有效方式。新教师任务繁重，培训工作时间紧张，两者之间的矛盾更加要求新教师培训的实效。所以认清客观需求，即培训前后教师主体的水平差异，有利于制定切实可行的培训目标，使得培训工作能够落到实处。

二、制定满足需求的培训目标和内容框架

对新教师基本信息的调查，帮助我们了解了大部分教师所缺乏的相关经历，这也构成了教师参与培训的迫切需求。课程讲授、班级管理和教学研究都是教师专业发展的重要内容，自然也成为新教师培训目标制定的重要方面；对新教师职业认同、相关知识和技能以及对待教学设计态度的调查结果，有利于我们结合当前社会发展对教师职业的内在要求进行比较分析，从而在师德师风、职业定位和教师能力等方面确立科学完整的目标体系；对影响教师参加培训的因素、目的和期待的培训方式等方面的反馈与诉求，也将对我们在修正目标的可行性方面提供重要的参考。

基于以上对需求的诊断分析，我们制定了新教师的培训目标。

（1）促使新教师掌握教育理论，领会教育法律法规，树立依法执教的观念，提高新教师职业感悟和师德修养。

（2）理解教学常规细则，初步掌握所教学科的教材和教法，加强教学设计、学情分析、课堂驾驭、语言表达、信息技术等方面的专业技能。

（3）掌握教育管理的基本要点，对班级管理工作有一定的认识，学习借鉴班主任管理的方式方法，培养"以生为本"的德育意识。

（4）树立教育科研意识，注重实践与理论的结合，学会在科研项目、研究课题中总结提升教育教学水平。

结合培训需求分析制定的培训目标，我们设计了相应的培训内容框架（图1）。

新教师培训应该注重理论与实践相结合。我们发现，新教师群体非常乐于从事教师职业，但并非所有的新教师对教师职业抱有高度认同，这意味着强化对教师身份的认同感需要贯穿培训始终。同时，我们还注意到新教师对了解如何做一个好教师的意愿较强，通过不断学习才能做一位好教师的认同感很高，这也反映出新教师培训的必要性和重要性。

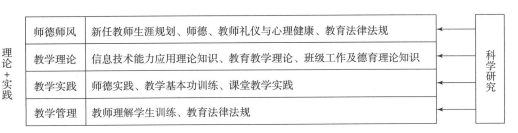

图1　新教师培训内容框架

从新教师对自身专业能力分析来看，新教师各项专业能力都有了一定的基础，但是熟练运用教学方法的能力、控制课堂教学节奏的能力、应对课堂突发事件的能力、编制和分析试卷的能力、问题学生教育的能力、听评课能力6个方面的专业能力有待进一步提高。这些能力的培养与教学实践环环相扣，也进一步验证了教学实践环节设计成为新教师培训的重中之重。良好的教学设计是开展有效教学的前提，因此教学设计能力是评价教师的一项关键指标。新教师对教学环节各个方面的看法基本一致，可见新教师对于教学设计的重要性有较高的认识。但是，由于缺少真实完整的教学体验，这种认识尚不够充分，有必要在培训过程中针对具体环节开展具体指导。

新教师都具备了一些专业发展知识，但是各方面的水平参差不齐。新教师普遍对"教学反思、遇到的问题转化为研究问题、围绕某一个专题进行持续研究、熟练运用研究方法、制定三年学习规划"五个方面的专业知识比较薄弱。科研能力的培养有利于教师立足于教育教学或班级管理中的实际问题，通过科学的方法探索问题的本质并系统性地进行研究，以达到解决问题或反思改进的目的。随着新教师的学历水平不断提高，越来越多的新教师具备了基础的研究能力。但是，受到教学经历不足的限制，难免缺少真实具体的问题情境，难以开展有效的研究。实际教学中的问题层出不穷，提升教师的科研水平是教师专业发展的客观需求。我们意识到这种能力培养的长期性，因此在新教师培训的设计中主要以教学反思为中心，着重强化教师的教学反思能力，从而为教师的科研素质奠定坚实的基础。我们尽可能将科学研究渗透到理论和实践课程中间，帮助新教师强化科研意识，提升反思能力，从而将科研培养落到实处。

新教师培训的课程体系设计和活动体系体现了自下而上和自上而下双重协调和沟通的过程。所谓自下而上，就是调研新教师的需求，通过问卷调查和座谈调研新教师的基本需求，并进行归纳整理；所谓自上而下，是基于国家政策、新教师需求分析、新教师的培训目标并根据教育教学改革的趋势确定。通过这两种渠道确定的培训内容具备针对性、适应性、先进性和实践性，能够调动和激发新教师的学习积极性，最终提升培训内容的质量。

三、基于需求采取适应的培训方式实施培训

为了确保培训项目的顺利开展，我们设计了新教师培训实施的框架图（图2）。

随着网络时代的深入发展，线上、线下相结合的学习方式成为主流。新教师越来越年轻化，在信息技术方面的应用能力也显著增强。整合在线学习与移动学习，支持基于小程序的学习，构建在线学习与移动学习无缝链接、有效链接的学习模式。将更多的理论课程安排在线上进行，将成为新教师培训的发展趋势。

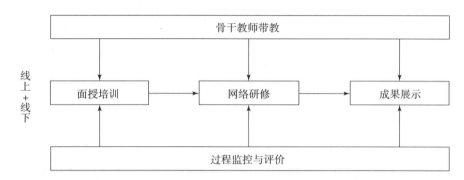

图 2　新教师培训实施框架图

新教师比较希望的培训方式位于前三位的是：教学观摩（84.16%）、名师引领（61.5%）和案例分析（58.6%）。这些方式不仅大量运用于教师教育的各个环节，而且符合作为成人学习者的新教师的学习习惯。

师徒制在新教师培养过程中能够发挥的作用不言而喻，已经成为许多学校培养新教师的习惯做法。但校内骨干教师人数有限，又受到许多现实因素的限制，难以满足众多新教师的需求和期待。为每位新教师配备区级以上骨干教师作为指导导师这种方式在短期内为新教师调集了最优质的师资力量，对增加教师的身份认同也发挥了潜移默化的作用。通过每周不少于一次的授课观摩和每月不少于一次的教学研讨活动，新教师的成长速度是显著的。在培训过程中，项目组适时发起读书心得微课展示、新教师教学风采展示活动、新教师教学视频等引领性活动，促进新教师将理论应用到实际教育教学活动中、转化为自身所真正具备的技能，确保新教师学有所获、学有所用。经过一系列活动，积累了大量的新教师的生成性的微视频资源。后期经过对生成性资源的进一步加工制作，形成本地生成性微视频资源库，可供以后入职的新教师学习使用。

课程培训与主题活动将构成培训的主要培训内容，这些培训内容细化为教育教学要点，每个要点有具体的目标要求、培训方法和培训过程，新教师根据要求提交对应的任务。同时基于网络研修平台，设定新教师培训步骤、新教师学习集锦、关注问题手册。根据课程体系，新教师提交相应的学习感悟；根据模块，建立新教师问题与专家解答问题集。让每一个新教师明确自己每个阶段的发展目标、发展任务及发展资源，即保障新教师迅速进入角色，也让优秀者尽快脱颖而出，缩短成长周期。在培训过程中，项目组全程记录新教师成长轨迹，建立可追溯的伴随式新教师专业发展档案，包括个人信息、学习与培训经历，呈现教师个人发展的动态过程（图3）。项目组在对新教师的教育实践和培训经历进行记录的同时，实现数据汇总、统计并进行深层次分析，为教师的成长提供见证与可供评价的依据。同时，项目组为教师创设个人学习空间，为教师提供记录反思的平台，以提炼教师个性化的经验。

四、培训管理过程中建立反馈机制

新教师参与培训的宏观需求总体是明确的，也是相对稳定的。但是在培训实施的过程中，随着新教师的深入参与以及亲身经历教学工作体验的增加，其实际需求在微观层面上难

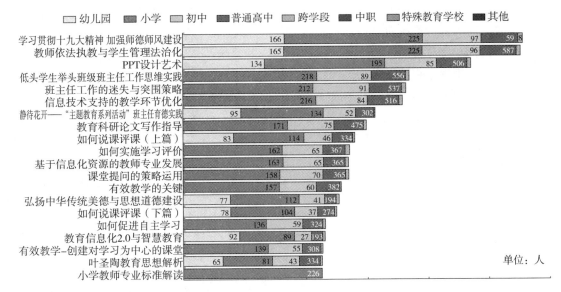

图3　新教师专业发展档案

免会发生变化。一方面他们会基于培训内容和形式对参与培训的有用性做出主观判断；另一方面他们会将实际教育教学过程中的问题带入到培训环节中，以期能够以解决问题为核心开展学习。不论是哪种情况，参与培训的新教师的需求会越来越清晰。在这种情况下，如果始终按部就班地执行培训计划，势必会对新教师参与培训的动机和兴趣产生负面影响。因此，对内容和形式可以进行适当调整是适应培训过程中教师需求变化的客观要求。为了能够监控这种需求的变化情况，我们在培训过程中建立了一套完整的反馈机制。

通过网络研修平台中的阶段活动、问卷调查、访谈等方式，我们在培训进程中持续收集新教师培训过程中、教学过程中的困惑，并定期对这些反馈内容进行整理，提炼和归纳共性问题，并将这些问题集发送给相关教师。既能够帮助骨干教师在教学研讨的环节有针对性地开展基于问题的交流讨论，又能够为后续主讲教师对授课内容进行教学设计提供参考。为了全面地把握新教师对培训内容的主观感受，同时方便教师提供针对性的反馈，我们将教师自我报告的内容划分为：我对课标的感受、我对教材的认识、我对课堂的设计、我对课堂的实践、我进课堂的观察、我看学生的反馈、我看自己的教学7个方面。分析新教师成长规律，建立新教师第一年"适应期"培训课程体系，并不断进行优化。这种反馈机制的有效性与培训内容的灵活设计相结合，旨在更加切合新教师的需求以及适应他们的需求变化。

五、效果评估

对教师培训效果的评估，也是新教师培训的一项关键环节。这一过程是对是否达成预期培训目标的有效检验。柯克·帕特里克评估四层次模型是当前普遍用于评估培训效果的经典模型。考虑到此次培训组织的实际情况，同时结合国内相关学者在该模型上的进一步研究，将评估的主要内容聚焦于学习层。骨干教师带教是东城区新教师培训的一项重要举措。培训学员能够在小组的课堂观摩和教学研讨中获得极具针对性的评价和指导。与部分新教师的交流反馈获得了满意的评价。

教学风采展示活动支持教研员线上评阅、教师线上互评等，为教师培训效果的评估提供了量化依据。评阅人员可以对每位新教师提交的教学设计、说课视频、微格教学视频三项进行打分与评价，三项分数共计 100 分。这三个方面的终结性考核，能够比较综合全面地反映新教师在培训全过程中相关教学知识和技能的提升水平。

新教师参加风采活动得分统计如表 1 所示。

表 1　新教师参加风采活动得分统计表

分数段	人次
90（含）~100 分	71
80（含）~89.9 分	143
70（含）~79.9 分	99
60（含）~69.9 分	53
0~59.9 分	21

从表 1 数据可以看出，经过培训，有些新教师进步是非常快的，2019 年，得 90 分以上的有 71 名新教师，其中北京景山学校高中化学郑老师上传的教学设计、说课视频、微格教学视频被 3 名教研员与学员打分后的平均分是 94 分，可见郑老师经过学习后，教学能力是非常强的；得分为 70~89.9 分的新教师有 242 名，这部分教师进步也是很明显的；得分为 60~69.9 分的新教师有 53 名，这部分教师有一定进步；60 分以下的有 21 名新教师，这部分教师需要继续学习，使自己胜任教学岗位。

六、总结反思

新教师培训是教师职业生涯中浓墨重彩的一笔。有调查显示从教以来教师在最需要培训的时期中对新教师培训的选择占大多数，这也意味着新教师培训的成果对教师职业发展是终身受益的。基于教师发展需求的新教师培训模式以理解和诊断教师发展需求为起点，结合新教师的身份特征和水平特点，通过调研全面开展培训需求分析，并在此基础之上制定满足需求的培训目标和内容框架。为了更好地实施培训，在过程当中基于需求采取适切的培训方式，充分调动作为成人学习者的新教师的主观能动性。同时充分结合信息化的手段，既为新教师提供丰富的网络学习资源和方式，也持续调研和收集参加培训的教师的过程性信息，在培训管理过程中建立反馈机制，从而使将新教师培训的需求贯穿始终。

在东城区新教师培训的实践中，我们发现了这种基于教师发展需求的新教师培训模式的可行性和高效性。当然，我们也意识到此次新教师培训在效果评估方面依然存在不够完善的地方，尤其是相对单一的评价层次，难以客观完整地反映培训的实际效果。我们将围绕培训项目、主题、内容、形式等方面借鉴或设计完整的满意度问卷，并利用访谈法对参与培训的主体开展访谈。另外，我们也会对新教师在实际教学岗位中的表现进行持续的跟踪调查，从而将对新教师培训效果的评估延伸到其他层次上，同时延长到中长期的时间维度上。这种评估的结果也将有利于培训过程的改进和完善。

参 考 文 献

[1] 孔赛男,周先进.中小学新入职教师岗前培训问题与对策研究[J].教育观察,2019.
[2] 马宁,何俊杰,赵飞龙,等.基于知识地图的新手教师微培训的个案研究[J].教师教育研究,2018(1).
[3] 张彩霞.新教师入职初期适应现状及对策研究[D].大连:辽宁师范大学,2010:43.
[4] 陈海凡.初任教师的适应与思考[J].学科教育,2003(4):11-15.
[5] 胡燕琴.新教师入职初期困难分析及对策研究[J].内蒙古师范大学学报:教育科学版,2006,19(6):89-91.
[6] 姜新杰.高位均衡的新教师队伍是这样炼成的——上海见习教师规范化培训报告[N].上海教育,2013(15).
[7] 沈祖芸.科学研制课程强化系统设计注重团队带教——上海试点见习教师规范化培训[N].中国教育报,2012-04-10.
[8] 武海燕.改革开放以来上海市中小学校教师职后培训研究(1978—2000年)[D].上海:华东师范大学,2004.
[9] 姚红玉,张际平.新教师专业发展的分析与对策[J].中小学教师培训,2005(10):9-11.
[10] 张宝华.新教师专业成长中存在的问题及解决对策[J].天津教育,2007(3):42-43.

专家点评

在有一定规模的区域新教师培训中,如何尽可能满足每位新教师的发展需求,提升培训的实效性和专业性,对于区域培育一支高素质、专业化和创新型教师队伍具有重要意义。本文作者在过去的新教师培训中积极探索基于教师发展需求的新教师培训实践。本文即是在这一实践的基础上,试图以其组织开展的东城区新教师培训实践为例,讨论在新教师入职培训中如何基于教师发展需求的新教师培训模式。文章对如何理解和诊断教师发展需求,如何制定满足需求的培训目标和内容框架,如何基于教师需求采取适切的培训方式实施培训,及如何在培训管理过程中建立反馈机制及时把握教师需求等进行了探讨,相信本文对其他各级部门科学有效地开展满足教师发展需求的教师培训工作具有参考意义。作者能够在实践基础上进行经验总结和理论反思的做法值得鼓励!

北京师范大学　叶菊艳

基于课堂观察与行为改进的新教师培训
——以北京市西城区新任历史教师培训为例

北京市西城区教育研修学院 孟凡霞

【摘 要】 目前,中国特色社会主义进入了新时代。培养一支高素质、专业化、创新型教师队伍是教师培养和培训者面临的一项重任。本文结合北京市西城区新任历史教师培训的实际状况,在调查访谈的基础上,了解本区新任历史教师在入职前、入职初期面临的教育教学的主要困难以及职业发展需求,通过整体设计和调整优化培训内容,提升新任历史教师入职培训的针对性和有效性;通过入职初期的课堂观察、交流访谈、新教师观察优秀课堂教学等方式,做好课堂教学改进工作;在跟岗培训中重在过程设计,促进学习者行为改变。从新任历史教师的教与学两个角度,探讨了促进新任历史教师的专业发展、提升新任历史教师区域培训实效性的方法和途径。

【关键词】 职业发展,新任历史教师,培训

目前,中国特色社会主义进入了新时代。推进教育均衡、公平发展,满足人民日益增长的对优质教育的需求,是新时代赋予我国教育工作者的新使命。基础教育在国民教育体系中处于基础性、先导性地位。可以说,高素质、专业化、创新型的教师队伍对全面贯彻党的教育方针,办好基础教育至关重要。但是,培养新时代教师仅有高质量的职前教育还不够,新教师从高校学生到中学教师身份与角色转换的快速实现,需要高质量的入职培训与职后的岗位跟踪培训,需要教师在教学实践中不断学习、不断反思,有计划、有步骤地实现专业成长和发展。

通过文献检索我们发现,目前相关的研究专著中,涉及新任历史教师培训的,主要见于教育科学出版社出版的《中小学新任教师培训指南》,在新教师培训方案和实践案例部分对于新任历史教师的培训案例有所涉及。在研究论文方面,主要集中在华东师范大学金娣的《新任历史教师评价素养的培养策略研究》、天津师范大学高泽峰的《新任中学历史教师教学窘境及应对方略——以图片教学为例》等数量不多的文章。其中,金娣在《新任历史教师评价素养的培养策略研究》指出,应加强对新教师评价素养的研究和培训,并提出要在职后教育培训中对新任历史教师的评价素养进行专业评价素养和课程标准评价素养的分类培训;高泽峰在《新任中学历史教师教学窘境及应对方略——以图片教学为例》一文中,以图片教学为例,指出了新任历史教师在教学中面临的几种窘境,并分析了产生窘境的原因,提出了一些解决办法。

除了上述专门论及新任历史教师培养问题的论文,有关全科新教师入职培训研究的论文

也有一定的参考价值，主要有西南财经大学谭敏的《新入职教师职业适应性调查及对策》、太原师范学院韩吉珍等的《普通高中新入职教师教学能力现状及对策研究》及河南大学侯永杰等的《新入职教师课堂教学适应性探究》等，分别就新入职教师职业适应性培养、教学能力提升研究及课堂教学适应性问题探究方面进行了分析、介绍。从现有成果来看，有关新任历史教师培训的问题还需要进一步深入研究。从西城区的实践操作层面看，当前对新教师的培训，多数还停留在从学科角度出发，多依靠的是培训者以往的培训经验，注重从如何提升教师"教"的能力出发，从提升学科专业知识以及课堂实施能力方面对教师进行培训。

从学科教学的现状来看，当前的中学历史教学与上一轮课程改革相比，有了显著的变化：①历史教学的教学目标从注重"三维目标"到培养学科核心素养，更加关注人的发展。②在目前初中历史教学全部进入、高中历史教学逐渐进入"统编教材"的形势下，中学历史教育的价值取向更强调落实"立德树人"的根本任务。这就要求教师顺应新时代的变化，在历史教学中充分挖掘学科知识中的育人价值，培养学生关注、思考现实问题的人文关怀与家国情怀。③更注重培养创新型人才。要培养创新型人才，历史教师首先必须是具有创新型思维的人。面对中学历史教育近几年的巨大变化，教师一方面要努力钻研教学、科研，不断提升自身的专业素养；另一方面在教学过程中引导学生自主学习、探究学习，重视学习的本质，从学生学习的需求和路径出发，培养学生的历史学科核心素养。

在教育教学发生巨变的形势下，作为教师培训者，面对教师就如同教师面对学生类似，如同课堂教学活动要关注学生的学习需求和学习心理一样，新任历史教师的培训同样需要从教师学习心理出发，进行培训课程的设计和实施。如何了解新任历史教师的培训需求，评估从大学培养到入职培训之间的需求差异，结合西城区中学阶段学生的学习需求和学习现状，设计适切的培训内容，促进教师专业素质的提升和长远发展，我们进行了一些尝试和探索。

一、基于教师专业发展需求，优化入职培训内容

成人教育学创始人马康·诺尔斯（Malcom Knowles）提出了成人学习的五大特质，其中之一就是问题中心。教师学习主要是为了解决自己工作实践中的问题，而不是为了系统掌握某个方面的知识。在开始对新教师进行区级集中培训之前，我们对西城区新任历史教师的大学教育内容、对中学历史教学的认知以及专业发展的困惑等问题进行了相关调研（表1）。从调研情况来看，新教师在大学的学习和培养中，在教育教学理论、教学的基本技能、教师职业素质与道德等方面都有过学习，基本上都有过学科教学的实习经历。教师们普遍认为课堂教学设计的基本功是他们在入职时最需要被指导和培训的，也就是说新教师更加渴望的是课堂教学的实际操练技能。这为我们制订培训计划、确定培训内容提供了一定的参考。例如，通过调查我们了解到，在师范大学的培养体系和内容中，对于中学历史课程标准的介绍和解读是缺失的。中学历史课程标准是教材编写、考试评价的依据，那么对于课标的介绍和解读就必须成为我们入职培训时的内容之一。同时，我们对西城区内新入职1~3年内的历史教师进行了调研，编制了旨在了解其对入职培训的内容、方式以及大学教育与职后入职培训的对接等问题的看法。除此之外，还对西城区内初、高中不同学段的学生进行了调查，主要了解西城区初一和高一年级的学生对新教师的课堂教学感受以及学生的历史学习现状等问题，通过分析针对学生的调研数据，了解教师教学的改进需求。

表1　新教师访谈提纲

新教师基本信息表					
姓　　名		性　别		出生年月	
政治面貌		文化程度		学校及岗位	
学习经历（从高中开始）					
工作或实习经历					
培训经历					
获奖情况					

注：（1）你选择教师这个职业的原因有哪些？
（2）列举在大学或研究生学习阶段，学习的教育教学类的课程或参与的教育教学类实践活动。
（3）你认为成为一个合格的中学教师需要具备哪些条件？
（4）据你了解或观察，你觉得现在的中学生有哪些突出特点？
（5）你希望我们的培训以哪些方式进行？
（6）把你认为重要和必需的培训内容按重要程度的高低依次写出。
（7）当你在学习中遇到问题或困难的时候，你会寻求哪些方面的专业支持？

从初、高中教学的实际来看，目前北京市都进入了使用统编教材进行教学的新阶段，而新教师在学校学习期间，没有机会参加各级各类的教材培训。因此，对于统编教材编写的背景、编写思路以及教学的重点和难点问题难以把握，很难保证教师在课堂教学中能够真正落实"立德树人"的根本任务。另外，结合本年度新任历史教师的实际需求，我们在区级培训中，制定了相应的培训方案（表2）。主要通过培训，让新任历史教师学会分析课程标准和教学对象、理解统编教材的编写意图和教学主旨；能够根据教学目标、教学内容、学生特点、教学资源等完成教学设计，并能在课堂教学实践中提高提问、讲解等教学技能，为新学期承担学科教学奠定基础，尽快成为符合区域教学要求的合格教师。

表2　培训方案设计

培训主题	培训目标	培训内容	培训方式	培训成果
历史教师专业发展与中高考试题分析	了解历史教师专业发展的主要途径，强化专业意识，理解目前的教育教学理念	（1）介绍当前教育教学改革的要求；（2）理解中、高考试题的教学导向；（3）了解西城区历史教学基本情况，研讨历史教师专业发展的路径与方法	面授讲座	作业：完成2019年本市中、高考试题，分析试题考查的意图
历史课程标准与教材研究	熟悉中学历史课程和教材	（1）解读初高中历史课程标准；（2）分析统编教材的编写理念与特点	面授讲座	作业：写出任意单元的教材内容之间的关系

续表

培训主题	培训目标	培训内容	培训方式	培训成果
依据课标进行教学设计（一）	知道撰写教学设计的基本要求，提升教师基本功	（1）教学设计的含义、核心、基本流程；（2）教学背景的分析	讲座、研讨	作业：撰写教学背景分析
依据课标进行教学设计（二）	了解课堂教学的主要环节，学习教材分析和学情分析的方法	（1）教学目标的分析与撰写；（2）教材内容的分析；（3）对学生学习的认识和学情分析	讲座、研讨	作业：撰写教材内容分析
依据课标进行教学设计（三）	学习课堂教学中的提问技能、学习选择恰当的教学材料	（1）课堂教学的关键问题；（2）课堂教学的提问；（3）教学材料的选择	讲座、研讨	作业：就某一节课的教学内容提出问题，选择教学材料
课例研究	了解规范的课堂教学环节，提升对好课的认识	（1）观看并分析优秀课例；（2）了解评课的基本要素与好课的标准	观看、研讨	作业：制作一节好课的标准
教学实践	（1）体会课堂教学及评课；（2）在交流中提升教学基本技能	（1）微格展示；（2）点评并提出修改建议	交流，修改教案	展示并修改教学设计
培训交流与职业发展规划	了解职业规划和发展中的助力因素，知道获得专业发展支持的途径与方法	职业与生涯发展规划	座谈、交流	成长故事分享，交流学习心得，设计三年发展规划

二、基于课堂观察的教学改进，提升教师教学能力

新学期开学后，在新任历史教师进行课堂教学时，通过深入课堂听课以及与教师备课等活动，了解教师在备课、授课以及课后指导学生中存在的实际困难和需求，梳理出他们急需解决的问题后，设计以问题解决为中心的专项课程教研活动，通过教研员的专题讲座、听课过程中他们自己的案例分析或近几年青年教师的经验分享等交流方式，为新教师答疑解惑。

在这一过程中我们发现，进行基于课堂观察的教学改进活动，是提升新任历史教师教学能力的重要途径。例如，在开学前三周的听课过程中我们发现，高一年级的新教师们在使用统编教材的过程中，主要存在两大问题：一是课堂教学的设计，没有在充分了解初中历史教学内容和学生学习现状的基础上展开，导致课堂教学的实效性不足；二是对于教材的分析存

在着教学重点和难点把握不准确、针对学生素养培养的教学活动不足,更重视知识教学的问题。

为了解决这两大问题,我们为新任老师们设计了一个专题讲座和交流研讨的活动,主要分析初高中教学的不同要求和着力点,选取部分典型的中、高考试题;思考中、高考的学段目标和阶段性教学目标的分解落实,从教学的整体性和阶段性目标来帮助新教师更好地理解和把握课堂教学。具体到对教材的分析,结合教材编写的宏观背景和意图、教材的宏观结构框架和中观单元架构和微观的具体课例等,指导新教师进行教材分析。在每节课前的备课活动中,要了解教材结构、章节篇目、每一节课的内容。在此基础上,明晰具体内容在整册书、单元、每节课的位置,因为这在很大程度上影响具体内容教学时的深度和广度,明确每课中子目之间的关系,子目与整节课的关系,思考教材逻辑与学生认知逻辑的差异与处理办法。通过对授课内容和学生状况的分析,选定恰当的教学方式和方法,确定每节课教学中的素养培养重点和水平。为了引导新教师不仅关注教师的教,更要关注学生的学,我们研讨脑科学的研究成果以及如何结合中学阶段学生的学习特点、心理特点和认知特点等进行做学情调研,教师们常用的做学情调研的方法和手段等,帮助新教师解决在学生学情基础上进行教学设计的问题。

在专题讲座或研讨交流以后,教师在课堂教学中进行新的调整和实践,这样就形成一个"实践——调整反思——再实践"的闭环过程。在这个过程中,为了让新教师形成深入思考,在入职初期逐渐养成反思的工作习惯,每一次活动,新教师都要通过成长日志的方式进行记录,记录在专项课程培训和岗位跟踪培训中的收获、思考和反思,通过成长日志对教学和研修等实践活动进行深入思考,将教学理论、学习理论与课堂教学实践活动进行对接。以下内容摘自于一位新任历史教师在观看了优秀教师的课堂教学后,在成长日记中写下的反思。

孙老师初中课程《魏晋南北朝的科技与文化》是孟老师要求我们观看的课例,我非常认真观看后也写了课例评析,收获如下。

(1)以东晋出土文物墓主人生活画作为分析材料贯穿全课,引导学生从中提取信息,提示我教学材料不要庞杂,要少而精,对材料用透、用精。

(2)孙老师非常注重在授课中对学生核心素养的默默培养。如导入部分、对《兰亭序》的分析、总结部分体现时空观念;从始至终所有结论都是带着学生从材料(文字、文物等)中一点点获得,渗透了史料实证和历史解释,对贾思勰、祖冲之的人物分析又渗透了家国情怀。提示我在每个环节的设计上要真的思考如何渗透核心素养。

(3)一节好课需要重点突出,详略得当,节奏适当。孙老师的课即以《兰亭序》,或者说文化为本课重点。

(4)孙老师特别注重以小见大,以某一个具体问题、实例为切入点。科技文化是抽象概念,初中学生不易理解,孙老师以王羲之的《兰亭序》解释书法文化和士人"魏晋风度"这些抽象的文化概念;通过讲解圆周率、天文历法、《齐民要术》、祖冲之和贾思勰等让学生理解该时代的科技。并将人物揉进其中,让历史突出人,更加有吸引力,也更能渗透家国情怀。

(5)孙老师对学生的引导特别到位:一方面,很细很具体,注重与学生已有知识相联系,如很多谙熟的典故的使用,让学生有兴趣,贴近生活,易于学生理解;另一方面,层层深入，逻辑特别清晰，对培养初中生的思维方式、引导初中生的学法效果特别好。

结合孙老师某次在西城区以《北洋政府统治时期的政治、经济、文化》一课为例做的教研，她当时提到新教材内容庞杂，要"用历史的逻辑整合教材"，并认识到，不只是新教材，教历史知识都需要同样的步骤。教师首先需要通过多读书有丰富的学识，整合这些知识生成自己的理解和合理的逻辑体系；然后还需要将这些呈现给学生，将教师具备的这种能力传递给学生，让学生生成能力。这就需要教师"讲"的功底以及材料的运用、方法的引导。

从这位教师的课例评析中我们可以看到，教师在思考和关注一节好课的标准是什么。从这节课的整体设计、教学的逻辑、授课教师如何突出教学重点、如何对初中学生进行概念教学、如何在课堂教学中潜移默化地培养学生的学科核心素养、如何以小见大说明问题等方面都有非常深刻的感触。从课堂教学的现象深入思考到了学科教学的本质，说明观察他者的课堂是引导新教师更好地思考和观察教学的好方法。

三、重在过程设计，促进学习者行为改变

仅有其他人对新教师进行课堂观察以及新教师对其他人的学习观察，并不一定会引发新教师行为的改变。北美非常有影响力的教师培训大师与人力资源专家鲍勃·派克提出了非常实用的培训学习法则。其中的"学习过程法则"指出：学习者必须在实践中不断重复所学内容，才能真正领会所学内容；必须反复运用，行为才会得到改变。教师的职后培训要关注其接受培训后再回到工作岗位上学以致用体现的绩效目标。为此，设计了任务驱动式的学习——通过出师课与新教师主讲的教学研讨进行相关培训，重点是通过外在"压力"给予教师成长的动力，完成各项任务的过程成为教师成长和发展的过程。

在新教师入职的第一年内，要完成"出师课"一节，以了解其通过入职培训以及一年的岗位跟踪培训，是否成长为一个合格的学科教师。"出师课"由其校内指导教师和负责的教研员共同来进行听评课活动，主要着眼于在入职培训、岗位跟踪培训以及年级研修活动中的学习效果以及课堂教学的规范性等问题。

在每一学期教学的过程中，举办青年教师群体的研究课。根据教师任职的初、高中的不同学段，选择不同层次学校的教师代表，选取教学中的重点或难点课例，进行区级研究课活动。在此过程中，通过"备课—磨课—试讲—再磨课"等环节，从教师的"教"与学生的"学"两个方面进行教学研磨。以北京市"启航杯"新教师风采大赛的选手选拔为依托，进行新教师的说课培训以及研讨交流等活动。备赛培训主要着力于说课，包含语言表达、教学活动意图及重难点分析、实践反思等；微格教学技能，主要着重于提问技能、讲解技能、示范技能等方面帮助新教师提高教育教学水平和教学能力。通过对新教师的比赛选手的培训和选拔，将备课、修改、展示的过程同时作为教师培训交流的过程，注重过程体验和提升，达到培训的激励功能、诊断功能和导向功能。

在2020年的春季学期，我们遭遇了新冠肺炎疫情的严重影响，教育教学活动也只能采取线上的方式进行。在这种情况下，我们的教育教学和教师培训都面临新的课题。为了进一步固化和提升培训效果，采取了网络集体备课的方式，将新任历史教师们分为初中组和高中组，每一个小组就同一节课展开自己的备课。并且分别推荐一位教师进行备课分享，组内教师和教研员以及课题组的老师们针对老师的备课设计发表自己的意见和建议，并说出此意见

和建议的理由。被推举的教师再进行反思和修改，组内教师再进行上一个过程的重复……为了进一步提高新教师们的备课站位、开拓老师们的思路，我们还邀请了北京教育学院的专家参与我们的集体备课和磨课，通过几次活动，新教师们发现，自己的备课关注点在哪里，有哪些需要提升的方面，中年的骨干教师的关注点在哪里，教研员对课程与教学的思考是什么，专家对课程和教学的理解是什么，从不同的方面看到了处在教师职业发展过程中不同阶段的人面对同样的教学问题时的着力点和思考点，用鲜活的案例给予老师们启发。这对于新教师们结合自身实际，进行课堂教学改进，深入对教学和个人专业发展与职业规划的思考大有裨益。我们将一位新任历史教师在自己的成长日志中的一段内容摘录如下：

"骐骥一跃，不能十步；驽马十驾，功在不舍。这是荀子在其《劝学篇》中脍炙人口的一句话，而这也是我初为人师一学期以来最大的感悟。此刻正撰写这篇学期末教师成长日志的我，依稀记得去年夏季参与区培训时撰写网课作业职业规划的自己。同样在书写总结梳理与规划性的文字，但是心情却发生了一些变化。还记得刚刚接到工作录取结果的我，喜悦和憧憬之余更多的是对新角色、新任务的忐忑，虽然在校时期有过教育实习，但当自己真正要成为一名人民教师时，我深知有太多需要准备和学习的东西了……

经过入职前的培训、实践教学后的适应期，极大地丰富了我个人相应的见识与技能。从课标到教材、从备课到授课、从试讲到总结，从课堂到课余、从同事到师生、从职业到生活，方方面面都得到了充实和提升。"

同时，着眼于校本教研的新教师培训对于其迅速融入学校的教育教学氛围、胜任课堂教学的任务也发挥了重要作用。按照西城区对新教师岗位培训的整体规划设计，新教师所在学校会指定其学科教学和班主任工作的指导教师。在日常的教育教学工作中，主要由其校内指导教师通过备课、磨课、听课、评课等方法进行有针对性的指导。

在下面一位新教师的成长日志中，写出了自己在学校指导教师帮助下的收获。

"学校对我们新教师一对一师徒结对的指导，让我慢慢在教学工作上取得进步。认真备课，用心钻研教材，在教学中重视课堂常规要求，尤其是针对初一新生的课堂要求，强调注重课堂细节，强调要求学生课堂上专心听讲、认真学习、积极思考，对学生课上出现的小问题及时提醒、纠正；针对不同学生提出不同的要求，引导他们深入思考，细化知识点，注重理解，学会自我总结与反思；精选作业，尝试设计多元化的课外作业，激发孩子们的学习兴趣，逐渐培养和提升孩子们的历史学科素养和学习历史的综合能力。"

"教育大计，教师为本"，教师是落实课程教学改革的最重要力量。为了评估《联合国可持续发展目标2030》在教育领域取得的发展进度，联合国教科文组织成立了包括130个成员85国政府等在内的"教育2030国际教师问题工作组"，该工作组给予教育职业这样的评价："教师，是促进教育公平、获取教育机会和提高教育质量的最具影响力和最强大的力量之一，是全球可持续发展的关键，"从全球可持续性发展的高度认识教师对教育的重要作用，因此，做好新教师培训工作既是帮助教师进行职业适应，引领教师专业化成长的重要过程，又是全面落实国家课程方案、提高教师课程实施水平，全面提高教学质量的重要保障，对全球的可持续发展亦具有重要意义。做好新任历史教师的培训，还需要进一步加强对成人学习和教师需求的研究，加强对教师职业发展的阶段性特征的研究，从学习者的角度去进一步思考我们的教育教学等，不断提升培训课程的整体设计和培训效益。

参 考 文 献

[1] 申军红，等．中小学新任教师培训指南［M］．北京：教育科学出版社，2018．
[2] 陈霞．教师培训课程设计［M］．上海：上海教育出版社，2019．
[3] 北京教育学院历史教师培训课程指南项目组．中学历史教师培训课程指南［M］．北京：北京师范大学出版社，2015．
[4] 冯美娥．新教师教育教学能力培养与训练［M］．天津：天津教育出版社，2018．
[5] 钱秋萍，胡惠闵．新教师入职读本［M］．北京：教育科学出版社，2015．
[6] 姜野军，程检红．新教师的六堂必修课［M］．上海：华东师范大学出版社，2019．
[7] 金娣．新任历史教师评价素养的培养策略研究［J］．历史教学问题，2016（6）：21-23．
[8] 高泽峰．新任中学历史教师教学窘境及应对方略——以图片教学为例［J］．教育探索，2015（9）：56-59．
[9] 谭敏．新入职教师职业适应性调查及对策［J］．教学与管理，2013（30）：39-41．
[10] 韩吉珍，彭邓民，杜维璐．普通高中新入职教师教学能力现状及对策研究［J］．教学与管理，2016（18）：69-71．

专家点评

新教师培训，是衔接职前教师与职后教师的重要阶段，是新教师完成从学生身份向教师身份转换的关键时期。本研究以北京市西城区的新任历史教师为研究对象，通过多途径多角度的调研。例如，了解师范大学人才培养方案、回访已入职新教师、了解初高中学生的反馈意见等，将新任初中历史教师的培训重点，聚焦为基于课堂观察与行为改进。本研究通过前期调研和文献分析，提出了看课堂案例、写反思日志、磨"出师课"、参加教师风采大赛等系列解决方案，形成了目标明确、内容聚焦、步骤清晰的新任初中历史教师培训体系。

首都师范大学　孙　众

以学习者为中心的新教师培训模式建构
——以北京教育学院朝阳分院"十三五"时期新教师培训为例

北京教育学院朝阳分院　苗沐霖

【摘　要】 新教师培训应以学习者为中心，用培训促进对新教师的全方位培养，创建以学习者为中心的新教师培训模式，调动新教师个体的主观能动性，实现新教师的自我改变。以学习者为中心的新教师培训模式，必须要利用调研把握学习者的学习需求，基于学习者的发展需要构建培养目标及课程框架，结合学习者需求及发展规律展开培训，建立沟通管理机制，反馈调整项目，注重过程性评价，强调学习者自评互评，评价的核心是对培训项目的评价。本文还在成人学习理论基础上提出了以学习者为中心的五项培训原则，并进一步提出五条培训实施路径：情境感悟，成长档案管理，标准引领，活动推进，追踪指导。

【关键词】 以学习者为中心，新教师，培训模式

新教师是教师队伍的新鲜血液，承载着教育发展的希望。为满足社会对高质量教育的需求，提高新教师培训质量，加快新教师成长步伐是摆在教师培训者面前的重大挑战。

以往的新教师培训，更多是以培训者为中心，从培训者角度出发进行设计实施，培训聚焦于指定的内容，也就是聚焦学习者的特定方面，强调的是培训者对学习者的改变。

以学习者为中心的教学理念，强调学习者在学习中的主体地位，教学目标的设计以学习者为中心，最大程度发挥学习者的主观能动性，使得学习效果最大化。以学习者为中心的新教师培训，关注的是新教师全"人"的培养，从新教师角度出发设计培训，强调学习者本身的发展变化，从学习者角度评价新教师培训。

为了贯彻以学习者为中心的理念，北京教育学院朝阳分院对以学习者为中心的"十三五"时期新教师培训模式进行了实践探索。

一、利用调研把握学习者的学习需求

以学习者为中心的新教师培养模式，强调根据新教师特点需求开展培训。为此，以问卷调查的方式于2016年6月对朝阳区新教师的学习需求进行了调研。结合文献资料及对朝阳区部分教研组长、指导教师、教学主任和学科培训教师的访谈，开发了《朝阳区"十三五"时期新教师研训调查问卷》。考虑到职前教师对教育教学工作并不了解，所表达的需求可能和其实际工作中的需求有出入，因此将调研对象锁定为入职后1~4年的教师。最终利用网

络平台，采用无记名方式进行问卷调查。共有1323人参与填写了问卷，其中1306张问卷有效。

1. 新教师的特点

（1）学历水平增高。硕士、博士学历占总数的24.27%，并且从入职时间看，硕士、博士学历所占比例越来越高。

（2）非师范专业毕业的教师增加。非师范专业毕业教师占49.31%，与师范专业几乎持平，从入职时间看，非师范专业毕业的教师数量越来越多。

（3）非本专业毕业的教师大幅增加。从新教师所任教的学科与其所学专业的一致性来看，高达37.21%的新教师所任教的学科与其所学专业不一致。即使是所教与所学专业一致，也存在教师专业程度高，但教学领域广度不足的现象。例如，雕塑专业教师教美术。

（4）理论与实践脱节。教学实际情况与入职前设想不同，所学知识不知如何运用。在备课与教学时，不知如何应用理论性知识，教学以模仿为主，照搬他人经验，缺乏灵活性，总感觉实际情况与自己所想不一致。

2. 培训内容需求

从教学技能发展现状看，调查数据显示：与入职第一年的教师相比，入职第二年和第三年的教师有关教学设计的技能提升变化较大（这可能是受第一年的培训和教学实践所致）。但是，有关教学实施的技能提高并不明显，并且部分实施技能（讲解、提问）仍然处于相对较低的水平上。因此，入职第二年和第三年的教学技能培训的重点更应当放在有关教学设计的技能，以及讲解、提问技能要素上；提高新教师对教学技能的认识程度，重视教学技能自我训练。

从教师提出的需求看，调查数据显示：新教师对"教学实施"需求最高，其他依次为"教学设计""教学管理""教学评价""学科课程标准解读""教学反思""教育科学研究"。相对而言，新教师对"师德修养""法律法规""职业规划"的培训内容需求不高。随着入职时间的增加，新教师对培训内容的需求逐渐降低。变化最大的是教育管理，入职第一年的教师认为非常需要或需要的比例为73%，排在第一位，入职三年后的需求下降到58%，排在第八位。反映出新教师对学科培训的内容需求更高，且持续时间较长，入职第一年需加强通识性培训。

从教师的人员构成看，从师范专业课程安排可知，非师范专业的毕业生没有经过教学技能培训，教育学、心理学知识学习不够系统；非本学科毕业生的学科背景知识不足。

3. 培训方式需求

调查数据显示：新教师更喜欢示范性、演示性强的培训方式，如听课评课。这些方式对于低认知层次知识的学习效果较好，但是对于高认知层次知识的学习效果难以保证。调查数据还显示：新教师对于个人反思、教学比赛、自主阅读教育教学期刊书籍、参与课题研究、撰写教学实践反思等自我培训的认可度相对较低。自我培训是教师培训的重要组成部分，对教师长远发展作用更为明显。

从教师人员构成来看，高学历教师对新教师的指导提出更大挑战。根据我们对各校"师徒结对"情况的分析，师父们的教学经验丰富，对新教师教学实践帮助较大。但是，教学理论水平不高，对教学行为背后理论支撑的分析不足，难以满足高学历教师的需求。因此，需要探索新的培训模式以满足高学历教师的需求。

高学历教师意味着更强的学习能力。在新教师培训中，应采用任务驱动的方式，调动新教师学习的主观能动性，激发学习动机，强调自主发展，自主学习。聚焦教学实践研究，注意模仿：强调"学"，聚焦于教学理论的实践应用，在实践中弥补学科知识和教育学、心理学知识；强调"研"，侧重教学技能训练；强调"训"，引领教师的自主发展；强调"用"，将所学知识用于教学实践。

4. 考核认可程度

调查数据显示：新教师对于考核的认可程度整体较高，即使是笔试这类方式接受程度也超过40%。他们对于考核的认可程度随入职年限的增加而降低，对现场考核与非现场考核认可的差别不大。

二、基于学习者的发展需要构建培养目标及课程框架

1. 系统规划培训促进培养

培训是给学习者传授完成某种行为必需的思维认知、基本知识和技能的过程，突出的是培训者向学习者的传授，侧重学习者的某些方面。培养是通过提供适宜的条件促使学习者发生变化，进而成长的过程，强调的是培训者提供促使学习者变化的条件，针对学习者的多个方面。以学习者为中心的新教师培训，需要系统规划，通过课程活动，实现对新教师"人"的全方位培养。

新教师教学技能训练水平低，学科背景知识不足，教育学心理学不足的问题，难以在一年的培训里就获得改变，但也不可能进行脱产培训，只能是在教学实践的过程中进行培训。

因此，新教师培训需要从一年扩展至三年，创新培训模式，以培训促培养，在实践中全方面提升新教师，加速他们的专业发展，用区级培训带动校本培训和自我培训，形成合力，助力新教师成长。

2. 构建新教师培养目标

以学习者为中心的新教师培养目标的核心是培养合格教师。在制定目标时，首先要满足新教师工作岗位的需求。新教师工作的主要对象是学生，除教育、教学外，还要与家长、同事、领导进行沟通、交流、合作。其次，要满足新教师个人专业发展的需求。新教师个人专业发展最基本的是教学能力、教育管理能力，还有就是以反思改进为代表的研究能力。最后，必须要根据调查研究的结果，把握现阶段新教师特点，对培训内容、培训方式的需求，对考核的认可程度。

针对新教师在以上方面的需求，确立新教师培养的总体目标：通过培训，帮助新教师快速建立职业认同，坚定职业理想信念，增强职业认同感与职业自豪感，树立做新时代的"四有"好老师的工作目标，顺利完成角色转换，高效掌握基本的专业知识与专业技能，形成基本的学科教学胜任力。

3. 构建培训课程体系

以学习者为中心的新教师培养课程，应该按照教师教育教学的实际，建立以实践为导向，以能力发展为本位的模块化课程体系。为此，围绕新教师培养目标，结合新教师发展的

需要,以"教师专业理念与师德"为基础,以教师专业能力的提升为主线,以教师专业知识的获取为辅线,围绕教师个人专业发展,构建朝阳区新教师培训的课程框架。

参照全国中、小学教师专业发展标准的要求,按照培训类别分为通识培训和学科培训两个部分。

通识培训分为专业理念与师德、专业知识、专业能力三个维度。专业理念与师德下设职业认同、师德修养、身心健康三个领域。新教师的教育学、心理学知识不足,在专业知识下设教育知识、学生知识两个领域,在专业能力下设班级管理、沟通合作两个领域。

学科培训分为专业知识、专业能力两个维度。针对学科背景知识不足的问题,在专业知识下设学科内容知识和教法知识一个领域。针对教学技能训练水平低的问题,在专业能力下设教学设计、教学实施、教学评价、反思改进四个领域,每个领域分别开发若干课程(表1)。

表1 朝阳区新教师培训课程框架

培训类别	维度	领域	培训课程
通识培训	专业理念与师德	职业认同	《我的成长之路》《初为人师的感悟》《教师个人成长规划》《朝阳区区情与教育发展》
		师德修养	《做知法守法的教师》《做师德高尚的教师》
		身心健康	《做心态阳光的教师》
	专业知识	教育知识	《做引领指导学生健康成长的教师》
		学生知识	《做学生懂教育的教师》
	专业能力	班级管理	《做一个幸福的班主任》《课堂教学管理》
		沟通合作	《"体验、分享、思考、成长"主题拓展活动》
学科培训	专业知识	学科内容知识和教法知识	《学科课程标准解读》《学科若干基本概念的深度理解与教学》
	专业能力	教学设计	《教材分析》《学情分析》《教学目标制定》《教学活动设计》《说课答辩》
		教学实施	《提问技能》《讲解技能》《观察指导技能》《微格片段展示》《教学实践交流》
		教学评价	《试卷编制》
		反思改进	《教学反思》

三、结合学习者需求及发展规律开展培训

成人学习,往往带有强烈的目的性,需要在愉快的环境和氛围中进行,需要通过大量的练习来加深印象,联系实际更有利于他们对认知对象的掌握。以学习者为中心的新教师培训,必须要结合新教师的特点和需求,遵循成人学习理论开展。

1. 以学习者为中心的培训原则

根据调查研究的结果以及成人学习理论，结合新教师培养目标，组织资深教师培训者和部分学校领导，进行研讨交流后认为，促进新教师培养要遵循以下五项实施原则。

1）自主发展与引导助力相结合

高学历的新教师学习能力远远超过以往的新教师。各基层学校现有的指导教师难以满足新教师对更高层次指导的需求，单纯采用传统的"师带徒"已经不能完全满足新教师成长的需求。因此，以学习者为中心的培训，必然以新教师的自主发展为主。

自主发展并不意味着培训者不再重要，而是对培训者的要求更高。培训者要从单纯的培训指导变为引导，和新教师共同成长发展，通过各种活动和方法，激发新教师的学习动机，帮助他们明确自己的发展目标，开展合作研讨交流，助力新教师自我改进，自主发展。

2）学习研究与训练应用相结合

以学习者为中心的培训，必须要评价先行，评价学习者的变化。这个变化应该聚焦新教师的教学工作实际，以其实际应用为导向。这种应用不是短期的，而某一节课的应用是长期的。新教师的发展，必须在学习研究的基础上获得，在充分训练的基础上提高。

因此，以学习者为中心的培训，应融学习、研究、训练、应用、评价为一体。在设计方案时，采用逆向教学设计，从新教师培训结果出发，思考如何评价学习效果，如何在教学中应用，倒推如何进行训练，如何进行研究，需要开展哪些学习。

3）区级培训与校本培训相结合

新教师日常工作在学校，教学的主阵地在课堂，最需要的培训是解决教学中的疑难问题。区级培训不能脱离新教师的课堂教学。因此，以学习者为中心的新教师培训中，最重要的是自我培训、校本培训。校本培训是区级培训的延伸和补充，区级培训引领校本培训。必须要打通区级培训与校本培训，共同作用于新教师，用区级培训带动新教师的校本培训和自我培训。

4）群体推动与个体指导相结合

不同教师的专业发展进程有快有慢，不同入职年限教师的教学技能发展也存在差异。短期培训可以推动教师对教学技能的认识理解，但是要做到技能内化，必须还需要教师进行长期的自我训练反思。

以学习者为中心的新教师培训，既要面向全体新教师群体，促进所有人的专业发展，也要关注新教师个体，特别是处于整体发展两端的教师。因此，新教师培训应该采用点面结合的方式。根据新教师对考核认可程度较高的特点，任务驱动，整体推进，用区级展示活动带动新教师的校本培训和自我培训。以点带面，示范引领，分析新教师个体发展情况，针对性地进行指导。

5）具体培训与全面培养相结合

新教师的专业发展，需要对新教师全方位的培养。以学习者为中心的新教师培训，不能仅仅停留在具体的培训上，而是应该对新教师这个人的全方位培养。既要发展学习者的知识技能方法，也关注他们的情感态度发展变化；既要通过情境问题引导新教师自省自悟，自主学习，也要通过标准引领新教师自我检验，进行自我训练。

2. 以学习者为中心的培训实施路径

根据以学习者为中心的培训原则，强调新教师培训要围绕新教师"人"的理念展开，充分激发新教师的学习动机，使新教师在有意义的环境中学习，探索新教师培训实施路径，助力新教师自我培训。

1) 情境感悟，解决实际问题中体验运用

针对新教师理论与实践脱节，教育学心理学不足，学科背景知识不足的特点，根据成人学习联系实际更有利于掌握的特点，学习研究与训练应用相结合的原则，采用案例教学方式，在真实情境中讨论交流，促进新教师理解体验感悟运用。

对于教师责任、合作、沟通、交流等操作性内容，组织拓展培训，创造团队合作氛围，在解决困难的过程中，体验承受、释放压力，感受责任，体会沟通交流的方法和价值。

提升学科教学能力的学科培训，围绕教学设计、教学实施、教学评价和教学反思技能开展，强调学以致用。培训者提供真实鲜活教学课例，提出问题，引导新教师进入情境，经历问题的发现和解决，在研讨交流辨析的基础上，再总结归纳教学理论。教学观摩课之后，组织新教师研讨，感受体验教学现象背后的优势和不足，并思考如果是"我"，该如何解决，最终总结归纳备课、上课的方法技巧。在说课、微格展示、教学实践中，新教师将自己对教学的理解和应用展现出来，在培训者问题引导的过程中，加深对教学技能的理解，在新一轮实践反思的过程中，内化教学技能。

2) 成长档案管理，推动教师自我培训发展

针对新教师高学历、有热情的特点，根据自主发展与引导助力相结合的培训原则，强调新教师自我规划、自主发展，用教师个人专业成长档案袋的形式引领他们自主学习。个人专业成长档案袋不但记录个人成长的过程，也促进了新教师的专业成长。新教师在回顾总结中，感受到自己的成长，在和同伴的交流中发现自己的不足。

要求每位新教师建立个人专业成长档案袋，记录个人发展轨迹。个人专业成长档案袋包括：每一年的计划、总结、学习记录、照片录像、学习成果、教学实践研究成果（教学设计、微格教案、教学反思、论文）等。个人专业成长档案袋采用电子档案的形式，注重过程记录，由个人留存，指导教师检查，各学科培训教师抽查。实施量化管理，记录典型成长事件，要求新教师每学年至少要完成规定数量的任务。

个人成长规划贯穿三年培训培养。通识培训中安排优秀教师个人成长专题，并要求撰写个人发展规划；学科培训时，优秀青年教师进行成长经历交流，侧重个人规划的指导；组织个人发展规划和个人发展总结的交流。

3) 标准引领，规范指导教师自主成长

针对新教师专业发展意识强，理论与实践脱节，教学技能训练水平低的特点，根据自主发展与引导助力相结合，具体培训与全面培养相结合的原则，研制《新教师教学技能训练指导标准》（简称《指导标准》），推动学校新教师校本培训和自我训练提升。

根据教师教学技能相关理论，以及对新教师课堂教学行为的观察，结合多年新教师的培训经验，选择新教师的重点训练技能，并分解影响技能形成的关键因素，形成教学技能要素，再将技能要素分解为可观察、可训练的技能操作要点；通过对1~3年新教师进行训练前后的课堂教学观察，聚焦变化大的操作要点，对变化不大的操作要点进行分析，对应三年的成长阶段，将教学技能的操作要点的训练重点进行难度划分；通过问卷调查，分析新教师教学技能要素要点的表现，确定1~3年的《指导标准》。

改进已有的微格教学训练模式，采用10~15分钟教学片断展示的形式评价教师教学技能，以"新教师教学技能训练群"为核心进行教学技能训练，并开发出教学设计模板等教学技能提升辅助工具。

《指导标准》和综合性的教学技能训练方法，突破传统的、适用于师范的微格教学技能训练方法的制约，更贴近真实的课堂，有助于新教师自我训练和校本研修；有助于新教师个人"照镜子"，针对《指导标准》进行自我反观，修正教学行为，提升教学质量；有助于基层学校在比较中分析教师的差距，提出发展建议，利用"群体效应"促进教师教学技能提升；也有助于各学科进行统一的培训，共同和反复使用，以实现教学技能预定的最佳效果。

4）活动推进，促进校本培训和自我培训

新教师自我展示愿望更强，教学缺乏灵活性，但对指导的要求高。根据区级培训与校本培训相结合、群体推动与个体指导相结合的原则，用活动推进新教师教学技能校本培训和自我训练，组织针对中、小学新教师群体的"扬帆杯"教学技能培训与展示活动。

"扬帆杯"以培训与展示新教师专业知识、专业能力为主要内容，要求撰写教学设计，进行说课和教学技能展示。参加对象为中小学各学科新教师，分为学校训练推荐、区级展示两大阶段，并且设立优秀组织奖，整合学校及指导教师的力量形成合力。各校围绕"指导标准"组织校本培训，指导教师进行针对性地指导，在横向评比的基础上，推荐一定比例的教师参加区级展示。

区级展示分为初赛（教学设计）、复赛（教学设计、说课和教学片段展示）、总结表彰三个阶段。评审专家针对新教师的教学技能表现进行分析，提出改进建议，指出发展方向。评审采用背对背独立评审方式进行。初赛聘请朝阳区拔尖人才担任评委，复赛聘请朝阳区骨干教师担任评委，并安排培训者进行复核。无论是初赛还是复赛，都向参赛者公开评语，指出教学技能表现中存在的问题和发展的方向，推动新教师持续改进。

评审结束后的总结表彰会向全区做现场直播，要求工作三年以内教师观看，以辐射更多新教师，促进各校校本教学技能培训开展。

5）追踪指导，助力教师个人成长发展

根据群体推动与个体指导相结合的原则，设计整校追踪指导活动。选择部分基层学校，通过观课指导，发现并分析新教师教学中存在的问题，针对性地进行个性化指导，助力其专业成长。

整校追踪指导选择新教师比较集中，且有指导需求的学校。每次活动都分为听评课、专业发展调研及向学校领导汇报交流三个环节。新教师根据教学技能课堂教学评价表，提前准备授课教案，完成访谈提纲。观课结束后，培训者不是急于评课，而是首先与任课教师进行面对面的交流访谈，分析其个人发展情况；然后通过提问，引导任课教师找出本课教学上的不足，进而指出现象背后的教学能力欠缺问题；最后提出专业发展的建议。在向学校领导汇报交流时，追踪指导团队除分析新教师专业发展情况，提出专业发展建议外，还就学校新教师的培养管理提出具体的建设性意见。

3. 建立沟通管理机制，反馈调整项目

1）建立沟通管理机制

以学习者为中心，就必须要掌握学习者的需求情况，以便进行调整。在学习者与培训者

之间建立动态的沟通管理机制，可以更好地了解学习者的学习情况，分析他们的需求。在实践中，采用三种方法进行沟通管理。

（1）课前调研沟通。各学科培训班在第一次培训，都进行调研访谈，分析新教师需求。各班都选举出班长，作为新教师与学科培训教师沟通交流的桥梁。

（2）追踪指导调研。每次追踪指导活动，都在前期与基层学校进行沟通交流，将追踪指导的要求传递给学校，同时了解学校的需求。在活动结束后，要求被指导教师提交修改后的教学设计、上课 PPT 和教学反思，了解新教师情况。

（3）活动推进沟通。组织"扬帆杯"新教师教学技能培训展示活动前，对学校和参赛的新教师进行问卷调查，了解他们对本次活动的需求。

2）掌握反馈及时调整

以学习者为中心，就要在培训实施活动的过程中，及时掌握学习者的情况，对培训做出调整。由于新教师教学能力必须在教学实践过程中逐步提高，原来的岗前培训主要以通识培训为主。在培训入职调研时发现，由于非师范专业毕业，有部分新教师并不了解教育教学常规，既不知道规范的教案该如何书写，也不清楚上课该如何管理。为此，开发涉及通识培训与学科培训的综合课程《教师教育教学常规及管理》，在岗前培训中解决新教师的困惑。

根据学习者情况做出调整，并非完全改变原有设想，而是对原有设计的补充。例如，整校追踪指导指导对象调整。为了解第一年培训效果，追踪指导开始计划只针对工作第二年和第三年的教师。基层学校反馈：入职两三年的教师人数有限，希望能扩大指导面，特别是新教师。了解新教师的情况，可以更好地开展第一年培训，了解工作稍长一些教师发展情况，也可以为更好开展"扬帆杯"服务。因此，调整原有的指导对象，以工作前三年的教师为主，如果没有，可以适当放宽。

在做出调整前，必须分析学习者实际情况背后的原因，做到有的放矢。在追踪指导中，发现新教师对《指导标准》理解不到位，指导教师在指导时停留在如何操作上，没有上升到《指导标准》，导致"两层皮"。究其原因，在于指导教师对"指导标准"理解不足。与此同时，在组织"扬帆杯"的过程中，有基层学校反应：希望能够提供优秀教学技能视频，以便更好地指导。教学技能视频可以起到示范引领的作用。但是，如果只是提供优秀视频，没有相应的说明，容易引发偏差，忽视《指导标准》。因此，从已有的教学技能训练指导成果中选取优秀案例（包括教学设计、说课 PPT、说课及片断展示视频），建立朝阳区新教师优秀教学技能视频资源库。

四、以学习者为中心的培训评价

以学习者为中心的培训评价是对培训课程的评价。对学习者评价的目的，不是为了评价学习者的变化，而是为了评价培训项目（课程）。学习者的实际获得，反映出培训项目对学习者的帮助。单纯关注对学习者的评价，实质还是以培训管理为核心。

1. 注重过程性评价

以学习者为中心的培训评价关注的是评价过程，而非结果。过程性评价可以帮助学习者发现自己的实际获得，为评价培训项目做准备。新教师专业成长档案管理，既是培训方法，也是评价方法。个人专业成长档案袋记录新教师的学习轨迹和收获,在前后对比总结的过程中,他们可以感受到自身的变化。

2. 学习者自评互评

以学习者为中心的培训评价,评价主体不再是培训者,而是学习者。学习者自我评价不但可以更好认识自己,还可以激发内在动力,实现自我改进,自我规划。在"扬帆杯"活动中,教学设计模板的最后一项是自我反思。在评价标准中要求,既要写清自己在教学设计实施过程中的收获,也要写清存在的不足。学习者在撰写反思的过程中,实现着自我评价。

学习者之间的互评,可以更全面地认识自己和他人。在对他人进行评价的过程中,新教师会不自觉地进行对照反观自己。在了解到同伴对自己评价的过程中,新教师对自己有了更全面的认识。在考核展示时,要求新教师参与对其他教师展示的评价,进行"2+2"评价,即两条优点和两条缺点。

3. 对培训项目评价

以学习者为中心培训评价的关键是对培训项目的评价,可以采用问卷调查法、访谈法和作品分析法。

问卷调查法采用封闭题与开放题相结合的方式,引导学习者关注自身在各方面的获得,进而评价培训项目是否有助自己的发展,常用于大规模评价。在新教师培训班结束时,可以进行问卷调查。

访谈法可以更好地获得学习者的主观认识,常用于小规模评价。每次追踪指导结束后,都应当征求学校领导对活动的意见。

作品分析法常用来发现学习者的问题,掌握特点和规律,常用于小规模评价。追踪指导活动,要求新教师在一周内提交自己修改后的教学设计和教学反思。通过分析新教师教学设计的修改和教学反思,可以检验培训的效果。

以学习者为中心的新教师培训模式的建构促进了新教师培养,推动了区域新教师的专业成长发展,也为新教师的培训研究提供了参考。在实践的过程中发现,新教师对学科内容的理解仍然需要加强,工作第二年与第三年的教师参与活动的动力明显不如第一年教师。此外,对学习者为中心评价的研究还很不够。这些都需要在新一轮实践中研究解决。

参 考 文 献

[1] 苗沐霖,白雪峰. 从一年到三年,从培训到培养——助力新教师成长的实践与思考 [J]. 北京教师培训,2019,2:15-21.

[2] 李军,文必勇. 实践中的干部教师培训需求分析 [M]. 北京:中国文联出版社出版,2018.

[3] 张招存. 论成人学习理论在企业员工培训中的应用 [J],产业与科技论坛,2013,17:255-256.

专家点评

  长期以来，教师培训中往往遵循一种"补足"模式，即认为教师缺失了知识和能力，而如果我们给了教师这些知识和能力，他们就会具备这些知识和能力。因此，重视教师培训，重视专家的作用，这背后其实是一种对教师的不信任与不尊重，也忽略了学习是一个学习者主动建构意义的过程，忽略了学习者的主体性。因此，如何在教师培训中构建出以学习者为中心的培训模式就显得意义重大。本文作者在过去的新教师培训中试图探索围绕以学习者为中心展开培训工作。本文即建立在这一实践基础上，试图透过作者所开展的"十三五"时期朝阳区新教师入职培训的案例讨论在新教师入职培训中如何以学习者为中心开展新教师培训。其中对如何透过自下而上的调研和自上而下的推断把握新教师的发展需求，确定培训目标和内容框架，结合学习者的学习需求确定培训实施的原则和路径及培训评价等做了重点阐述。相信本文对其他各级部门科学有效地开展以学习者为中心的教师培训工作具有参考意义。作者能够在实践基础上进行经验总结和理论反思的做法值得鼓励！

北京师范大学   叶菊艳

小初衔接视阈下的英语阅读教学培训实践研究

北京市海淀区教师进修学校　李琳琳

【摘　要】 小初衔接阶段是较为关键的过渡时期，学生是否能养成良好的英语阅读习惯，对后续阶段的英语学习将产生重大影响。如何帮助初中起始年级的新任老师更好地开展英语阅读教学，使学生具备良好的英语阅读素养，是每位培训者需要认真思考的问题。本研究从课程目标确定、课程内容建构、课程实施和课程评价四个方面阐释了对小、初衔接阶段教师培训的思考与实践。通过海淀区初中英语新教师阅读教学的培训实践，探索出培训者设计及实施课程的路径：依据小、初衔接的教学关键性问题确定课程目标，以"备好课、上好课、评好课"三个模块建构课程框架，以师资、学员、机制和活动的关键导向性要素及培训评价前置的方式实施课程。

【关键词】 小、初衔接，新教师培训，英语阅读教学，课程设计

根据《义务教育英语课程标准（2011年版）》（以下简称《课程标准》），各级、各类学校要因地制宜，落实新课程方案并注意做好各个学段之间的协调和衔接，优化评价方式，强调学习过程，尤其要做好小学与初中阶段的平稳过渡，促进各地区英语教育的均衡发展。从某种程度上说，小、初衔接阶段是学生英语学习由螺旋式上升转变为曲线形上升的关键时期。然而，由于我国英语教学存在的问题是小学和初中严重脱节，这也是导致初一年级教师手足无措、学生学习英语积极性挫伤、英语学习费时低效的重要原因。为此，本研究从教师培训的角度，尝试基于新教师群体开展阅读教学的培训课程实践，从课程结构的角度，分别从课程目标、课程内容、课程实施和课程评价的角度探索小初衔接背景下新任英语教师培训的设计思路与路径。

一、小、初衔接视阈下的培训现状

以小、初衔接为关键词搜索 CNKI 相关研究，2010—2020 年共有 127 篇文献，涉及英语学科的小、初衔接研究有 24 篇。其中研究语音认读、语法和学生习惯等小、初衔接教学方面的策略或方法占比 96%，而专门针对培训或教研方面的小、初衔接的研究仅有 2 篇，并且停留在政策文件等理论层面，缺乏具体实践案例的参考。究其原因，目前大部分学校并非九年一贯制学校，即使是九年一贯制学校，其各学段的教学和区级层面的教研也相互独立，导致各学段教师及教研员通常对学段内部的教学研究较为深入，而对跨学段的教学研究相对较少。

此外，基于个人工作的实践，曾对历届初中学段新任英语教师基本情况进行调查，经数据分析发现，绝大部分中学更倾向将刚毕业、缺乏教学经验的年轻教师安排在初一年级。上述情况使学生更加难以实现符合《课程标准》英语学习目标要求的转变，给小、初衔接阶段英语教学提出了巨大挑战。目前，针对新教师英语培训的相关研究众多，核心内容大多集中于新教师的英语学科素养、教学策略和方法、教材解读及"新课标"解读等内容[4]，而专门针对小、初衔接视阈下的培训几乎没有。因此，本研究尝试从小、初衔接的视角探索新教师培训的新思路。

二、小、初衔接视阈下的英语阅读教学培训实践

之所以选择阅读教学作为培训内容载体，是因为培养学生的英语阅读素养是一个系统的、循序渐进的过程，从小学、初中一直贯穿到高中。阅读素养包含阅读能力和阅读品格两大部分内容。英语阅读教学是培养学生阅读素养的直接途径，也是新教师优化认知结构、提升教学实践能力的重要路径。因此，培训课程是针对初中英语阅读教学而展开的。下面，将从课程目标确定、课程内容建构、课程实施和课程评价四个方面阐释对小初衔接阶段教师培训的实践。

1. 依据小、初衔接的关键性问题来确定培训目标

对于刚入职的新教师来说，英语阅读教学基本功涉及学情分析、目标制定、文本解读、活动设计和提问设计等环节。为了更好地研究教师，研究小学和初一学年的教学至关重要。首先，以小、初衔接的文本解读为例。人教版《新起点》六年级上册 Unit3 Animal World 中的阅读文本是一篇介绍大象所属类别、外貌、食物和分布的说明文。而人教版 Go for it 教材七年级（下册）Unit5 Why do you like pandas? 的阅读文本描述的是大象在泰国的地位、大象的聪明、大象的濒危状态及如何保护大象的文章。由此可见，小学阶段的英语阅读文本侧重对生物性特征的描述，而初中阶段的阅读文本更加关注事物的社会属性。初一年级的阅读文本已经由事实性文本向概念性文本进阶，学生的思维也应该由具象思维向抽象思维过渡。其次，以小、初衔接的英语阅读教学目标为例。根据《课程标准》，小学毕业需达到二级阅读标准，即学生能借助图片读懂简单的故事或小短文，养成按意群阅读的习惯。初中阶段的三级阅读标准是学生能读懂简单的小故事和短文，并抓住大意。小学阶段主要是要求学生在图片帮助下获取信息和理解信息，而初中阶段则要求学生具备独立获取信息和理解信息含义的能力，并能概括出文章意义，建构新的概念。

基于以上小、初衔接阶段英语阅读教学的关键性问题分析，教师在教学目标、学情分析及文本解读等方面都涉及相关的教学衔接问题。而初一年级正是培养学生阅读能力进阶的关键时期，教师就更需要及时对学生原有认知体系进行"诊断、补位和扩充"。因此，本培训课程目标确定为"能以阅读教学为载体，借助相关工具或方法分析学情，根据学生特征设计小、初思维进阶问题，深入解读文本并设计符合学生语言能力进阶发展的教学活动"。

2. 以"备好课、上好课、评好课"的三模块框架建构课程

《义务教育英语课程标准（2011年版）》中规定：六年级结束时应达到二级，进入七年级应达到三级，区别不仅表现在学习需要和目标，而且表现在文本解读、阅读策略和学习评

价上。反观到新教师培训，它的核心是指向课堂教学能力的提升，同样也指向文本解读、阅读教学策略、教学提问及评价等方面。因此，课程设计从三个基本模块入手，即"备好课、上好课、评好课"。其中，"备好课"是指培训者需要借助知识梳理，帮助新教师建立备课的基本框架概念，如教学目标、教学内容、教学活动、课堂提问、教学评价等；"上好课"是指新教师能将在前期培训课程中所学习到的概念框架和基本理论植入自己的知识体系中，借助培训课程中的研究课，执行相应的教学设计，并最终以教学设计撰写的文本为基础，实施基本功测评；"评好课"贯穿于始终，它是教师内化为自我成长的实践准则，也是教师后续专业成长的必备技能。三部分课程相辅相成，相互嵌套（图1）。

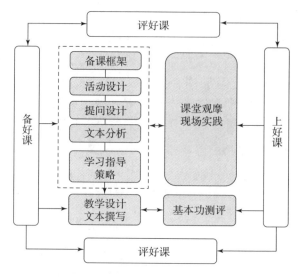

图1　整体课程框架

基于"备好课、上好课和评好课"的三个模块课程，培训者需要科学地组建学科师资团队。在组建师资团队的过程中，应尽量选择具有跨学段教学经验的市级骨干教师或区级骨干教师，因为任何一个模块课程，都要求主讲教师具有"整体和融合意识"，基于小、初衔接的特点，将不同学段的课例串联起来，呈现可操作、可实践的方法和策略。"备好课"模块是问题聚焦、理论归因与案例分析部分，对接教学基本功中的"目标设定、学情分析、文本解读、提问设计和活动设计"；"上好课"模块涉及下校实践的现场教学课，是专门针对"备好课"模块的课堂教学实践；"评好课"模块始终贯穿在前两个模块中，无论是日常观课还是具体课堂实践，都需要学会评价一节课。下面，介绍某区初中英语新教师培训课程表（表1）。

表1　某区初中英语新教师培训课程表（2018—2019学年）

模块	课程专题	关键要点	活动安排
备好课	如何备课？（线下）如何说课？（线上）	初一学生分析、小学生分析、备课流程、备教材	（1）线下：教研组长、备课组长； （2）线上平台：市获奖说课视频； （3）线上作业：UMU互动学习平台
	小初衔接背景下的阅读教学模式与策略研究	了解初一学生原有知识基础（含小学知识体系），衔接初一学生阅读教学，确定阅读教学模式与策略	（1）线上问题聚焦：UMU互动学习平台； （2）线下理论讲座； （3）小、初衔接案例分析； （4）教学设计1.0版修改； （5）反思工具ORID（图2）
	基于学生进阶发展的阅读教学活动设计	主题意义关联，基于英语学习活动观和初一学生学情设计具有高阶思维的教学活动	（1）线上问题聚焦：UMU互动平台； （2）线下理论讲座； （3）小、初衔接案例分析； （4）教学设计2.0版修改； （5）反思工具ORID（图2）

续表

模块	课程专题	关键要点	活动安排
备好课	指向学生核心素养发展的学习指导策略	比较小学阶段和初中阶段学生能力发展的要求和学习习惯，掌握具体的学生学习指导策略	（1）线上问题聚焦：UMU互动平台； （2）线下理论讲座； （3）小、初衔接案例分析； （4）教学设计3.0版修改； （5）反思工具KWL（图3）
备好课	基于小、初衔接的阅读教学提问设计	"文本—活动—提问"关联，通过比较小学与初中阅读教学案例，掌握小、初衔接提问策略	（1）线上问题聚焦：UMU互动平台； （2）线下理论讲座； （3）小、初衔接案例分析； （4）教学设计4.0版修改； （5）反思工具KWL
上好课	基于学生特点的阅读教学模式与活动实施（关注活动）	设计符合初一学生的阅读教学活动	（1）观摩课一（六年级）； （2）观摩课二（七年级）； （3）课堂观察学习单1； （4）现场研讨； （5）反思工具3-2-1（图4）
上好课	基于小初衔接下阅读教学文本解读的深度进阶（关注文本）	注重文本解读的程度和深度，关注学科核心素养下的具体内容，实现学科育人	（1）观摩课一（六年级）； （2）观摩课二（七年级）； （3）课堂观察学习单2； （4）现场研讨； （5）反思工具3-2-1
上好课	指向高阶思维能力培养的阅读教学实施（关注问题串）	关注核心问题串的逻辑层次和思维含量，培养学生阅读素养	（1）观摩课一（七年级）； （2）观摩课二（八年级）； （3）相同话题下的同课异构； （4）现场研讨； （5）反思工具3-2-1（图4）
上好课	基本功测评	主题单元设计、说课、微格教学展示	（1）实践操练； （2）现场观摩
评好课	基于学生核心素养的阅读教学评价	评课原则，如何听课看课；基本功测评优秀代表展示	（1）工作坊； （2）参与式讲座； （3）作品展示

具体到每一次课程中的活动安排，内容都是依据"P—T—C—P—R模式"（问题聚焦Problem—理论学习Theory—案例分析Case—实践应用Practice—反思总结Reflection）的逻辑思路来设置的。该模式相当于WHY—WHAT—HOW模式的衍生模式，即按照解决问题的推理过程形成的课程结构。①聚焦问题。将新教师遇到的真实情境、案例或片段呈现出来，并运用UMU软件将大家在小初衔接方面遇到的困惑集中体现出来，让学员在研讨与交流中感受关键问题，产生共鸣，获得兴趣，明确方向，其实这就是回答"WHY"的问题。②通过理论学习剖析问题产生的原因，提供解决问题的新观点、新方法和新技巧，这相当于解决"HOW"的问题，同时也融合了阐释"WHAT"的问题。③案例分析部分，学员需要在培训者引导下，运用新观点、新方法和新技巧去分析案例，这也是解决"HOW"的问题，从而

加深对新观点、新方法和新技巧的认知[9]。④实践应用。学员独立应用新观点、新方法和新技巧解决自己教育教学实践中遇到的问题。⑤反思总结。经过问题解决的过程后，学员在培训者提供的反思工具中，完成自我实践总结，建构新的经验认知。每次课程都会提供反思工具，反思工具的使用说明以课前资源包的形式发送给学员（图2、图3和图4）。

客观性层面的思考 （Objective）	客观	·你看到什么（东西、画画……）？ ·你听到什么（学调、话语、声音……）？ ·什么吸引了你的注意力？ ·你观察到了什么？
外在地 感官（看、听、闻、音、触） 可直接观察到的 事实和信息	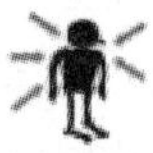	
反应性层面的思考 （Reflective）	反应	·这让你想起了什么？ ·有什么是让你觉得难忘的？ ·哪些部分让感到开心？难过？沮丧？惊讶？纠结？矛盾？ ·你在哪个部分感到困惑或者茅塞顿开？
内在的 即时的回应或反应 感受和直觉 记忆和联想	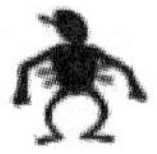	
诠释性层面的思考 （Interpretive）	诠释	·为什么会发生呢？ ·如何看待这件事？有何意义？价值 ·这会带来什么不同？ ·如何影响我们的工作？ ·学到了什么？ ·有哪些新机遇？
隐含的意思 意义，重要性 价值 故事 "为什么"	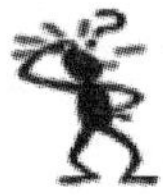	
决定性层面的思考 （Decisional）	决定	·你会如何应用？ ·你会从这里带走什么？ ·你将怎样运用所学？ ·未来的我们将走向何方？ ·接下来怎么做？步骤是什么？
未来解决方案 接下来的步骤 谁会做 产出，达成的目标 应用 总结	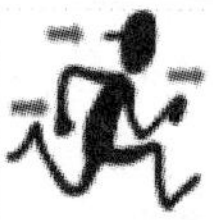	

图 2　ORID 模板

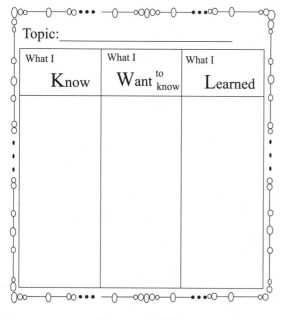

图 3　KWL 模板　　　　　　　　　图 4　3-2-1 模板

3. 以师资、学员、机制和活动为关键导向性要素实施课程

培训课程可从师资、活动、机制和学员作为课程实施的关键导向性要素。其中，师资是指由培训者组成的团队，具体任务是提供智力和学习资源上的支持，以及在培训中提供学习内容、引导学习、倾听和帮助新教师的团队。活动需要关注培训方式与培训内容是否匹配，活动设计是否具有驱动性，是否具有主体参与性以及活动对学习者的难度和可能产生的负担等。机制是指课程开发者对师资团队和后勤保障团队所制定的实施规则，以便使整个研修顺利进行，其覆盖环节包括研修前、研修中和研修后。学员是指参加培训的初中新教师，培训者需要在开班第一天帮助学员明确班级规则（如签到制度、作业制度、学习制度等），并支持以发问者、讨论者、倾听者、实践者等多种角色参与其中（图5）。

图5　课程实施要素

第一，组建师资团队。学科团队不仅包括具有理论高度的高校教师，也包括具有丰富教学经验的一线骨干教师和教研员。需要特别注意的是，尽量选取有过小学教学经历或专门研究过跨学段的相关人员。第二，确定研修方式。培训尽量采取参与式讲座、工作坊、研究课观摩、线上研讨等多种方式，尽量营造平等、安全的学习氛围。同时遵循"问题聚焦 Problem—理论学习 Theory—案例分析 Case—实践应用 Practice—反思总结 Reflection"的逻辑方式实施。培训过程中会不断为学员提供学习反思的小工具或小策略，如"ORID""KWL"和"3—2—1"等，帮助新教师及时总结反思培训内容，同时为后续培训做好铺垫。第三，制定研修机制。建立沟通机制，及时应对突发情况，研修后班主任也要积极向师资团队反馈学员学习收获及成果，以便后续的学习支持和资源补充。第四，研修实践展示。实践展示包括下校实践和基本功测评。以某区初中英语新教师培训为例，下校实践采用的是"新教师与区骨干教师同课异构，专家点评和引领"的培训形式，同时也会分别展示同一个教学课题下的小学和初中学段的研究课，此类培训形式的开展能够帮助新教师找到差距和明确发展目标；而基本功测评可采用微型课堂（micro class）的形式。对于新教师来说，是一种由输入转为输出的过程；对于培训项目来说，是一种检验培训效果的方式。第五，总结反思。培训者需要引领新教师回顾整个培训过程并进行反思，从中提炼经验和固化学习成果。同时，培训者还要根据基本功测评的结果对新教师提出有针对性的建议。

4. 以评价前置的方式开展培训

课程内容与课程目标的匹配性和一致性是课程设计有效的保障。课程评价可基于UBD逆向设计理论开展，在课程开发时可将评价内容进行前置，以保证教学评价的一致性。通过设置针对性的课程评价，为教师教学搭建互相展示与交流的平台，帮助教师了解不同学段知识结构和教学方法，从而准确把握教学知识的衔接点，有效发展教师专业素养。下面，介绍某区初中英语新教师培训课程的评价（表2）。

三、启发和思考

嬗变学习理论认为，成年人是通过一系列的学习、反思和实践过程实现自身转变的。这

表2　某区初中英语新教师培训课程的评价

评价内容	评价方法	对应的培训目标或课程
（1）教学设计撰写； （2）关键点：指导思想与理论指导、教学目标表达ABCD原则、学情分析	（1）过程性和终结性； （2）教学设计1.0版； （3）教学设计2.0版； （4）教学设计3.0版	（1）能够撰写出一篇结构完整的、符合初一学情的阅读教学设计； （2）《如何备课？（线下）；如何说课？（线上）》； （3）《小初衔接背景下的阅读教学模式与策略》
（1）教学活动设计； （2）关键点：活动类型、活动主体性、活动层次、活动有效性	（1）学习单1； （2）研究课观摩； （3）微课提交； （4）培训反思ORID	（1）能有效设计基于学生的阅读教学活动； （2）《基于学生进阶发展的阅读教学活动设计》
（1）提问设计； （2）关键点：核心问题串、问题类型、问题层次、问题与主题意义相关性	（1）学习单2； （2）研究课观摩； （3）微课提交； （4）培训反思ORID	（1）能够明确课堂核心问题设计的依据与课堂提问的种类、方法； （2）《基于小、初衔接的阅读教学提问改进策略》
（1）学习指导策略； （2）关键点：学习问题诊断、课堂和课后应对方法、家长沟通方法	（1）现场课观摩； （2）学生作业展示； （3）学生访谈； （4）教学案例撰写	（1）能够使用3~5个指导学生学习的具体策略，能够基于学生特点布置相应作业； （2）《指向学生核心素养发展的学习指导策略》

个转变不是一般的知识积累和技能提升，而是在学习思想、意识、角色、气质等多方面的显著变化。由此可见，培训不仅要注重教师技能的提升，还要改变教师内在的思想意识；不仅需要考虑如何激励教师，还要促进教师教学理念、知识和技能的交互、转变和创新。这种思想的转变必须借助一定的培训活动才能实现，如ORID、卡片风暴、六顶帽子和世界咖啡等引导策略等。针对小、初衔接下的新教师培训，还需要进一步针对教师小、初衔接遇到的真实问题进行活动、策略或精神方面的引导。

培训课程强调以新教师为主体，尊重教师原有的知识结构和个性化经验，通过工作坊、案例分析、座谈会和专题讲座等方式，挖掘每位新教师的内在隐性品质，使其各自的经验在培训过程中得到最大化的激活与更新。但是，不同的教师原有认知存在差异，在生成性资源进行整合与重构的过程中会遇到阻碍。例如，初中教师不一定完全了解小学教材，更何况是刚毕业的新教师，这个时候需要培训者及时给予过程性指导或下校听课等多种方式去调研。需要强调的是，整个培训过程是一种动态的、变化的、生成性的过程，课程内容即使是设定好的，也需要根据教师的学习情况和课堂观察情况进行调整。

参 考 文 献

[1] 教育部. 义务教育英语课程标准（2011年版）[M]. 北京：北京师范大学出版社，2011.

［2］林毅涵，吴书．小初英语衔接教学策略研究［J］．英语教师，2020（6）．
［3］孙铁玲．小学与初中衔接中英语阅读能力的培养［J］．中小学外语教学，2018（11）．
［4］崔莹莹．新任教师"双主线"培训课程设计［J］．中国教师，2016（13）：76-80．
［5］熬娜仁图雅．中小学学生英语阅读素养的内涵［J］．英语学习（教师版），2016（12）：7-11．
［6］沈雁．做好初中英语与小学英语的教学衔接［J］．宿州教育学院学报，2010，13（5）：101-103．
［7］张晓铃．新课标下小升初英语教学衔接的探索与研究［J］．甘肃教育，2019（23）：131．
［8］陈金杰．做好小升初英语教学有效衔接的策略［J］．甘肃教育，2020（11）：118．
［9］陈霞．教师培训课程设计［M］．上海：上海教育出版社，2019．
［10］格兰特·威金斯．追求理解的教学设计［M］．上海：华东师范大学出版社，2017．

专家点评

关于新教师的培训，常见的研究视角是从新教师能力与需求现状展开，探讨培训理念、模式、课程和活动等的设计。本文研究思路较为新颖，选择了小、初衔接的学生成长角度，再结合阅读对学生英语学习的重要影响入手，围绕小、初衔接英语阅读的关键性问题，展开新教师的培训课程目标、课程框架研究，提出了以师资、学员、机制和活动为导向性要素的课程实施模式。本研究目标明确，问题聚焦，对于特定学科和年段的新教师培训，具有较好的理论研究价值和实践借鉴意义。

首都师范大学　孙　众

指向精准供给的区域新教师培训课程构建与实践

北京市海淀区教师进修学校 崔莹莹 韩民扬

> 【摘 要】 探索有效的新教师培训，对于促进新教师的专业成长，提升师资队伍水平来说具有重要的现实意义。本文通过行动研究的方式，针对入职1~3年的新教师，顶层规划定位了区域新教师培训的课程方向，构建了系统化、进阶性的课程体系。系统地设计了指向精准供给的课程内容，提供了多样化的学习资源，采用了有效的实施方式，并且在实践中不断优化改进培训课程，解决了以往目标方向不明、需求起点不清、课程精准不够的问题，取得了良好的培训效果。
>
> 【关键词】 精准供给，新教师培训课程

新教师是教师队伍的生力军，在入职初期新教师是否顺利实现由学生到合格教师的角色转变，直接影响新教师的职业倾向和职业持久性。培训是引导新教师进入专业角色、内化职业规范，走上专业发展道路的有效途径，而课程是决定培训质量的关键要素。目前，海淀区内新教师培训课程的建设还存在一些亟待解决的问题：只关注新教师起点"在哪里"，仅凭经验确定新教师应该"到哪里"，导致培训目标方向不明，需求起点不清，缺少针对三年为一周期的新教师培训课程，无法实现培训课程的精准供给。海淀区中、小学新教师近年来呈现出人数逐年增多、高学历人群比例不断加大、非师范类院校毕业生占相当大比例的特点。以2019—2020学年为例，新教师共计1265名，小学硕/博比例为48.47%，中学硕/博及博士后比例为83.93%，小学非师范院校毕业生达到64.38%，中学非师范院校毕业生达到70.05%。这些特点也促使新教师培训工作需要加强研究、积极应对。为此，海淀区教师进修学校师训部新教师培训项目组精心设计与实施，构建结构化、系统化、精准化的培训课程，切实帮助新教师解决实际问题，适应未来发展需要，为其可持续发展提供精准的专业供给和支持。

一、顶层规划，系统设计课程方向

培训课程的方向是整个培训课程的核心，具有定位与指导作用。新教师培训依据"一个标准两条主线三个阶段"的基本思路进行顶层规划。

1. 一个标准指明新教师"到哪里去"

新教师指的是入职1~3年教龄的新教师。新教师"到哪里去"是指满三年教龄的海淀

区中小学新教师专业发展的目标也就是应当达到的合格标准。合格标准的确定，既可以指明新教师三年要"到哪里去"，为新教师开展自我诊断提供依据，也可以帮助新教师准确衡量自己现在"在哪里"，引导新教师基于标准进行自我反思。同时，培训者可以根据标准开发诊断工具，精准诊断培训需求。基于新教师的特点，我们从工作绩效改进和专业素养提升两条主线，确定新教师合格标准，包括职业理想与师德、学生教育、学科教学、专业发展四个维度，其中学生教育、学科教学两个维度指向工作绩效改进，职业理想与师德、专业发展两个维度指向专业素养提升。在这四个维度下，从三年新教师应达到的专业发展水平入手，分析新教师应该具备的能力，设计了包含18个领域、65条行为标准的合格标准。合格标准既遵循专业发展阶段规律，按照新教师三年为一个成长周期，研究三年教龄的新教师合格标准，也充分体现了海淀区区域的特色。不仅参考了理论上学者对教师专业发展阶段中有关新教师特征的描述，也综合考虑到海淀区新教师"两高两多"（学历高、自我期望高、非师范专业多、独生子女多）、"两强两弱"（学科知识强、科研能力强、教学实践基本技能弱、职业价值认同弱）的区域特点。

2. 两条主线定位新教师"关注什么"

新教师"关注什么"，是指新教师培训课程的定位。富勒提出了教师专业发展的四个发展阶段即"关注水平阶段理论"，新教师处在"教学前关注阶段"和"关注生存阶段"两个阶段。该理论认为处于此阶段的教师仍然处在学生的角色向教师角色过渡阶段，由于缺乏教学经验，因此在此阶段关注的是能否保住教师职业的生存问题，如班级管理、教学内容的熟练程度和上级督导者的评价等，此时的工作压力很大。新教师急需掌握一定的教育教学技巧和策略，以便尽快站稳讲台、胜任教育教学工作。因此，新教师培训要从工作绩效改进角度考虑，满足其对经验技巧的渴望。但是，在有限的培训课时下，培训课程不可能为新教师应对优化教学、专业成长提供所有的教学策略和技巧。从教师的可持续发展来看，学习能力、反思能力是教师维持其职业生命连续性的必备能力。

因此，新教师培训课程秉承"基于需求，精准供给，可持续发展"的理念，既立足新教师当下需求，又面向新教师未来发展需要，精准供给，不局限于经验的传递，而是关注新教师的可持续发展，注重研究与反思能力的培养，努力让每一位新教师都成为具有反思能力、学习能力的教学实践者。

在这样的理念下，课程定位于基于工作绩效改进和专业素养提升两条主线：基于工作绩效改进的课程主线精准指向新教师教育教学技能的提升；基于专业素养提升的课程主线精准指向新教师学习反思能力的提升。通过外部的帮助促进新教师获得实际可以运用的教育教学经验技巧，同时，从内在角度提升新教师的学习能力与自我反思能力，并为其指明未来专业发展的方向，激发其发展的动力，促进新教师可持续发展。

3. 三个阶段搭建新教师"进阶跑道"

教师培训课程是实施培训活动的重要载体，是促进教师专业发展的"跑道"。因为新教师的发展周期为三年，因此构建三年的新教师培训课程体系即搭建新教师"进阶跑道"具有必要性。我们依据《海淀区"十三五"时期中小学、职业高中新任教师培训意见》中新教师转正前需参加120学时的培训（区级培训、校级培训各60学时）要求，完成对新教师第一年的培训课程外，按照新教师三年为一个成长周期，将一年的新教师培训课程转变为三年的培养课程，以教师工作实践中遇到的问题为主线，三年所有课程均围绕职业理想与师德、学生教育、学科教学、专业发展四个模块开展，按照第一年、第二年、第三年顺序分别设置岗前培训、模块专题、个性指导和展示交流四类三阶段"进阶跑道"即进阶课程。在入职第一年所有新教师需参加区级60学时的岗前培训课程和模块专题课程，课程侧重共性需求，实现新教师规范达标；第二年采用自主选择的方式开展个性指导课程，关注个性需求，引领新教师成长；到第三年时，基于新教师前两年的学习输入，以展示交流课程为载体促进自我反思再次提升。

岗前培训开展新教师入职仪式，设置海淀教育历史与今天、新教师成长之路等课程，使新教师了解海淀区教育发展的历史概况、现状及特色，增强职业的认同感，提升专业发展规划的意识与能力。模块专题课程包含以解决新教师共性问题为原则的公共研修课程和以提高教师的学科教学基本功作为课程核心内容的学科研修课程。个性指导课程以提升成长为目的，由骨干教师和新教师组建专业发展共同体，为其提供个性化学习资源和指导。展示交流课程是面向教龄为三年的新教师，采用教学设计文稿与教学片断展示相结合的形式开展教学基本功展示活动。

二、标准引领，精准定位课程内容

在顶层规划的基础上，利用构建的"行为导向的教师培训需求分析进阶模型"精准调研新教师需求，明晰新教师专业发展现状，依据新教师三年教龄的合格标准系统设计培训课程。课程围绕合格标准的四个维度，按照系统化的建构思路，从顶层定位课程结构、整体设计课程模块、精心研发课程内容，逐级构建新教师课程体系。课程体系的模块、专题、内容要点分别与合格标准的维度、领域和行为标准相对应。每一个模块课程都有明确的培训目标、培训主题、培训专题，培训主题契合合格标准的四个维度，培训专题的设置依据合格标准的18个领域，课程内容要点围绕合格标准的65条行为指标进行细化，最终形成了包含4个培训主题（课程模块）、16个培训专题、42个内容要点的新教师区域培训课程体系。

基于标准导向构建的课程体系体现了标准化、系统化、精细化的特点，避免了培训内容的结构性缺失或失衡，以及区校两级低效重复培训，指向"为新教师可持续发展提供精准的培训专业供给"，从而提高区域新教师培训的质量。

以学科教学模块课程为例，通过调研发现，新教师在学科教学基本功方面存在一定的不足，因此，我们构建了包含学科认知、教材理解、学情把握、教学设计、教学实施、教学评价和教学基本技能7个领域，包含52条行为指标的三年教龄新教师应该达到的标准即新教师合格标准。基于合格标准确定了培训目标：了解学科知识体系，认识学科的教育价值；掌握学情分析的方法，深度理解教学内容，把握教学重难点；掌握教学设计的基本要素、教学活动的主要方式、教学评价的基本理念；提高学科教学基本技能。根据培训目标将培训主题定为学科教学基本功提升，设置了如表1所示的课程专题和课程内容要点。

表 1　学科教学模块

课程专题	课程内容要点
学科课程理解	（1）专题讲座："学科核心素养与学科育人价值"，认识学科育人价值，形成正确的学科教育观； （2）专题讨论：我眼中的某学科教学，分享对学科课程的理解； （3）案例分析：选择典型案例，对学科课程基本理念进行分析，强化学科认知
教材分析与学生分析	（1）邀请院校教授、教材编委，从学科专业的视角、教材编写的视角进行教材的多元视角解读； （2）名师经验分享：特级教师结合自己授课案例，指导新教师进行学情分析和教材深度解读； （3）案例交流：新教师分享自己真实的案例，通过同伴间交流碰撞，专家点评，提升教材分析与学生分析能力
教学设计与实施	（1）网络微课程："教学设计的流程"，通过观看微课，线上与指导教师和同伴的互动交流，规范教学设计； （2）话题微讲座：从情境创设、学习任务、学习素材、课堂组织与管理、教学语言运用、课堂教学反馈等角度进行话题微讲座，使新教师掌握基本的教学设计与实施技能； （3）实践观摩：开展现场情境教学，走进课堂，通过观摩、交流，提升教学实施能力； （4）技能训练：通过"说课"和微格教学，夯实教学基本功
教学基本技能	（1）"三字一话"教学基本技能训练； （2）学科教学技能（实验技能、动作示范技能等）训练； （3）教学基本技能达标测试

三、资源保障，多元方式有效实施

1. 基于培训增值建设课程资源

培训课程资源是开展教师培训工作的前提条件，资源作用于课程，并且能够成为课程的素材或来源，供学习者学习和收获。新教师培训不仅建立了丰富多样的课程资源，同时加强课程资源的开发和运用水平。

1）开发内容丰富、自主选择的网络课程资源

围绕职业理想与师德、学生教育、学科教学、专业发展四个模块，开发了 58 节微课。微课建设以问题导向、实践取向、形式多样、深入浅出、前瞻引领为原则，供新教师利用网络自主选学，提高了学习的自主性，满足了个性化需求，缓解了工学矛盾。

2）形成专项主题、形式多样的课程学习资料

依据培训方案，形成了围绕培训主题的培训讲义（文本或 PPT 讲稿），作为学员学习的主要资源。辅之以培训讲义，培训者还为学员学习提供相关教育教学案例素材。教育教学案例素材包括文本素材、视频素材和现场素材，包括三个方面：一是取自公开出版发行的相关书籍和音像产品；二是培训过程中优秀教师的示范课；三是学员们在培训过程中自己做的研究课。

3）提供扩展视野、支持发展的课外学习资源

根据学员特点和培训目标、培训内容，每年为新教师推荐自学书目，配备必读书目（国内和国外各一本），扩展学员的视野，为其专业发展提供支持。例如，2018—2019 学年给学员配发了《新教师入职读本》《学习性评价行动建议 200 条》两本书籍。

4）生成类型多样、典型案例的教育教学资源

培训过程中注重学员学习成果的生成，精选了优秀的研修成果，将新教师的所学所思提炼升华、固化成文、汇集成册。此外，还聘请了优秀教师为这些案例进行画龙点睛的评价，既有适度的提升，又有中肯的建议，这些研修成果均作为下一年度新教师培训的培训者用教学资源和学员用学习资源。例如，2018—2019 学年研修成果《积淀教育情怀——海淀区中、小学新教师教育案例》《激活教育智慧——海淀区中、小学新教师教学设计和成长故事》。

2. 基于多种方式有效实施课程

新教师培训课程的实施基于成人个体内在需求的差异和教学实践多元性对教师发展的不同需求，采用多样多元的方式。

1）关注深度参与，采用互动式培训

如在学科课程研修中，以课例研修为载体，通过听课评课、与骨干教师同课异构、课例分析、课例研讨等，多层次、多主体、多轮次互动，专家引领、自我反思、同伴互助，促使新教师不断建构对于教学设计、教学实施、教学评价与反思的认知，关联自己的教学实践，夯实学科教学基本功。

2）关注难点突破，实施体验式培训

实践体验式培训既保证了课程的实效性，又最大限度地发挥了课程对于新教师可持续发展的价值。以公共课程"走进特教学校师德实践活动"为例，新教师通过具象的工作情境和典范的鲜活事迹，感受特殊教育学校教师的工作付出与高尚师德，深刻理解教师职业道德并建立追求职业理想与幸福的内在动力。

3）关注个性需求，开展混合式培训

课程实施采用混合式研修的方式，充分利用现场研修和线上研修各自的优势，实现大规模、全覆盖，同时又兼顾个性化，新教师可从丰富的在线课程中自主选择资源进行研修。新教师混合式研修中，集中研修课程和在线微课程的基本框架是一致的，两类课程相互配合。

四、指向改进，注重实效开展评价

培训效果的评价是培训过程中的重要环节。培训效果评价关系到整个培训工作是否实现了预期的目标。新教师培训重视利用评价优化改进课程。

1. 应用评估模型，保障培训评估科学

新教师培训效果评估借鉴了经典的柯氏四层次评估模型，按照培训内容内化为个体知识和行为的逻辑顺序，从反应层、学习层、行为层和结果层四个层面进行了创造性的实践和应用。每一层都具有明确的评估目的、内容和方法。

2. 利用评估工具，加强评估的信效度

评估工具的信度是保证调研出准确评估结果的前提，为了准确评估培训效果，在培训过程中

我们探索、开发、形成了一系列评估工具,主要包括培训评价反馈问卷、培训效果追踪问卷。

3. 强调"教学评"一致,增加培训的针对性

研制了新教师培训方案设计模板,在培训目标后,加入培训评价一项,包含评价的内容、方法、对应的培训目标/课程、对应的培训需求,强调"教学评"的一致性,凸显培训目标和评价内容的对应性,增强培训的针对性。

4. 采取多种方式,保证评估的全面性

在评价过程中注重五个相结合,即过程性评价与结果性评价、诊断性评价和形成性评价、定性评价和定量评价、培训即时评价和后续追踪评价、学员自评和他人评价相结合。

5. 重视行为改变,组织基本功测评

培训重视"输入"与"输出"的关系,各学科在课程实施中,开展了基于培训主题和内容的基本功测评,主要是评估新教师把培训内容加以内化的结果和程度。不同学科采用的基本功测评方式不同,主要包括教学说课、研究课展示、微格教学展示、教学技能考核、板书设计等形式。学科教学基本功测评,给予新教师个性化的反馈,促进学员教学技能的再提升,精准指向其后续行为改进和持续的专业发展。

五、成果显著,助力新教师发展

新教师培训在学员受益面、学术成果和社会影响力方面取得了良好的效果。

1. 学员专业水平高,培养了一支可持续发展的区域新教师队伍

海淀区最近五年新教师参训人数高达6000余人,受益面广泛。新教师在北京市"启航杯"教学风采展示三年以来,海淀区均是全市第一。北京市第三届"启航杯"参加展示中80名新教师中34名荣获一等奖,一等奖获奖率为42.5%,比全市20%的一等奖比例高出22.5个百分点。

2. 学术成果丰硕,贡献了教师培训领域可供借鉴的经验与智慧

近五年内研究课题及获奖、论文发表及获奖、研究论文较多。形成了优秀成果集——《基于特征研究和需求分析的新教师培训》,学员教育案例、教学案例优秀成果集20多本,如《杏坛初耘》《积淀教育情怀》等。2018年7月在教育科学出版社出版了《中小学新教师培训指南》一书。

3. 社会影响力广泛,发挥了对其他区(县)、省(市)的辐射引领作用

多次在北京教育学院、北京市房山区、河北省昌黎县、重庆市北碚区等地交流分享,并作为国培课程对中西部培训者进行培训。在河北省昌黎县、易县、赤城县等地中小学新教师培训中推广应用,受益新教师达千人以上。

指向精准供给的新教师培训课程解决了以往目标方向不明、需求起点不清、课程精准不够的问题,具有以下创新点:

(1)定位了新教师发展的目标。新教师三年一个周期,三年后新教师到底要"成为什么样子",是我们在设计培训时必须要思考的问题。合格标准的构建指明了新教师专业发展的方向,明确了培训的目标,精准定位培训的方向。

（2）建构了三年进阶的系统课程。按照新教师三年为一个成长周期，将一年的新教师培训课程转变为三年的培养课程，搭建新教师三年的"进阶跑道"。从关注规范达标到提升成长，再到展示交流，逐级进阶。

（3）提供了精准诊断现状的依据。合格标准作为教师专业发展的目标，定位了"教师培训要到哪里去"的问题。但是，"教师现在站在哪里"，这就需要以培训目标为参照开发测量工具，定位教师的实际专业站位。合格标准的研制可以帮助培训者根据标准开发诊断工具，开展结构化测查，系统扫描新教师专业发展需求，深入了解每一个领域的教师专业发展水平，精准诊断培训起点。

（4）构建了系统精准的培训课程。课程体系基于合格标准进行构建，课程体系的模块、专题、内容要点分别与合格标准的维度、领域和行为标准相对应，高度聚焦于新教师未来要发展的能力，凸显了课程的针对性。课程体系的每一模块，都有明确的培训目标、主题和专题，而且每个专题围绕合格标准的具体内容设置课程要点，体现了课程设计的精细化。

虽然培训取得了良好的效果，但是随着教育改革的不断深化，对教师培训提出了更高的要求，需在实践中深入研究，了解剖析学员需求的深层次问题，有效地促进新教师可持续发展的课程体系的改进、丰富、完善，并进一步推广应用。同时，需要加强课程评价研究，建立科学、完善、系统的评价体系，使新教师培训课程体系不仅更加贴近教学实践和学员实际，而且具有发展性、前瞻性，实现新教师课程体系的精准供给，最终促进新教师可持续发展。

参 考 文 献

[1] 崔莹莹. 新任教师"双主线"培训课程设计——以中学物理学科新教师培训课程为例 [J]. 中国教师，2016（13）：76-80.

[2] 汪霞. 课程设计的几个基本问题 [J]. 教育理论与实践，2001，11.

[3] 余新. 教师培训师专业修炼 [M]. 北京：教育科学出版社，2014.

专家点评

这是一篇实证研究的教育科研论文，有其独到之处。

（1）文章密切结合了海淀区的一线教师实际情况，突出了实证研究特点。文章以详尽的统计数字为依据，以此出发展开分析，使得研究有坚实的基础。

（2）文章以"一个标准两条主线三个阶段"作为课程设置原则，概括准确，描述到位。把教师培训的顶层要求落实到基层实际。在其后的课程设计内容比较详细地阐述了模块、主题等具体思考。应该说这些课程设置的设计相当全面，包括课程资源、课程评价等内容都符合课程理论的要求标准。这一点是相当难能可贵的。

（3）从文章的整体来说来看，作者在某些方面有自己的独到思考，体现了创新性研究，同样值得肯定。

北京教育学院　徐中伟

论 PDCA 循环培训管理模式在新教师培训中的应用

——以 2019 年丰台区新教师培训为例

北京教育学院丰台分院 刘勇霞 陈京会

> 【摘　要】 新入职教师培训是关系到新教师成长和发展的重要环节，丰台区对新入职教师开展为期一年的线上与线下相结合、理论讲座与教学实践相结合、必修课程与选修活动互为补充的培训。丰台区 2019 年新教师培训应用 PDCA 动态循环质量管理模式为指导，将培训管理分为四个阶段，即 Plan（计划）—Do（实施）—Check（检查）—Action（改进）循环（PDCA 循环），把影响培训效果的因素如方案制定、培训实施、培训管理、培训评价反馈等纳入循环进行全面管理，提升新教师培养效果，为新教师培训的理论研究与实践提供参考。
>
> 【关键词】 新教师培训，PDCA 循环，学科工作坊

新入职教师培训是关系到新教师成长和发展的重要环节，加强新入职教师培训是教师队伍建设的一项重要工作。为了切实提高新教师的综合素养与专业发展能力，丰台区多年来一直开展中小学新教师培训，近年来开展为期一年线下集中培训和线上网络研修结合的培训。

在多年的新教师培训过程中，我们发现培训管理至关重要，根据需求调研制定培训目标和培训方案，在培训流程、培训过程和培训结果及培训评价上，怎样体现出针对性、科学性和实效性，能够切实针对新教师的实际需求进行系列培训，提升培训效果，是我们一直思考的问题。PDCA 循环具有长效性、循环性和可改进性等优点。在 2019 年新教师培训中运用 PDCA 动态循环管理模式，通过详细记录与反馈进行自我评价，取得了一些效果。本文以 2019 年新教师培训为例，探索 PDCA 循环培训管理模式在新入职教师培训中的应用。

一、PDCA 循环培训管理模式

1. PDCA 循环理论

PDCA 循环由美国质量统计控制之父沃特·阿曼德·休哈特（Walter A. Shewhart）于 1930 年构思提出的 PDS（Plan – Do – See）演化而来，由美国著名质量管理专家戴明（W. E. Deming）改进成为 PDCA 循环，又称"戴明环"，在推行全面质量管理工作中得到广泛应用。PDCA 循环是全面质量管理的思想基础和方法依据。PDCA 循环将质量管理分为四个阶段，即 Plan（计划）、Do（实施）、Check（检查）和 Action（改进）。在质量管理活动

中把各项工作按照做出计划、计划实施、检查实施效果，然后改进，将成功的纳入标准，不成功的留待下一个循环去解决。这个工作方法是质量管理的基本方法，是企业管理各项工作的一般规律。

PDCA 是管理学中一种通用的模型，是一种可以让一项活动进行有效的、合乎逻辑的工作程序。四个过程密切相关，是一个完整的、科学性的系统程序，并且呈阶梯式上升。PDCA 循环具有如下特点：大环套小环，小环保大环，推动大循环；不断前进、不断提高；门路式上升。

PDCA 循环体现着科学认识论的一种具体的管理手段和一套科学的工作程序，在质量管理中，PDCA 循环得到了广泛的应用，并取得了较好效果。PDCA 循环管理模式的应用有助于我们提高日常管理工作的效率，不仅在质量管理工作中可以运用，也适合于其他各项管理工作。

2. PDCA 循环理论在新教师培训中的应用

PDCA 循环模式具有长效性、循环性和可改进性，将 PDCA 循环应用于新教师培训，可以使培训理念和培训组织及管理更加条理化、科学化、系统化。

我们以 PDCA 循环模式指导新教师培训，以"互联网+"为手段，以新教师具备的教育教学能力为目标，解决新教师在教学过程中存在的实际问题，助力新教师尽快胜任工作岗位。

我们运用 PDCA 循环模式管理培训过程，将培训管理分为四个阶段，即开展调研、制订计划（Plan）；任务展开、组织实施（Do）；关注效果、反馈评价（Check）；纠正偏差、调整目标（Action）循环（图1）。把影响新教师培训效果的因素，如方案制定、培训实施、培训管理及培训评价等纳入循环进行全面管理，按照四个阶段持续改进新教师的教育教学水平和教学实践能力，并循环往复，助力新教师教育教学能力的提升。

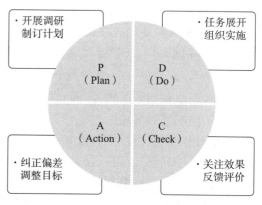

图 1 "PDCA"理论模型

2019 年，我们以新教师为本，聚焦专业知识、专业理念和师德、专业能力三维度，将 PDCA 循环培训管理模式应用到新教师培训中。具体实施如下。

二、P（Plan）开展调研、制订计划

计划环节包括强化需求调研，了解新教师对培训内容的需求和教学困惑，以问题为导向，做好整体设计，制定实施方案，提升设计的针对性与有效性，为新教师提供针对性的培训。这一个环节的关键是发现问题并在新一轮循环中加以改进。

1. 强化需求调研——开展培训需求调研，科学诊断教师培训需求

科学诊断教师发展需求，是培训开展的前提。根据最近发展区理论，要找到新教师的最近发展区，才是真实的新教师培训需求。我们坚持问题导向、能力导向、实践导向，通过问

卷星、微信群等开展培训需求调研。

基于《丰台区2018年新教师培训调查问卷》，新教师培训需求是加强课堂实践，希望多一些丰富的活动，增加熟悉程度。

（1）2019年新教师基本情况：新教师417人。

（2）学段情况：学前教育91人，小学139人，初中128人，高中52人，校外及其他7人。

（3）学历情况：专科71人，本科174人，硕士162人，博士10人。

（4）专业情况：师范类专业184人，占总人数的44.12%，非师范类专业233人，占总人数的55.88%。

2. 根据需求调研和理论依据，制定培训目标和培训内容

1）新教师培训的相关政策依据

近年来，北京市高度重视新教师队伍建设，不断强化新教师培训。中共北京市委、北京市人民政府《关于全面深化新时代教师队伍建设改革的实施意见》提出"建立健全新入职教师为期一年的规范化培训制度"；《北京市教师教育振兴行动计划实施办法（2018—2022年）》提出"实施新教师规范化培训计划"。

此外，《北京市"十三五"时期教育改革和发展规划（2016—2020年）》《丰台区"十三五"时期教育事业发展规划》《关于全面深化新时代教师队伍建设改革的意见》《北京市中小学教师职业行为十项准则》的若干意见精神，也是新教师培训的政策依据。

2）教师发展规律的相关理论

教师专业发展理论中最显著的成果当属教师发展阶段论。美国学者傅乐的教师关注阶段论将教师发展分为四个阶段：教学前关注、早期生存关注、教学情境关注、关注学生。美国学者卡茨把教师的发展划分为四个阶段：求生存时期、巩固时期、更新时期、成熟时期。美国学者伯顿提出教师发展的三阶段论：求生存阶段、调整阶段、成熟阶段。美国学者费斯勒的教师生涯循环论将教师发展分为8个阶段：职前教育阶段、引导阶段、能力建立阶段、热心和成长阶段、生涯挫折阶段、稳定和停滞阶段、生涯低落阶段、生涯退出阶段。美国学者司德菲将教师发展分为五个阶段：预备生涯阶段、专家生涯阶段、退缩生涯阶段、更新生涯阶段、退出生涯阶段。

各种教师发展阶段论有一些共同点，都认为"职前师资培育阶段"与"初任教师导入阶段"之间有一个明显的分界点，"在发展适宜的介入活动时，都考虑到教师在各个阶段的需要与兴趣。"

3）新教师培训分为三个阶段，制定培训目标和培训内容

根据培训需求调研，结合新教师培训相关政策和教师发展规律相关理论，我们制定了培训目标、培训阶段和培训内容。

总体培训目标：坚持"立德树人"的根本任务，培植新教师的职业理想；加强师德、师风建设，引导新教师做"四有"好教师和学生发展的"四个引路人"；切实提高丰台区中小学幼儿园新教师的综合素养与专业发展能力。

我们力争打造"有用、有趣、有内涵"的培训。培训主题——成长不停步；一年的培训周期（2019年8月—2020年10月）；根据新教师的专业发展规律，将培训分为通识培训、学科实践与教学展示三个阶段。

第一阶段——通识培训阶段。2019年8月，通识培训阶段重点是教育教学和团队拓展。以集群为单位建立团队，帮助新教师树立团队意识；引导新教师了解教育教学基本原则与方法、提升新教师的综合素养，帮助新教师充满自信地站上讲台。

第二阶段——学科实践阶段。2019年11月—2020年4月，学科实践阶段，分为线下学科工作坊和线上网络研修。针对新教师教育教学中的困惑开展有针对性的指导，帮助新教师梳理实用的方法策略，夯实教学基本功，胜任工作岗位；使新教师养成研修习惯，促进其专业发展，站稳讲台。

第三阶段——教学展示阶段。2020年7月—2020年10月，教学展示阶段，学科工作坊推选优秀学员参加北京市第四届"启航杯"教学风采展示，新教师全员参加丰台区"春苗杯"教学风采展示。通过丰台区"春苗杯"、北京市第四届"启航杯"教学展示，使新教师能够掌握基本的教育教学方法，在实践中比较恰当地运用，能够站好讲台。

4）确定课程——设置实践导向、按需施训的培训课程

培训课程的设置依据教育部颁发的《中小学幼儿园教师培训课程指导标准》（简称《指导标准》）。《指导标准》强调：一是师德为先，注重教师职业理想、敬业精神和奉献精神，引导教师将"立德树人"根本任务落实到教书育人全过程；二是能力为重，提高教师教学实践能力和专业水平；三是实践导向，强调实践性和综合性，服务于教学实践。

为了提升培训课程对新教师专业发展个性化需求的满足度，加强培训课程设计、开发、实施的规范性，基于《指导标准》理念和新教师的实际需求，我们秉承师德为先、能力为重、实践导向三个要素，系统搭建2019年新教师培训阶段课程体系（图2）。

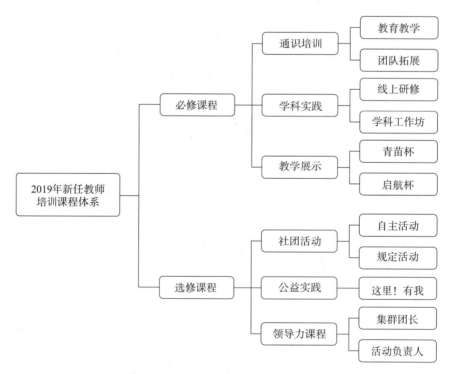

图2　2019年新教师培训课程体系

课程体系分为必修课程与选修课程。必修课程分三个阶段，关注新教师教育情怀和专业素养的提升。第一阶段通识培训重点是教育教学和团队拓展；第二阶段学科实践，分为线上网络研修和线下学科工作坊；第三阶段教学展示，即丰台区"春苗杯"教学风采展示和北京市"启航杯"教学风采展示。

选修课程包括社团活动、公益实践和领导力课程，关注新教师综合素养的提升和团队凝聚力的增强。社团活动有自主活动和规定活动。自主活动由新教师自主设计，如练字和健身打卡等。规定活动是读书打卡。以社团形式开展丰富的主题活动，凸显新教师年龄特点与主体地位。公益实践是到丰台培智中心学校的"这里！有我"公益活动，以及新冠肺炎疫情期间的特色活动。领导力课程是集群团长工作坊小助手和各项活动的负责人等。

三、D（Do）任务展开、组织实施

实施环节：2019年8月—2020年7月，采取集中面授、线上学习混合培养；理论讲座与学科实践结合，必修课程与选修活动互为补充的混合式培训方式，突出参训教师的主体地位，组织新教师完成通识培训、网络培训和学科工作坊培训。组织新教师参加选修课程，如到丰台培智中心学校公益活动、打卡活动、读书打卡、读书交流、疫情期间特色活动、领导力课程；组织42名新教师参加北京市第四届"启航杯"教学风采展示。新教师通过将所学知识应用到实际课堂教学活动和线上教学中，这一过程要善于发现问题、解决问题。

1. 必修课程——围绕三维度，聚焦学科教学实践，为新教师教书育人赋能

（1）通识培训阶段——落实"立德树人"，开展教育教学培训和团队拓展。

2019年8月23日—25日，开展"成长不停步——丰台区2019年新教师培训"。通识培训包含预热导引、团队拓展、师德素养、班级管理、心理情商、课堂教学、爱国主义教育实践课程。新教师在团队拓展中挑战20个蕴含优秀传统文化、体现"立德树人"任务的游戏，感受团结协作、永不言弃的意义。新教师在抗日战争纪念馆诵读教师入职宣誓词，参观展厅，接受生动的爱国主义教育。

（2）学科实践阶段——提供网络研修和学科工作坊，提升新教师教学实践。

2019年9月，根据《2019年新教师第一阶段培训调查问卷》，新教师希望得到的进一步的培训和指导主要集中在班级管理、课堂教学及学科素养、心理调节等方面。2019年11月，根据对第二阶段培训的问卷调查，新教师的培训需求主要聚焦在教材把握、学生管理、家长沟通、安排时间四方面。

根据新教师教学实践方面的实际需求，第二阶段培训在原有的网络研修的基础上，增加学科工作坊的培训形式，切实指导新教师的教育教学实践。

线上培训网络学习：网课培训36学时。培训内容主要分设三个维度：教师素养（立德树人）、理论指导（课标解读）、实践指导（课堂实例），每个维度都提供丰富的课程资源供参训新教师自主选修和学习。此外，还需要观看"启航杯"视频。新教师需要观看840分钟课程，观摩历年北京市"启航杯"优秀教学展示作品，提交四篇听课记录，提交一篇优质教学设计。

学科工作坊，是指由1~2名学科骨干教师担任学科指导教师，按学段学科组建，在坊主引导和支持下，参训教师主动参与培训，完成教学实践任务的一种实践教学方法。它以分析和解决教学实际问题为主线，以合作学习为重点，以发挥参训教师的主体作用为价值追求，提升参训教师应对教学实际问题的能力（图3）。

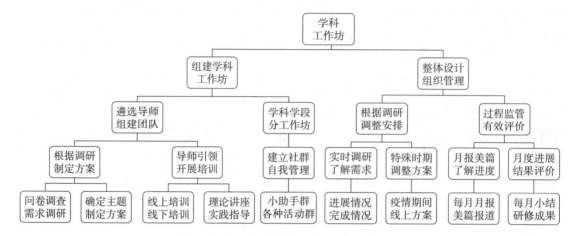

图3　丰台区学科工作坊的培训和管理模式

我们根据新教师的学段学科，打破年级界限，组建任务各异、设计合理、富有特色的24个学科工作坊，每个工作坊一名坊主。聘请32名优秀教师、骨干教师担任导师。

我们以PDCA循环指导学科工作坊，坊主通过问卷调查、微信群细致调研新教师工作岗位需求、学科发展需求、个人提升需求，制定学科实施方案。在培训中有针对性地设计和实施培训，科学合理安排实践。工作坊导师指导分为线下培训（新冠肺炎疫情期间结合线上培训）（24学时）、线上答疑和研修作业点评（4学时）。

疫情期间工作坊线下培训及各项任务调整为线上培训，探索"互联网+"培训形式。导师通过微信群、视频直播等开展以理论讲座——现场观摩——课后反思——教学实践为主线的活动，助力新教师提高教育教学基本能力；组织新教师观摩名课研习；指导新教师进行说课、微课和线上教学实践。

此外，提供合理的设计评价，科学检测学员收获与培训成效。通过教师的自我评价和反思、导师对新教师作业和表现的评价、工作坊同伴互评、新教师的培训收获与感受等，综合考察学员的活动参与、任务完成情况，评价学员参与情况和培训收获。通过工作坊小助手提交月报和美篇，做好培训成果的整理与优化。运用过程性和结果性资料，通过教学设计修改、说课等丰富课程资源。通过一个又一个PDCA循环，引导新教师发现问题、解决问题，促进新教师成长。

2. 选修课程——落实"立德树人"根本任务，帮助新教师坚定教育情怀

2018年9月10日，习近平总书记再次指出了"立德树人"的重要性，把"立德树人"融入教育的全过程。中共北京市委、北京市人民政府《关于全面深化新时代教师队伍建设改革的实施意见》指出，开展做新时代"四有"好教师和"四个引路人"学习实践活动，完善新时代教师职业行为规范，创新师德教育和宣传方式，树立师德典型，讲好师德故事，加强引领，注重感召。

师德培训入脑才能走心，我们把"立德树人"贯穿培训过程，通过故事分享、活动实践、线上学习、活动体验，在实践活动中将"立德树人"根本任务内化于心，外化于行，做"内心有方向"新教师,使培训"有内涵",切实推动师德教育工作的创新发展。

1)开展"这里!有我"公益活动——引导新教师积极介入公益活动,促进其师德提升

为了将"立德树人"根本任务通过生动的活动深入人心,我们发出"这里!有我"公益活动倡议,号召新教师走进丰台区培智学校,以助教身份感受教师和学生们的课堂。2019年10—12月,我们组织了12次活动,每次7位志愿者,共84名新教师担任志愿者,占新教师人数的20%。公益活动汇聚新教师的专业和热情,传递爱和温暖给孩子们。新教师从培智学校教师身上感受到"爱心、耐心、真心",感受作为一名教师的光荣与伟大,这也是给"师德"最好的诠释。

2)开展"我们一心一'疫'"活动——借助疫情开展活动,培育新教师家国情怀

为了培育新教师教育情怀和家国情怀,结合疫情,2020年2—4月,我们及时开展疫情期间特色活动,引导新教师关注疫情。256名新教师参与活动,占新教师人数的62.43%,他们用一手好字、一幅手绘、一张海报、一段好声音,致敬逆行者,为武汉加油。活动征集"见字如面"作品137份,"画里话外"作品111份,"声声不息"作品8份,传递关爱与温暖,体现新教师的专业基本功和责任担当,培植新教师的家国情怀。

3)选修课程——开展社团活动和读书活动,提升新教师的综合素养

(1)打卡活动。帮助新教师有规律有品质地生活,增强团队凝聚力和活力。

为提高新教师的综合素养,我们开展各具特色的社团活动。2019年11月第一轮打卡,为帮助新教师有规律、有品质、有方向地度过每一天,我们发起打卡活动,由教育集群团长发起健康生活、练字、运动等6个打卡活动,164名新教师参与打卡,占新教师人数的39%,最后评选出优秀打卡成员30人。

读书是教师提高教育素养的主要途径,也是教师"最长远的备课"。第二轮打卡开展"好书伴读"读书打卡。2020年1月1日起,10个工作坊106名新教师进行读书打卡,占新教师人数的50%,通过每天30分钟阅读导师推荐的书籍,打卡两个月,培养良好阅读习惯,提高理论素养。评选出优秀打卡成员32人。

(2)"云"端读书。"好书伴读"打卡后"阅分享 悦成长"读书交流。

读书打卡后,2020年3—5月,我们开展"阅分享 悦成长"读书交流,9个工作坊52名教师用PPT录屏分享工作类、生活类、情感类、人文类读书心得,分享读书的感悟,共享读书的快乐。20名教师获得"读书类宝藏推荐者"荣誉称号。新教师们在阅读中寻找灵感,在交流中启迪智慧,在反思中超越自我。

(3)招募活动志愿者。新教师自愿报名,自我管理;技术担当,发挥专长

为了提高新教师的自我管理能力和领导力,增强团队凝聚力,我们招募各种各类活动志愿者86人,占新教师人数的20%,号召新教师勇于承担,在活动中提高历练。集群团长负责集群上传下达、沟通协调;工作坊小助手每月提交月报,制作学科工作坊的总结视频。技术小组志愿者作为技术担当,发挥专长;宣传小组负责宣传报道;策划小组负责活动策划与组织;通过各种活动提高新教师的综合素养和信息技术应用能力。

四、C 关注效果、反馈评价(Check)

此环节与新教师培训方案预设需要达成的目标相对比进行评价,看是否达到了预定的目

标。我们合理设计评价，制定新教师培训的评价标准，综合考察新教师活动参与、任务完成等情况，及时反馈新教师培训收获与培训成效，综合运用定量与定性评价，实现评价的全过程性、及时性和精准性。

1. 制定评价标准——依据柯氏四级评估理论，制定新教师培训的评价标准

我们以柯氏（Kirkpatrick Model）四级评估理论为指导，依据柯氏四级评估模型，新教师培训项目评估层级如下：第一层级反应评估是学员对项目的评价，表现为新教师对培训的满意度；第二层级学习评估测定学员学习获得程度，表现为培训后教师专业知识增长、教学技能运用等，采用教学设计、教学实践等方法来考察；第三层级行为评估考察学员的知识运用程度，表现为新教师在日常教学中，教学规范、教学技能、专业知识、职业态度等方面的变化；第四层级成果评估计算培训产出的业务成果。新教师培训成果表现为所在学校实力提升（如获奖情况、科研论文、学生学业情况等）。

基于柯氏四级培训评估理论，我们坚持过程性考核与终结性评价相结合的原则，采取量化评价与定性考核相结合的方法，制定2019年新教师培训评价标准，引导新教师自主管理学习过程，激发他们在团队中起到积极作用。

对新教师的评价，通识培训阶段主要是考勤情况。教学实践阶段分为线下学习（结合线上培训）、线上学习和作业三个维度：线下学习（结合线上培训）的评价要素是考勤；线上学习的评价要素是课时和作业；作业的评价要素是教学设计的成绩情况。

线上研修考核，项目组执行过程性考核和终结性考核相结合的方案。参训新教师需学满840分钟课程，提交四篇听课记录，提交优质教学设计，成绩均为"合格"，过程性考核成绩需达到70分。

领导力课程将活动分为集群团长、工作坊助手、技术组成员、活动组织者四个维度，每个维度根据工作情况确定评价要素，将工作量进行量化分解。

此外，还参加丰台区"春苗杯"、北京市"启航杯"教学展示活动以及评优活动等。

评价标准中的维度从评估角度体现多元性，如面授培训、线下学习，通过问卷调查调研新教师培训满意度，属于反应评估；线上学习、参加丰台区"春苗杯"、北京市"启航杯"教学展示活动、领导力课程、公益实践等活动属于行为评估。各种评优活动属于成果评估。

2. "过程+结果"评价有机结合——以学科工作坊的评价为例

对学科工作坊评价：一方面，鼓励坊主采取"过程+结果"有机结合的评价方式，根据新教师参加培训、学习态度、学习成绩、责任担当进行评价，如《学科工作坊推荐标准》；另一方面，为了保障学科工作坊培训有效开展，项目组围绕坊主遴选、方案审核、过程实施、成果评价制定管理制度，通过小助手提交工作坊月报和美篇、调研培训进度等进行有效监督，给予充分支持，保证工作坊培训顺利实现。

五、A（Action）纠正偏差、调整目标

此环节是PDCA循环的关键，在培训过程中及时通过调研，发现问题，采取措施，纠正偏差。通过对新教师培训项目的评价，对培训目标和达成的培训成果进行对比和分析：目标达成度，哪些指标没有达到，从培训内容、方式、管理等方面分析原因，提出下一步的建

议,持续优化培训方案设计与组织实施。

1. 新教师对培训的评价

1)新教师对第一阶段通识培训评价

2019年9月,我们通过问卷星进行2019年新教师第一阶段培训调研。70%的新教师对培训整体课程安排非常满意,26.57%的新教师比较满意,感觉一般的为2.66%。新教师们认为帮助比较大的课程是班级管理、心理情商、课堂教学、师德素养课程。新教师希望得到的进一步指导聚焦在班级管理、课堂教学及学科素养、心理调节等方面。

2)新教师对学科工作坊线上研修的评价

2020年5月28日,我们通过《学科工作坊线上研修情况调查问卷》调研,采集413份有效问卷,了解到新教师对线上研修活动的看法、需求和改进建议(表1,表2)。

表1 对新教师帮助较大的学科工作坊培训内容

选 项	小计/份	比 例/%
A 核心素养与课程标准	247	59.81
B 教学设计的撰写与实施	350	84.75
C 怎样说课	353	85.47
D 名课研习与主题研讨	154	37.29
E 课堂教学与主题研讨	201	48.67
F 研修作业	113	27.36
本题有效填写人次	413	

表2 新教师对学科工作坊线上研修的满意度

选 项	小计/份	比 例/%
A 非常满意(100分)	343	83.05
B 满意(80分)	67	16.22
C 一般(60分)	3	0.73
D 不满意(40分)	0	0
E 非常不满意(0分)	0	0
本题有效填写人次	413	

83.05%的新教师对学科工作坊线上研修非常满意,16.22%的新教师满意,3名教师评价一般。新教师认为,说课和教学设计培训对新教师帮助最大,视频录播和视频会议形式更受欢迎。"工作坊学习形式多样精彩,实用性强,能够应用到教学活动中。"

92%的新教师非常认可导师的态度和指导能力,82%的新教师比较认可导师的影响力。新教师认为,"无论是线上还是线下,老师们都认真负责给我们培训,提供全方位的说课、教学设计等系列培训。"希望提供优质教学资源尤其是线上资源;课堂教学得到进一步指导;线上研修结合线下交流与观摩听课。

2. 第三方评价

1）新教师所在单位的评价

通过对新教师所在学校领导的访谈，新教师所在单位对新教师作为志愿者参加"这里！有我"公益活动非常支持和认可。

2）授课教师对新教师学习情况的评价

2019年12月18日，对工作坊导师开展《关于2019年新教师学科工作坊开展状况的调查》，96%的导师对小助手工作满意，89.29%的导师对新教师学习状态很满意。

六、新教师培训项目的反思

2019年，我们探索了基于PDCA循环培训管理模式的新教师培训和管理，在实践基础上发现，PDCA循环中存在一些需要改进的地方，反思如下。

（1）培训的计划方面，疫情期间及时调整学科工作坊方案，开展"线上+线下"的混合式培训。线上交流学习的方式可以延续，以直播或腾讯会议形式开展更多活动。结合线下培训，组织新教师听课和教学实践活动观摩。

（2）培训的内容方面，一年培训之后的追踪指导不足。进一步开展跟进培训，做好后续跟踪指导，导师和新教师形成共同体，持续交流研讨。

（3）培训评价方面，对新教师所在单位的评价不够。需要加强新教师评价标准的完善，加强与新教师单位的联系，做好新教师一年之后的追踪评价。

总之，在2019年新教师培训中应用PDCA循环模式，制订计划时强调培训计划与目标的可达成性；培训实施时强调培训方案与流程的可操作性；培训评价时强调培训过程与结果的可反馈性；培训改进时强调培训实施与追踪的可控制性，使培训更条理化、系统化和科学化。

因此，在新教师培训中运用PDCA循环模式有助于增强培训效果，有助于提升工作坊导师和新教师的参与性和主动性。我们将继续改进和完善培训，做好新教师培训的组织管理和研究，为促进新教师的专业成长助力。

参 考 文 献

[1] 黄伊琳，苏鹏，倪明. 公立医院发票管理中PDCA循环的应用[J]. 财会月刊（下），2014（18）.

[2] 万融. 商品学概论[M]. 北京：中国人民大学出版社，2013.

[3] 李波. PDCA循环理论在高校教学质量管理体系中的应用[J]. 现代教育科学，2010（5）：51－53.

[4] 黄春秀，潘建芬. PDCA动态循环质量发展模式对校长职后培训效果的启示——以2015—2019年度全国青少年校园足球特色校校长培训为例[J]. 体育教学，2019，39（8）：55－57.

[5] 丁雅涌. 为教师培训"问诊开方"[N]. 人民日报，2018－01－25.

[6] 马旭玲. 基于柯氏评估模型的部门行业教育培训效果评估指标体系设计研究[J]. 科协

论坛（下半月），2011.

专家点评

在教师培训中如何体现其针对性、专业性和科学性，科学的培训管理流程非常重要。本文作者在过去的新教师培训中，通过长期经验积累，借助了PDCA循环管理模式科学组织培训管理工作。文章建立在实践的基础上，试图透过作者所开展的新教师入职培训的案例进一步讨论在新教师入职培训中如何运用PDCA循环进行培训管理，其中重点阐述了在教师培训中如何进行Plan（计划）、Do（实施）、Check（检查）和Action（改进），如何在这个管理循环中对影响培训效果的因素，如方案制定、培训实施、培训管理、培训评价反馈等进行全面管理，文章理论联系实际，有理有据，对其他各级部门科学有效地开展教师培训管理工作具有一定参考意义。作者能够在实践基础上进行经验总结和理论反思的做法值得鼓励！

北京师范大学　叶菊艳

混合式培训促进新教师专业发展的行动研究

北京教育学院石景山分院　武　瑞

> **【摘　要】** 新教师培训历来都是教师培训工作的重中之重，石景山区新教师培训经历了集中面授阶段及单纯的网络培训两个阶段，目前进入了第三阶段，即混合式培训的改革与探索阶段。混合式培训是一种融合多种形式、多种内容、多种方法的融合式培训，是基于新教师的多样化实际需求，更有针对性地开展培训的一种有效方法。
>
> **【关键词】** 混合式培训，新教师，行动研究

一、问题的提出

党中央大力实施科教兴国战略和可持续发展战略，高度重视人才队伍建设。在《国家中长期人才发展规划纲要（2010—2020年）》中提出中国要实现人才资源大国到人才资源强国的转变，并且将教师队伍建设列为重大工程之一。强国必先强教，《国家教育事业发展"十三五"规划》将教师素质的提高也列为重要目标之一，《关于全面深化新时代教师队伍建设改革的意见》系统性阐述教师队伍建设改革、教师教育振兴行动计划（2018—2022年）发布等。这些政策都期望培养出党和人民满意的高素质专业化创新型教师队伍，从而培养出德、智、体、美全面发展的社会主义建设者和接班人。

北京作为国家首都，是全国政治中心、文化中心和国际交往中心，优先发展教育，提高首都教育现代化水平，对推进"人文北京、科技北京、绿色北京"战略，建设中国特色世界城市具有决定性意义。《北京市中长期教育改革和发展规划纲要》为教师队伍建设提供了重要指标维度，《北京市"十三五"时期教育改革和发展规划》阐述了深化教师人事制度改革，《北京市关于全面深化新时代教师队伍建设改革的实施意见》细化了教师队伍建设改革措施等。

石景山区教育立足京津冀协同发展，紧紧围绕区委区政府战略部署，遵循首都教育综合改革新政策，制定并完善了系列重要教育文件。《石景山区"十三五"时期教育事业发展规划》中将形成师德高尚、业务精湛、充满活力的教育人才保障体系作为重点工程之一。《石景山区"十三五"时期中小学教师培训工作实施意见》则从教师培训制度、健全分层培训体系、建构教师培训系统课程、创新培训模式、促进教师素养均衡发展等维度详细制定了教师培养相关细则，并且将新教师培训作为十大重点培训项目之一。

新教师培训是教师职后学习的首要环节也是非常重要的一个环节，是新教师入职后的第一课。石景山区新教师培训历经了三个阶段。第一阶段，传统的集中面授模式，即利用开学前的暑期时间集中几天，进行面授学习。具体流程如下：首先整理收集新教师基本情况，如每年新教师总体人数、学段、学科比例、性别、年龄比例，完成新教师基本信息的核对与整理；其次根据新教师的特点与需求制定课程方案；最后组织现场集中授课与学习后的评价反馈。这种培训方式的优点是，新教师可以面对面与老师交流，深入探讨面临的困难与疑虑；可以提前接触未来的工作伙伴，与其他学员互动交流，进行同伴学习；可以节约时间，不占用工作时间脱产学习，避免工学矛盾。缺点是，时间短、内容少、难深入，新教师们会有浅尝辄止、浮光掠影的感觉，不够解渴。第二阶段：网络面授阶段，在"网络+"时代背景的影响下，石景山区于2016年探索实施新教师培训的模式转型，开展新教师网络培训的实践尝试。自2016年起，石景山区积极引进网络培训资源，与中国教师研修网合作，探索新教师网络培训的新模式。新教师网络培训主要依托中国教师研修网的课程资源，由区教师培训中心负责项目管理与监督，区教研员担任网上学习指导教师，双方优势互补，共同开展新教师网络学习。该模式的优点是，适应"互联网+"的时代要求，实现了新教师培训资源供给方式的改变。通过大数据分析，可以更精准地监控学习效果。同时，也存在着问题，例如，学员学习自主性不一，导致学习效果不一。对于自律性较强的学员，其资源利用率就高，但是也难以避免学员挂课完任务的情况出现。另外，网络培训是人机相对，缺少面对面的沟通等。基于以上问题，为了更好地让新教师上好入职后的第一课，我们积极创新，进入第三阶段创新新教师培养模式的尝试实践阶段。在这一阶段，我们将理论与实践相结合，将学习者视为活动主体，让其积极参与到培训各环节中，既成为学习的设计者又成为学习的参与者，让新教师真正对自己的学习负责，让学习真实地发生。

新教师培训历来是最受重视的培训内容之一，近两年，北京市启动"启航杯"新入职教师教学风采大赛在区（县）广受重视，为促进新教师专业能力提升提供了良好契机。区级培训和校级培训是新教师入职培训的另外两个基本途径，两者在提升新教师专业素养方面各有优势，也存在不足。区级培训重点在于解决新教师的共性问题，对普遍问题进行集中解决，区级培训具有资源优势，但是在个性化指导方面略显不足；校级培训以学校和教师的实际需求为出发，以教学实践为落脚点，针对性地解决教师实际遇到的困难，但是存在师资和课程资源稀缺的问题。因此，如何实施市区校联动，实现区域与学校培训资源的有机整合是研究新教师培训的重要方向。

二、相关研究

1. 关于教师培训需求的研究

以"教师培训需求"为检索主题，在CNKI（中国学术期刊网络出版总库，中国博士学位论文全文数据库，中国优秀硕士学位论文全文数据库，中国重要会议论文全文数据库，国际会议论文全文数据库，中国重要报纸全文数据库，中国学术辑刊全文数据库，外文期刊，国际会议）中检索近三年的文献，共找到69篇相关文献。通过对检索文献的内容分析发现，其中约7%的文章是关于教师培训需求本体知识的研究，例如"教师培训需求分析的误区辨析及实践探索""当前教师培训需求调研：主要问题与解决路径""教师培训需求调研的创新模式研究"等文章。约74%的文章是关于培训需求的实践调查研究；约26%的文章是侧重于培训需求与培训效率、培训效果、培训问题等的相关关系的研究。

基于以上分析可以看出，目前关于教师培训需求的相关研究较为丰富，有相关的理论综述与模式总结，可以借鉴应用。同时，主体研究还是结合不同研究需求所开展的实证研究，这也是一线研究最常见的研究范式之一，这种范式的好处是针对一定群体能够直接反映所要调查的问题；缺点是调查方式较为简单，缺乏理论支撑，因此还需要不断改进。

2. 关于教师混合式培训的相关研究

随着教育信息化时代的到来，线上培训学习逐渐普及，其便捷性、可选择性、灵活性等特点弥补了传统线下培训的许多不足之处。尺有所短，寸有所长，传统线下培训也有其不可取代的优势。因此，线上线下相结合的混合式培训便应运而生。近年来，基础教育领域关于混合式培训的研究与实践也逐渐增多。关于混合式培训的研究可以分为以下三类。

（1）从技术角度，以一定的技术理论为基础，整合各种资源，进行混合式培训的探索与研究。例如，《基于Moodle的中小学教师教育技术混合式培训的设计与应用研究》《基于Claroline的中小学教师教育技术能力混合式培训的设计与应用》等研究，主要是以技术平台为基础，整合各种资源，进行混合式培训的研究与探索。

（2）对混合式培训中的某种学习活动模式进行提炼与研究。例如，《教师混合式培训中的同侪互助模式与支持策略研究》对于同侪互助模式的研究提炼，《教师混合式培训中主题研修活动设计模型研究》中对于主题研修活动的设计与实施等。

（3）针对特定类型的培训项目进行的混合式培训研究。例如，《基于"名师工作室"的混合式培训模式研究》等研究，是基于一定的培训项目进行的关于混合式培训的实践探索。

3. 关于教师培训评价方式方法的研究

以题名为"教师培训效果"在CNKI（中国学术期刊网络出版总库，中国博士学位论文全文数据库，中国优秀硕士学位论文全文数据库，中国重要会议论文全文数据库，国际会议论文全文数据库，中国重要报纸全文数据库，中国学术辑刊全文数据库，外文期刊，国际会议）中检索近五年的文献，共找到86篇相关文献。

关于培训效果的研究历来是培训研究的重点内容之一，相关研究主要集中在以下几个方面。

（1）基于一定的评估模型建构进行培训效果评估。如，"基于柯氏理论的中职教师培训效果评估模型""基于KANO模型的河北省农村中、小学教师远程培训效果影响因素分析研究"，这类研究基于一定理论基础，整合过程性与结果性评价，较为关注评价维度的全面性。

（2）通过叙事，或者个案通过质性研究的方式进行效果分析。如，"注重教学叙事研究，提高教师培训效果——以镜子的故事为例""教师培训效果评价指标体系的构建——基于天津市中小学'265农村骨干教师培养工程'的个案研究"等。这类研究较为关注具体的、深层次的原因分析，较为关注评价内容的深度与写实。

（3）通过实证调研，利用调查分析进行效果评估，通过数字反映效果。如，"国培计划教师培训效果调查研究""中职学校教师培训现状与需求调查研究"等，这类研究在一定程度上能够通过客观数据反映培训效果，但是调研的信度、效度很难把握。

(4) 利用大数据分析反映培训效果。这一类研究主要是针对网络培训项目，结合大数据，利用现代信息技术手段实现培训效果的精准评估。

三、行动研究过程

1. 新教师基本特点及培训现状分析

1) 问卷设计

本部分研究采取问卷法进行，调研对象为 2019 年石景山区全体新教师，包含各学校、各学科、各学段教师，共计 85 人，问卷内容围绕新教师基本情况、职业动机与期望、网络培训满意度、培训内容、形式、时间需求及培训收获几个方面展开。

2) 调研对象基本情况

调研对象基本情况如表 1 所示。

表 1 调研对象基本情况

属性	类别	统计/人	百分比/%
性别	男	15	17.65
	女	70	82.35
学历	本科	43	50.59
	硕士研究生	42	49.41
学段	高中	9	10.59
	初中	36	42.35
	小学	40	47.06
专业	师范类	31	36.47
	非师范类	54	63.53
学科	语文、数学、体育、物理、英语、历史、美术、信息技术、科学、舞蹈、生物、政治、心理、艺术、地理、道德法治、西班牙语、化学、戏剧、书法、思想等共计 17 个学科		

3) 调研发现的基本情况

（1）新教师职业动机普遍积极正向，职业规划期望值较高（图1）。

通过调研可以看出，新教师的职业动机普遍积极正向。有 80% 的教师是因为热爱教师职业并且能从中获得成就感而选择教师职业。47.06% 的教师是因为喜欢和孩子在一起而选择教师职业。同时，因为教师职业特征，例如具有人际关系简单、有寒暑假、社会地位高、工作稳定、有助于教育自己孩子等职业优势而选择教师工作的比例也相对较大。总体上反映出大部分教师对职业认同感较强。

关于新教师的职业生涯规划问题：60% 的教师希望成为学科带头人或者骨干教师，54.12% 的教师希望成为特级教师，35.29% 的教师希望做一名普通教师，尽应尽的责任和义务即可，11.76% 的教师打算一直工作到退休。另外，还有 3.53% 的教师表示说不好，

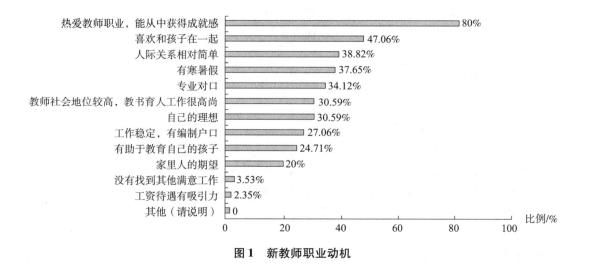

图 1　新教师职业动机

2.35%的教师表示没有想法，走一步算一步。通过以上数据可以看出，多数教师职业期望值较高，希望在教师事业上有所建树，也有很大一部分老师只希望做普通教师（图2）。

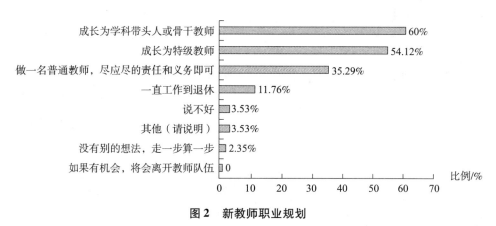

图 2　新教师职业规划

（2）新教师亟待解决的困难就是获取胜任工作所需的教育教学相关知识与技能。

入职初期，新教师普遍更为关注基本的能够胜任工作需求的教育教学相关知识与技能（图3）。调研显示，新教师普遍期望的培训内容前三项是：所教学科的教学方法与技能、跨学科、跨课程领域的教学技能（如综合实践活动、研究性学习、问题解决、学会学习等）、学生行为与课堂班级管理。其次是教育研究方法与课题研究、学生评价与评估实践、教学或课程改革与政策解读、所教学科知识与前沿理论、对于学生的认识与理解等；最后是教师职业道德与理想、教育教学的基础理论、学校管理与行政等。使用李克特五点量表记分，期望非常多记5分，较多4分，一般3分，较少2分，没有1分，因此分数越高表示教师期望程度越高。

（3）新教师希望在工作日接受多样化的培训形式。

关于培训形式，喜爱程度依次为实践观摩、一对一师徒结对、网络培训及面授。培训避免单一化的形式，采用混合的形式在培训实践中将被更好地接受。

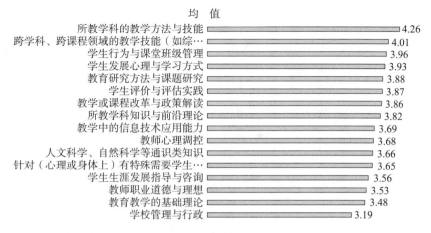

图 3　新教师培训需求

使用李克特五点量表记分，特别喜欢记 5 分，比较喜欢 4 分，无所谓 3 分，不太喜欢 2 分，非常不喜欢 1 分，因此分数越高表示教师喜欢程度越高（图 4）。

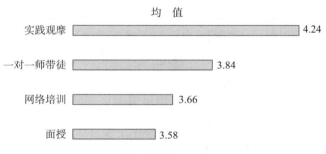

图 4　新教师培训形式期望值

关于培训时间，75.29% 的教师希望在工作日进行培训，17.65% 的教师希望在工作日下班后培训。利用节假日，如双休日、寒暑假进行培训的期望值较低。

（4）现阶段新教师网络培训的内容及考核需进一步改善。

2019 年，新教师已经参与了全区 120 学时的网络培训，63.53% 的教师表示非常满意，34.12% 的教师表示比较满意，2.35% 的老师表示一般。对于网络学习存在的最大问题，52.94% 的教师认为是没有时间精力学，16.47% 的教师表示对培训内容不感兴趣，部分教师表示希望内容能够更为丰富，并且包含课例学习。10.59% 的教师表示不喜欢网络培训的形式，10.59% 的教师表示培训考核管理不合理。

通过以上调研可以发现，新教师网络培训内容有待进一步规划设计，培训考核评价手段需要加强，网络培训不能流于形式，要依据新教师需求进行有针对性的设计与管理。

2. 混合式新教师培训实践研究

基于新教师的基本情况，我们积极实验并推进混合式的培训模式。在资源上强调市、区、校三级培训资源整合，实现纵向学习资源的相混合；在形式上展开线上线下相结合，实现培训形式的多元混合化；在内容上关注个性化需求，强调基于多元需求的学习内容的相混合；在评价上关注实际发生，实现过程性评价与结果性评价相混合，以期切实提高区域新教师培训效果。

1）基于资源整合的市区校三级培训资源纵向混合

目前，教师学习面临的已不再是资源稀缺的问题，而是面对来自各级各类、各种渠道扑面而来的众多学习信息及资源的选择问题。对于网络培训而言，教师们常会说："都挺好，但是内容太多了，不知道该学哪个。"或者是："挺好，也学了挺多，但是后来就没什么记忆了。"面对各级各类培训，教师们也会说，都挺好，都想学，但是时间精力实在有限。这样的问题并不只是在有了一定工作经历的教师中出现，在新教师培训中也逐渐凸显。在这种情形下，资源的选择与整合就非常有必要，培训首先要做的就是设计整合学习资源，并提供给教师们最适切、最有价值的学习机会。为此，我们积极探索资源整合的路径。

（1）以"启航杯"为契机，整合市、区、校三级培训。"启航杯"风采展示活动既是一次全市新教师风采展示的活动，更是一次非常好的培训与交流的学习机会。我们抓住这个活动的契机，从区域层面整体设计，开发以"教学能力"提升为主题的系列培训课程，整合市、区、校三级培训资源，帮助新教师在实战中锻炼、在交流中成长。一方面，引进市级高端培训资源，对新教师全员进行面对面指导与交流；另一方面开发系列区级培训课程，内容包含教学设计、微课设计、讲解技能与提问技能、展示评审标准、优秀课例展示交流等活动。同时，走进学校，举办新教师课例展示交流活动，开展同伴学习。通过市、区、校三级培训资源的整合，形成合力，为新教师提供一次教育教学能力提升的良好的学习机会。

（2）研训一体化资源的整合。新教师在参与层级培训的同时，也要参与相应学段学科的教研学习，二者之间常常会造成时间冲突或者内容交叉。因此，打通教研与培训，整合二者资源就非常有必要。层级培训的特点是资源丰富，内容涵盖面广，富有灵活性。教研学习的特征是针对性强，对应学科学段，能够深入解决教育教学中的实际问题。将二者相结合，去除冲突交叉项，互通有无，集体设计，能够有效避免时间冲突、内容交叉等培训资源浪费的问题，为新教师创设更为适切的学习环境。

（3）线上、线下学习资源的相整合。线上学习资源的优点是内容丰富、时间灵活，可以随时随地展开学习；缺点是缺乏对话与交流、内容繁多不易选择。线下学习资源的优点是面对面，容易开展对话与交流；缺点是资源有限、可选择性弱。二者的特点其实是互补的，如果能够合力设计，就可以实现取长补短，发挥资源优势特征，最大化实现学习资源价值。

2）基于多元需求的多样化培训内容相混合

在培训内容的供给上，要依据每年新教师的特征及学习需求特点进行有针对性的整体设计，通过对2019年新教师培训需求的调研发现，新教师对于所教学科的教学方法与技能、跨学科课程所需教学技能、所教学科的知识与前沿理论等主题较为关心。通过调研发现，新教师的需求比较多，面也比较宽，也体现了个体需求的多样化特征。因此，在内容的设计上要充分结合新教师的特征与需求，进行有针对性的设计。要实现通识课程、传统文化课程、学科课程、信息素养课程、实践课程等不同板块知识内容的整合供给。例如，2019年，石景山区针对新教师的需求有针对性地开发了线下面授的培训课程（表2）。

表2 2019年新教师线下面授培训课程

课程模块	课程主题
通识与传统文化课程	从姥姥的情商看"亲其师重其道"
	一手好牌打至香消玉殒——再示亲师重道
	讲座：校长眼中的好教师
	科研选题技巧与实践
	论文写作与发表：A~Z
信息素养课程	微格教学促进教师专业化发展
	微课设计与制作的理论与实践
	PPT制作
学科课程	说课应该说什么
	如何进行教学设计
	如何听评课
实践课程	中学组现场课展示
	小学组现场课展示

3）基于线上、线下的多样化培训形式相混合

通过对"在新教师校本培训过程中，您印象最深、对您帮助最大的一次培训经历是?"这个问题调研，可以看出，被教师们提到最多的三种培训形式分别是网络培训、实践观摩及名师引领，集中面授、赛课实践、活动研讨、校本培训等形式也在不同程度被提及。

关于网络培训，新教师表示："网上传统文化部分，个人很喜欢，内容很丰富"；"记得是刚工作不太久的网络培训，时间灵活，自由地去完成培训内容，这点比较好；""疫情期间网络学习，有很多方面的有意思的小知识，也有关于学校管理、学生管理、课标解读的知识，感觉很丰富，收获很大。"

关于专家引领及实践观摩，新教师表示："观看经验丰富的教师授课收获很大!""听市区级特级教师课程，参与课后教研，受益匪浅。""学习优秀教师的教学经验，进行一对一的辅导，收获很大。"

除此之外，新教师还表示："启航杯培训很有收获"，"赛课很有收获"，"面授专家讲座学习收获很大"等。

因此，在具体的培训过程中，要实现线上培训、集中面授培训、专家引领、同伴学习、赛课活动、观摩学习等多种形式的混合式设计，充分发挥不同培训形式的优势，让培训效益最大化。

4）基于"三阶段、四维度"的多元化评价方式相混合

对于一个项目的效果评估我们也要具备系统的观念，从系统的角度去展开思考。这就要求我们在初始阶段就做好评估规划，即制定一份详细的评估方案，只有这样，才能做到目的明确、有章可循，才能更有意识地、更精准地、更科学地对培训效果做出评估。

依据柯氏评估模型，结合教师培训的实际项目管理经验，对于教师培训的有效性评估，

可以构建"三个阶段"与"四个维度"相结合的模式展开（表3）。三个阶段是指教师培训项目的培训准备阶段、培训实施阶段以及培训结束阶段。培训准备阶段需要依据培训政策要求、明确培训目标、制定培训方案、设计培训课程等，以确保培训工作得以顺利开展。培训实施阶段是培训工作的具体执行阶段，是培训方案、培训课程的具体落实阶段，也是整个培训过程的主体阶段，一般这一阶段持续时间最长。培训结束阶段是对培训成果进行汇总、对培训效果进行评估的一个阶段，它也是培训项目的一个重要组成部分。三个阶段是从时间维度保障评估的有效性。四个维度即教师培训中的满意度测评；教师培训中知识、技能、态度的获得测评；教师行为改变的测评；教师培训的成效及影响测评。

表3 三阶段、四维度评估体系

测评维度＼培训阶段	培训准备阶段	培训实施阶段	培训结束阶段
反应评估	培训需求评估	满意度、参与度调查	总体满意度
学习评估	摸底测验	过程性考核	最终测验
行为评估	行为摸底	观察	追踪访查
结果评估	现有成果	观察	追踪分析

3. 新教师培训的问题与建议

1）混合培训下培训管理要进一步整合

培训项目的管理绝对不是一件容易的事情，培训项目的管理并不只是属于服务的附属地位，良好的项目管理可以有效提升培训的效果。混合培训模式下，对培训项目管理提出了更多的挑战。项目管理要做到全方面地了解培训的各方面情况，要协调各种关系，整合各种资源，创设各种学习环境，将有益于新教师学习的周边资源进行最有效的整合，让培训效益最大化。例如，统筹协调市、区、校三级培训资源，就需要利用好市级培训资源，补充以区级培训，调研好校本培训，将三级培训内容整合起来。一要避免培训资源重复浪费；二要避免培训内容遗漏缺陷，要把最合适的内容放在最恰当的位置开展培训。

2）混合培训模式下培训内容设计需进一步整合

混合式培训绝不仅仅是培训形式的混合或者组合，而是整体设计下的形式多样化的表现，无论培训的形式如何变，培训项目设计的本质是不变的。一个成功的培训项目一定是体现整体性、系统性与有效性的。要根据新教师的特点及培训需求整体统筹培训资源，设计培训内容，然后根据培训内容的特点选取适合的培训形式进行培训。让培训内容以最合适的形式呈现，培训内容是根本，培训形式是支撑。在实际设计过程中，要切实针对新教师的实际需求与亟待解决的问题，设计课程模块，将适合学校开展的模块内容沉淀到学校进行，将适合区级开展的内容整合到区级培训中，以课程内容为依托，选取合适的形式开展合适的培训。

3）混合培训模式线下培训效果的评估要进一步整合

不同形式的培训适合不同形式的评估。线上培训会有实时的大数据对整个学习过程进行记录，包括登录、学习轨迹及学习结果等，大数据可以为项目学习提供较为翔实的数据与精确到记录，可以通过学习轨迹的分析对培训项目做出准确的分析。大数据统计的优点是精确客观；但是也存在缺点，即不能反映更深层次的问题，对学员学习过程不能进行更为深刻的认识，这就需要配合以传统的访谈、调研或者观察的方法去获取。同样，线下培训能够较为清晰地观察学员整个学习过程，在过程中可以随时与学员进行沟通互动，从而较为全面地把握整个学习过程的效果。同时，有可能存在片面化的问题，不能顾全到全局。因此，如果辅以一些数据的调研，能够更为综合地反映出培训中的问题。

参 考 文 献

[1] 罗秀. 中小学教师混合式培训的理念和实施策略 [J]. 中小学教师培训，2015，9.

[2] 刘延金. 混合式培训：教师职后培训的新视角 [J]. 湖南第一师范学院学报，2016，10.

[3] 李树培，魏非. 教师培训需求分析的误区辨析及实践探索 [J]. 北京教育学院学报，2018，3203：18-22.

[4] 任林洋. 当前教师培训需求调研：主要问题与解决路径 [J]. 中国成人教育，2018，14.

[5] 鲍赫. 教师培训需求调研的创新模式研究 [J]. 吉林省教育学院学报，2018，8.

[6] 曾占林. 基于Moodle的中小学教师教育技术混合式培训的设计与应用研究 [D]. 重庆：西南大学，2009.

[7] 李征宇. 基于Claroline的中小学教师教育技术能力混合式培训的设计与应用 [D]. 沈阳：沈阳师范大学，2012.

[8] 张思. 刘清堂. 熊久明. 教师混合式培训中的同侪互助模式与支持策略研究 [J]. 电化教育研究，2015，6.

[9] 刘清堂. 张思. 教师混合式培训中主题研修活动设计模型研究 [J]. 中国电化教育研究，2015，1.

[10] 刘学伟. 基于"名师工作室"的混合式培训模式研究 [J]. 教育导刊，2011，5.

专家点评

百年大计，教育为本；教育大计，教师为本。世界各国在教育信息化建设的过程中，都高度重视教师教育的发展，将教师教育改革与创新确立为教育改革的重心与突破口，我国也是如此。本文从区域层面入手，探索促进新教师专业发展的混合式培训，通过行动研究的方法，开展了一系列的探索和反思，构建了包括纵向联动和横向整合的混合式培训模式，借助区平台，将市、区、校三级新教师培训进行有效整合，通过网络培训、个别指导、集中面授等多种方式，更好地促进新教师专业能力各维度的发展。

北京师范大学　马　宁

"四段式"培训助推中小学新教师成长

——以北京市房山区为例

北京市房山区教师进修学校　田小将

> **【摘　要】** 新教师质量对教师队伍建设意义重大。新时代，新教师队伍也呈现出新的特点，胜任岗位有新的岗位需求。为帮助中、小学新教师自信地站上讲台，扎实地站稳讲台，有效站好讲台，本文以房山区为例，从新教师职业需求、发展目标、培训课程、培训流程及评价等方面详细介绍了房山区"四段式"新教师培训，助力新教师实现职业起步，以为新教师成长的实践研究提供借鉴与参考。
>
> **【关键词】** 中、小学新教师，四段式培训

一、问题提出

在教师队伍建设中，中、小学新教师是不可或缺的生力军，房山区每年增加150~200名中、小学新教师。为了帮助新教师自信地站上讲台，扎实地站稳讲台，有效站好讲台，房山区高度重视新教师培训工作，以提高新教师职业道德和专业水平为宗旨，坚持"学生为本、师德为先、能力为重、夯实基础"的基本理念，本着"先培训，后上岗；不培训，不上岗"的原则，基于需求，按需施训，开展职前通识培训、职后跟踪培训、"启航成长营"综合培训和通关实践考核的"四段式"新教师培训，助推中小学新教师成长。

1. 房山区新教师概况

房山区近三年中、小学新教师统计如表1所示。

表1　房山区近三年中、小学新教师统计　　　　单位：人

时间 \ 学段	小学	中学	合计
2017/年	122	45	167
2018/年	131	51	182
2019/年	124	40	164
合计	371	150	521

2019 年中、小学新教师学历与资格证信息如表 2 所示。

表 2　2019 年中、小学新教师学历与资格证信息　　　　　　　单位：人

学历/%		教师资格证/%	
本科生	75.8	有教师资格证	75.7
研究生	24.2	无教师资格证	24.3

以 2019 年为例，中、小学新教师中，本科学历毕业的教师占 75.8%，研究生学历占 24.2%。基于前期调研，房山区域新教师的优势主要体现在：学历合格；有朝气、有活力、有热情；大部分新教师的专业知识相对扎实。新教师的不足之处主要体现在：对教育，尤其是对房山区的教育认识不深入，教育教学能力有待加强；非师范专业毕业的教师在教育理论等方面的专业素养相对薄弱。

2. 新教师学习需求

为了提高培训的针对性，在设计培训方案之前，项目组对新教师进行了调研。问卷数据显示，新教师在下述方面的学习需求较高：夯实教育教学基本功（85%）、提高班级管理与班主任工作能力（62.1%）、提高专业学科素养（60.7%）、提高教育理论水平（31.8%）、考取教师资格证（15.9%）、其他（7.9%）。

基于上述教师基本情况和新教师的学习需求分析，房山区新教师培训的定位聚焦于：加强对教育的理解和认知；加强教育理想教育和职业规划指导；加强师德师风教育；夯实基本功，提高基本技能。

二、立足现状，设计目标

1. 总体目标

通过培训，使新教师在职业理想、专业情感、专业知识、专业技能和教育能力五个方面有认识，有提高。使其在职业认知、行为规范、育人能力、沟通合作、人格完善等方面初步适应教师的职业要求，使其尽快适应教育教学工作的需要，初步具有实施核心素养背景下教育的能力和水平，为其专业化发展和职业生涯奠定基础。

2. 具体目标

中、小学新教师培训的具体目标包含以下五个方面：第一，职业理想方面，以职业规划为核心，聚焦专业发展，做到人人有目标；第二，专业情感方面，以"立德树人"为核心，聚焦师德修养，做到爱教育、爱学生、爱学校；第三，专业知识方面，以教学设计为核心，聚焦课标、教材，做到完整扎实；第四，专业技能方面，以教学实施为核心，聚焦课堂教学技能，做到科学有效；第五，教育能力方面，以全面育人为核心，聚焦学生成长，做到教育有方。

三、"四段式"培训，助力新教师职业生涯起步

房山区新教师"四段式"培训立足职前和职后培训有序衔接，基于分段分科、集中与

分散、理论与实践、整体性与特殊性相结合的原则，开展职前通识培训、职后跟踪培训、成长营综合培训和通关考核实践培训四个阶段的培训，培训课程模型如图1所示。

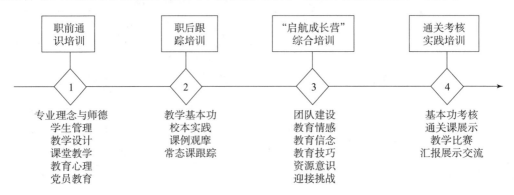

图1　房山区新教师"四段式"培训课程模型

1. 职前集中通识培训

依据教师专业标准的专业理念与师德、专业知识和专业能力三个维度，项目组在职前通识培训部分分别设计了不同主题的课程。职前集中通识培训一般安排在开学前一周，共分为专业理念与师德、学生管理、教学设计、课堂教学、教学实践、教育学心理学（非师范类学员参加）、党员教育6个主题，职前通识培训课程如表3所示。

表3　新教师职前通识培训课程

课程维度	主 题	方 式	专题与内容	备注
专业理念与师德	专业理想	讲座	用心做教育，做心中有人的教育	集体
	师德教育	讲座	做立德树人的好老师	集体
专业能力	班级管理	讲座	核心素养背景下的班级管理	分段
	课堂教学	讲座	核心素养背景下的课堂教学	分段分科
	课堂教学	展示交流	青年教师课堂教学经验分享和交流	分段
	教学设计	讲座	科学编制教学设计（解读课标与教材、教学设计编制原则和方法）	分段分科
	学生管理	讲座	教师专业发展之路	分段
专业知识	心理学	讲座	教育心理学及实践应用	分类
	教育学	讲座	教育学理论及实践应用	分类

2. 职后跟踪培训

从职前通识培训转向分段、分科、分专题培训；从整体共性培训转向个体差异指导，由面到点，精准培训，具体措施包括以下四个方面。

（1）教学基本功培训。以"夯实基本功，提高基本技能"为目标开展教学基本功培训，包括教材分析、课标解读、写字技能、板书技能、提问技能、讲解技能、作业设计等内容，教学基本功培训课程如表4所示。

表4　新教师教学基本功培训课程

课程维度	主题	方式	专题与内容	备注
专业知识	学习课标	讲座	课标解读指导	分段分科
	学习课标	展示交流	课标解读交流	分段
	教学技能	讲座	语言技能示范指导	分段
专业能力	教学技能	展示交流	语言技能展示交流	分段
	教学技能	讲座	写字技能	集体
	教学技能	讲座	板书技能	集体
	教学技能	讲座	提问技能	分段
	教学技能	讲座	讲解技能	分段
	教学技能	讲座	导入和结束技能	分段分科
	教学技能	讲座	作业设计	分段分科
	教学技能	课堂教学	教学综合能力	分段分科

（2）校本实践培训。新教师所在学校结合本校实际，制定切实可行的新教师校本培训方案并组织实施，为每位新教师配备校级学科指导教师，对其入职基本技能和行为规范等职业要求进行有效指导，指导新教师能够独立完成常态课。

（3）课例观摩实践：依据学段、学科、学校特点，进行联片培训和交流，通过课例观摩研讨、同课异构等实践形式，提升师德修养，加强教学技能，促进反思意识和能力。

（4）常态课跟踪指导：在集中培训、分段分科培训的基础上，对新教师采取常态课跟踪指导，做到由面到点，精准培训。

3. "启航成长营"综合培训

为了促进新教师的持续发展，促进新教师在职业情感、发展动机、社会资源和专业发展等方面进一步挖掘和提升，帮助新教师在教育环境中找到归属感、目标感和价值感，助推新教师实现全方位的发展，项目组设计了"启航成长营"培训课程（表5）。

表5　新教师"启航成长营"培训课程

课程维度	主题	方式	专题与内容
团队意识	建立团队与相互认知	团建活动	介绍培训内容，集体破冰
情感激发	关心自己与热爱教育	团队游戏	我的情绪蛋糕、我的职业生命线
动机认识	坚定信念与实现目标	团队互动 主题讲座	生长延长线 爱与尊重
社会责任	资源意识与支持关系	团队互动 专家指导 实践探访	我的成就事件 城市拼图操作指南 城市拼图实践和成果展示

续表

课程维度	主　题	方　式	专题与内容
教育能力	教育技巧与教师生涯	专家讲座 展示交流 团队互动	以教师自我发展促学生全面成长 我的职业生命线 教育戏剧
综合提升	喜迎挑战与个人成长	展示交流 团队互动	教育戏剧展示 绘制我的成长树

4. 通关实践考核

坚持目标导向、任务驱动的原则，房山区新教师培训项目组组织新教师通关实践考核，以赛促训、以评促训，通过通关实践考核，促进新教师夯实基本功，提高基本技能。

（1）基本功培训和考核。新任年教师在任职第二学期要完成教学设计、写字技能、板书设计、语言表达、提问技巧等基本功培训和考核，不合格要二次培训。

（2）通关课展示。新教师在第二学期要完成通关课展示，培训项目组组织学科教研员听课、评课和考核，不合格的还要在规定期限第二次做通关课，通关课是新教师培训结业的主要依据。

（3）教学比赛。以赛促训，组织新教师开展教学比赛，包括说课和微格教学，推荐优秀新教师参加北京市新教师风采展示。

（4）汇报展示交流。组织新教师参加学科沙龙、教育专著研读成果交流展示、教学技能展示等活动，促使大家及时总结，展示技能，交流困惑、收获和心得。

四、培训效果及经验

新教师培训采取任务驱动、过程性评价和终结性评价结合的方式对学员进行评价，主要通过集中培训总结、撰写教学设计、上汇报课、基本功考核、研读交流教育专著、上通关课等方式考核和评价学员。

1. 培训成效

中、小学新教师培训项目组注重及时总结培训工作，培训取得良好成效。

（1）学员反映良好。新教师培训综合满意度99.8%，学员评价认可度高，认为培训针对性强，重视基本功，理论联系实际，培训可听、可看、可做，收获很大。

（2）学员行动改进积极。培训不仅激发了新教师投身教育的热情，更主要的是获得了专业知识，提高了专业技能，并能学以致用，他们积极行动，不断提高，真正成为学校的生力军。

（3）项目组取得了一定的成果。项目组研制了《新教师培训需求调研表》，为培训提供了实证支持；研制了《新教师"四段式"培训课程》，为培训提供了方法和路径。

2. 培训经验

中、小学新教师培训项目组经过几年探索，取得了一定的培训经验，主要体现在以下五方面。

（1）领导重视，沟通协作，携手促进。房山区教委、房山区教师进修学校、中小学各级领导高度重视，成立以教委主管副主任为组长的培训领导小组和以房山区教师进修学副校长为组长的培训工作小组，有力保障项目的有序有效开展。

（2）基于需求，充分准备，精准培训。培训基于房山区新教师的实际需求，做好充分的调研，注重理论联系实际，设计专业有效的课程，做到精准培训。

（3）注重引领，关注过程，严格管理。培训聘请高校专家、市区特级教师、市级骨干等组成培训团队，注重专业引领，通过理论讲座、实践指导等方式开展培训，加强考勤、作业、简报制作等过程性管理，保证培训顺利开展。

（4）方式多元，任务驱动，逐步推进。培训采用专家讲座、实践观摩、体验互动、展示交流等多元方式开展培训，采用任务驱动的方式以学员完成"十个一"的作业（前期培训阶段，完成一份集中培训总结、一个单元教案；中期培训阶段，完成一份职业生涯发展规划、一节汇报课、一个教育或教学案例；后期培训阶段，完成一节通关课、一份教育教学专著读后感，一份优质教学设计，一份培训总结，一张由学校填写的新教师校本培训成绩表）和通关考核为任务，逐步推进培训的有效实施。

（5）加强培训管理，保障有序培训。为了保证培训有序开展，房山区新教师培训的管理采取区校联动、自上而下、分级落实的管理模式。房山区教委人事科为培训提供保障和政策指导；房山区教师进修学校项目组负责培训的整体设计和组织协调；学段负责人负责分段实施和组织管理；学科教研员负责学科支持和因需设训；基层学校结合本校实际，制定切实可行的教师校本培训方案并组织实施，为每位新教师配备校级学科指导教师。

3. 问题和困惑

在取得一定成绩的同时，项目组及时总结新教师培训存在的问题，主要体现在三个方面。

（1）新教师的合格标准不够科学，基于任务驱动的定量考核和基于通关验收的定性考核都趋于过程性管理考核，新教师专业发展的具体指标有待建构。

（2）新教师培训还处于分段、分科培训，还未涉及针对教师个体差异的培训，如何开展符合新教师个体差异性特点的培训有待开发。

（3）新教师工学矛盾的问题依然存在，需要加强线上和线下、理论和实践、教研和培训的进一步整合，真正做到研训转型，研训一体。

新教师培训工作是一项系统的、长期的工程。伴随着新教师群体不断壮大，在需求分析、课程设计、模式创新及培训评价方面尚存在有待深入研究与突破的问题。在以后的培训中，房山区将继续保持和发扬"四段式"培训已取得的成绩和经验，积极改进，深入研究，力求实效，制定科学有效的新教师考核标准，开发便捷高效的网络培训课程，积极开展线上线下结合的"混合式"培训，以做到因需施训，精准培训，在实施培训的过程中也加强对新教师培训的深入研究，形成迭代式发展的培训，促进教师专业发展。

全文已在《教师》杂志发表，有改动。

参 考 文 献

[1] 余新. 教师培训师专业修炼[M]. 北京：教育科学出版社，2012.

［2］李岩，等. 今天如何做专业的教师培训［M］. 长春：东北师范大学出版社，2014.

专家点评

> 本文以新教师为研究对象，在对房山区新教师队伍现状、需求分析进行梳理的基础上，设计培训目标，将职前和职后发展有序衔接，提出"四段式"新教师培训课程模型，并对相关模型的核心环节、课程结构、关键要素等进行了详细的介绍和分析，在此基础上，对基于该模型的培训效果与经验反思进行了梳理和介绍。"四段式"模型结构清晰，关键环节、课程内容、实施策略等较为详尽，对新教师培训有很好的启示作用。
>
> 北京师范大学　马　宁

创新培训内容实践片区化管理

——通州区新教师培训实践探索

北京市通州区教师研修中心　董立生

> **【摘　要】** 百年大计，教育为本；教育大计，教师为本。针对通州区域定位和学校的发展需求探索新教师培训管理模式，提升新教师教育教学能力，胜任教育教学工作。培训中着力实践"三观"培训，即：正确的教育观、科学的教学观、全面的学生观，以此全方位塑造具有胜任力的新教师队伍。管理模式方面打破市、乡、学校、教师单向自上而下的培训管理方式，整合学科资源、学校研究资源、教师资源，满足学校、教师需求，促进区域学校、教师之间进行交流分享。以问题为中心，以教学片为平台，以学校为基地，以教师为研究主体，构建研修一体化的校本研修模式。
>
> **【关键词】** 培训模式，校本研修，新教师

《中共中央国务院关于深化教育教学改革全面提高义务教育质量的意见》强调：坚持立德树人，着力培养担当民族复兴大任的时代新人；按照"四有好老师"标准，建设高素质专业化教师队伍。《中国教育现代化2035》文件中提出：强化职前教师培养和职后教师发展的有机衔接，夯实教师专业发展体系，推动教师终身学习和专业自主发展。这些文件精神为新教师的培训指明了方向。

2019年，通州区新入职幼儿园教师111人、小学教师271人、中学教师82人，共计464人。大专学历40人，本科学历206人，研究生以上218人，所占百分比分别为8.6%、44.4%、47%。师范专业156人，非师范专业308人，所占百分比分别为33.6%、66.4%。女教师404人，男教师60人，女教师人数远远高于男教师。新教师年龄为19~29岁。任教学科涵盖所有学科。

为了提升新教师的专业素养，在为期一年的培训中进一步培养新教师正确的教育观、科学的教学观、全面的学生观，探索以问题为中心，以教学片为平台，以学校为基地，构建研修一体化的校本研修培训模式。

一、创新培训内容，育"三观"践"三力"

新教师的道德修养、文化水平、精神面貌，对学生的成长产生潜移默化的影响，对社会的进步和发展起着积极的促进作用。通州区新教师培训着力树立"三观"培训，即正确的教育观、科学的教学观、全面的学生观，以此全方位塑造具有胜任力的新教师队伍。

1. 强化正确教育观,培育学习力

正确的教育观就是能全面贯彻落实国家的教育方针,遵循教育规律,始终把"以人为本"的理念贯穿教学。在入职初期强化新教师树立正确的教育观尤为重要,在此过程中能够培育他们自我提升的学习力。因此,要引导新教师改变传统教学观,树立科学育人思想,把个性教育、创新教育、素质教育放在首位;要引导教师注重在教育教学过程中培养学生形成基本技能、技巧,发展学生的智力和能力,发挥学生个性特长,培养学生的人文精神,塑造学生的完美人格,促进学生多方面素质的提高。

1)依托入职宣誓,增强教育使命

在每年的新教师培训开学典礼上,通过"入职宣誓"活动,增强"仪式感",树立对教育强烈的事业心和使命感。引导新教师树立立德树人、依法执教的理念;强化职业精神,坚定职业信念和职业操守;深刻理解教师职业责任和义务,增强职业责任感和荣誉感。

2)强化师德修养,提升职业素养

良好的师德师风,是树立新教师正确教育观的首要任务。通过师德讲座的形式,理论与案例相结合的方式,呈现异彩纷呈的师德之美;通过专业的解读与分享,唤醒新教师师德的自觉,增强教育教学的自信。通过体验式、浸润式的参与培训,学习师德榜样,深刻感悟教书育人、爱岗敬业的真谛,激励新教师在今后的工作实践中讲好师德故事,从而更好地规划自己未来的教育生涯。

3)树立法治意识,规范教育行为

新教师法治素养的提升,对于提高依法执教能力、营造和谐校园起到巨大的助推作用。通过法官现场说法、典型案例解读、真实情境模拟等形式,促进新教师对于教育法律法规知识的学习理解,使他们感悟在教育教学过程中应学法、知法、守法、用法,不断提高综合素质,增强依法执教的意识,并把学法、知法、守法、用法的意识贯彻到自己的实际生活与教育教学工作中,从而提高新教师依法执教的能力。

2. 树立科学教学观,锤炼研究力

科学的教学观要求教师把培养人、关心人的成长、促进人的发展作为教学目标。通过丰富多元的培训,要让新教师站在为祖国培养人才的高度来认识教学工作,胸怀育人大目标,成就每个学生既学知识,又练能力;既有情感熏陶,又有个性发展。在此过程中,不断修炼内功,树立科学教学观,锤炼研究力。

1)创新"分学科培训",促进精准研修

为了引领新教师掌握教育教学基本规律和实际工作方法、技能,使其尽快适应教育教学工作,上好第一节课。针对新教师的培训,遵循不培训不上岗的原则,按照学科和学段划分同时进行。培训主讲教师由区教师研修中心学科教研员及区内市区级骨干教师构成。培训内容主要围绕课程标准解读、学科教材教法指导、教案编写与课堂实践训练等进行。通过培训主讲教师精心设计的专题讲座、互动研讨、技能操练等形式,让新教师们既从宏观上把握学科思想,又从微观上获取备课技巧,在新教师群体中形成研究氛围,为尽快熟悉教学岗位、提升教学技能、提高专业素养,从而顺利上岗打下坚实的基础。

2)借助"启航杯"契机,搭建研究平台

依托北京教育学院"启航杯"新教师教学风采展示活动,区域积极开展新教师全员参与的微格教学技能培训与评比,以此促进新教师之间相互学习,促进新教师整体水平的系统提升。区校两级建立学科指导团队,负责对学科教师的具体培训与指导。校级指导团队由学校主管教学副校长、学科骨干教师构成;区级指导团队由各学段、学科的区级研修员作为负责人,组建由市级学科带头人、骨干教师构成的三人指导小组。区级指导团队在制定培训方案的基础上对新教师进行教学设计、说课和微格教学指导,以新教师教学风采评价体系为标准组织区级现场展示评比活动。教师们通过对教学设计的实践—反思—修正—再实践—再反思—再修正的过程不断锤炼研究力,逐步养成精心备课、认真反思的好习惯。此项展示活动为新教师搭建研究与交流的平台,促进其快速成长。

3)建立"新教师成长档案袋",积蓄研究成果

针对每位新教师入职后参加的培训、教研活动、听课、做课、各种学习交流等活动的材料,统一放入"新教师成长档案袋"中,由所在学校专人负责,按时间顺序归档保存,实行过程性培训与评价。成长档案袋记录了每位教师每次活动的感悟与反思,同时也记录了培训者及指导教师对他们的评价,让新教师在每次培训活动都有收获和提高。成长档案袋不仅记录了新教师的参训痕迹,更记录了成长路上的点滴进步、研究的足迹。一次次的培训活动浸润着每位新教师的成长,不断锤炼着他们研究力的提升。

3. 塑造全面学生观,提升育人力

《中共中央国务院关于深化教育教学改革全面提高义务教育质量的意见》强调坚持"五育"并举,全面发展素质教育;强化课堂主阵地作用,切实提高课堂教学质量。这就要求教师要有全面的学生观,提升全面育人的能力。

全面的学生观就是要面向全体学生,促进学生的全面发展。新教师要树立全面的学生观,坚持全面评价学生、正面评价学生的原则,鼓励学生个性发展,转化问题学生,促进学生主动发展、共同发展、全面发展、个性发展、和谐发展。

1)校本培训,掌握育人途径

以学校为主体开展丰富多彩的培训。①通过"主题培训"感悟学校文化。学校为新教师安排以校园文化为主的通识培训,如解读学校办学理念、育人目标、课程体系、基本制度,明确教师标准和课堂教学标准,明确学生发展标准和教学评价标准等,制定个人发展规划,旨在了解学校育人的途径。②通过"主题沙龙"解决教师困惑。学校聚焦真实问题,定期以"微格教学案例沙龙"的形式开设教育论坛,由学校骨干教师讲解教学过程中转化学生的案例及解决策略,教授新教师通过思维导图、循环四步法等方法进行教育教学实践,促进学生发展。③通过"伙伴研修"攻克育人难点。为提升新教师的育人水平,学校通过"校内外培训、教研组研修、年级组研究、信息化平台互动"[1],以问题为导向,以案例研究为抓手,以共同研修为途径,提升课标解读能力、教材理解能力、教学设计能力、课堂驾驭能力和教学评价能力,进而提高育人能力。

2)专业阅读与故事分享,实践育人方法

由于非师范类新教师占到2/3以上,因此专业阅读成为提升新教师育人力的重要途径。围绕《从备课开始的50个创意教学法》《卓越教师的200条教学策略》等同类的10本教育书籍开展阅读,并撰写"立德树人""问题学生""个性发展""能力培养"等主题式阅读感想,系统学习促进学生发展的方法。

担任教学任务半年之后，根据教育教学实践的经历，撰写育人的教育故事并按照片区进行交流分享。曾经有位教师经历了这样的事：给学生的作业评价写了"好"字，再收回来的时候学生在"好"的前面加了"特别"两个字，变成了"特别好"。事件虽然小，但是教师通过理论分析和实践解决方法，撰写了教育故事，得到了同伴的一致认可，也为其他新教师的育人方法提供了宝贵案例。

3）团队协作，共享育人乐趣

通州区针对新教师已经形成了个性化精准培训项目，定期开展突出团队协作的拓展培训。新教师自由组队，确定团队名称和口号，与组员共同研讨制定方案，精心设计打磨过程，完成拓展培训提出的个性化培训目标。新教师培训团队在精心组织的多种团队拓展活动中，增进了友谊，学会了合作，增强了团队意识、团队责任感和团队荣誉感，实践团队协作，感悟过程比结果更重要，并把培训中的心得、感悟、反思运用到教育教学中，体会教师的幸福感，享受育人乐趣。

二、片区化管理，整合资源，融合发展

新教师培训的目标是采用多种措施提高师资素质，让其主动学习、有效学习。通过采用递进的方式，针对不同新教师培训的需要，尽可能地增强培训效果。通州区于2017年申报了市师训中心的《片区化管理在新教师培训中的实践研究》课题，在科研课题的引领下开展片区化管理模式的研究，提高培训成效。

片区化管理模式的开展与教师核心素养的提升相互推动，片区化管理活动在促进教师专业发展的同时也促进了学校的内需发展。在一定区域内使教育资源实现均衡优质发展，重点推动校本教育工作，形成以强带弱、中心辐射的机制。在这个机制内，以学校为实施根本，城镇与乡村结合、学校与教师之间加强互动，这也是实现优质教育资源的整合和共享、促进区域教师专业发展的有效途径。

1. 科学划分区域，发挥学校资源最大值

片区化管理首先应合理布局，可以根据学校所处地区的师资水平、教科研力量等特点，再结合地理分布情况进行合理划片分组，而且每个组可以将骨干教师多或者名师多的学校作为领头学校，带动其他学校进行培训活动。同时还应成立片区化管理领导小组，负责相关活动的策划、组织、实施、协调等，确保每项活动都能有序开展，每个学校都能参与进来。此外，考虑到牵头教师少的现状，可以名师为榜样启用骨干教师，同时还要注意提供相应的平台让那些勤于钻研、肯拼肯干、有创新能力的教师迅速成长起来，早日加入骨干教师的队伍中。学习是因经验而使行为或行为潜能产生持久变化的过程[2]。培养新教师可以采用"带教"的方式，采用以老带新的方法，通过老教师分享自己独有的成功经验让新教师少走弯路。在此基础上，结合片区化管理的平台还可以进行创新，在学校之间实行"跨校带教"，逐渐形成以强带弱、强强联手的局面。而且教师与教师之间的"同伴结对"不仅提高了本校的培训质量，对于本组培训活动质量的提高效果也更为明显。而新教师在学习、总结经验的同时也可以将自身学到的先进、新颖的培训方法和理论及时传递给老教师，帮助他们实现知识库的更新，不与潮流脱轨，为培训小组注入活力。

2. 以课堂为中心，发挥示范引领作用

"片区化管理是顺应课程改革的产物，必须服务于课改，服务于教育实践活动，要以课例为载体，按照实践—认识—再实践—再认识的引领模式，引导教师将改变观念和改变行为结合起来，突出实践应用这一重点，改进培训，共同提高。"[3]因此，将课堂培训作为片区化管理的中心内容是符合其自身特点的。在划定区域后的学校内，由北京市骨干教师定期开展听课、评课、互相研讨、反思总结等开放式的培训活动，新教师写出自己记录的课堂实录以及自己对于课堂的评价，这样的研讨课在无形中调动了教师自我反思的积极性，督促教师不断改进。而由名师和骨干教师进行展示的课堂不仅具有科学的课程理念，还有一流的培训艺术，由他们进行示范课的展示，为同一片区内的其他教师提供了范例。借助听课、评课以及示范引领课的契机，教师也加深了对课堂培训育人价值的理解，能更全身心地投入到培训活动中，锻炼了自己的思维能力，学习到更多有效且先进的培训方法，在把握住培训主阵地的同时教师的核心素养也能不断提升。

3. 关注过程评价，提升培训效能

当片区化管理缺乏相应的评价制度时，各项制度就会日渐形式化，教师关心的是任务完成的情况，却忽略了活动的质量。因此，只有建立起与片区化管理活动相配套的评价制度，优化评价方式，才能促进教师积极性和创造性的提升，形成良好的培训氛围。在片区化管理活动中，每个学校要对教师参与活动的多少、投入程度的高低、研讨结果的可实施性以及是否及时总结和反思给予一定标准的评价，进行评价考核、跟踪管理。同时还要注意优化评价方式，切忌出现以偏概全、形式过场、短期定论的现象。首先在对教师的评价中不仅要有工作数量以及质量等指标，还要对教师的工作方法、态度和成效等方面做出评价，形成"态度、能力、实效"三位一体的评价机制。其次，在运用定量的方法对教师进行评价的同时还可以采取定性的方式，充分发挥学生、家长在教师评价中的作用。通过召开座谈会和问卷调查等方式，内部与外部相结合才能对教师做出全面又准确的评价。

总之，通州区新教师培训整合各种优势资源，创造条件，让新教师在最优质的培训环境中得到浸润，促进他们的专业成长，使其在专家引领中学习经验，在同伴互助中得到提升，在自我提高中获得成功。

参 考 文 献

[1] 余新. 教师培训师专业修炼［M］. 北京：教育科学出版社，2012.
[2] 田文. 中小学心理健康教育活动设计与实施［M］. 北京：清华大学出版社，2013.
[3] 马玉玺. 加强联片教研，促进农村教师专业发展［J］. 教育理论与实践，2008（12）：3.
[4] 芦咏莉，申继亮. 教师评价［M］. 北京：北京师范大学出版社，2012.

专家点评

　　本文基于通州区新教师培训的实践和探索,从培训内容体系和管理促进措施等视角对新教师培训经验进行了梳理和总结。在新教师培训内容方面,提出了育"三观"、践"三力"的创新培训内容体系,包括强化正确教育观、培育学习力;树立科学教学观、锤炼研究力;塑造全面学生观、提升育人力等内容。在管理促进措施方面,提出了片区化管理模式,通过片区化管理活动促进教师专业发展的同时,促进学校的内需发展。本文提出的新教师培训内容体系和管理促进措施内容详尽,有较好的借鉴价值。

北京师范大学　马　宁

远郊区（县）新教师专业成长途径的实践探索

北京市昌平区教师进修学校　王　君　刘大鹏

>　　【摘　要】　新教师入职阶段是其职业生涯发展中的关键时期。理论与现实的割裂、理想角色观念与实际角色期望之间的差距、专业自主导向与学科教学导向之间的冲突使新教师举步维艰。作为远郊区（县）培训机构，我区不断探索助力新教师成长的途径与策略，以"市、区、校三级联动""种子培训""跟岗研修基地"等模式系统化地对新教师进行引领、指导，促使其成为合格的教育者。
>
>　　【关键词】　教师专业化，新教师

　　百年大计，教育为本；教育大计，教师为本。2018 年《中共中央关于全面深化新时代教师队伍建设改革的意见》以及《教师教育振兴行动计划（2018—2022 年）》的发布，标志着教师教育的春天正向我们走来，无论是职前的师范教育还是职后的教师培训，均孕育着蓄势待发的新局面。新教师是教师中的特殊群体，他们在完成职前教育后进入教育岗位，首先是从心理到职责上要完成从学生到教师的角色转变，这需要对职业的认同与融入，需要扎实的专业知识与教育教学技能，而这种转变需要借助外力才能尽快实现。因此，对新教师的培训成为教师队伍建设最重要的内容之一。

一、问题的提出

　　为保障新教师培训顺利开展，提高教师培训质量，教师培训政策对新教师培训做出了重要规定：2011 年 1 月《教育部关于大力加强中小学教师培训工作的意见》中对新教师岗前培训有明确规定："对所有新教师进行岗前适应性培训，帮助新教师尽快适应教育教学工作，培训时间不少于 120 学时。"国家政策的提出，对新教师培训提供了依据和保障。从此，新教师培训在入职一年中完成 120 学时的培训视为合格。在《北京市"十三五"时期中小学教师培训工作的实施意见》中，强调要根据全市教师队伍的现状，针对非专业教师所占比例不断提高的状况，研究新教师、非专业教师的特点与需求，结合《教育部关于加强师范生教育实践的意见》，制定师范类、非师范类教师培训的课程结构体系，构建市、区、校三级各负其责、各尽其职的有效培养机制，帮助新教师和非专业教师尽快胜任岗位要求、形成专业认同。该意见提出了市、区、校三级培养机制。

　　在现实中，我们的新教师与新教师培训距离文件要求还存在着很大差距。①师范类院校转型所造成的培养不足，在教学课程设置方面的缺失所造成的教育不足，导致师范类院校所培养的师资，无论从数量还是质量，都不能很好地满足基础教育发展的需求。②大量的非师范专业毕业生进入教师岗位，导致教非所学现象严重，新教师的职前教育未能有效奠定适应教育教学的基础。③昌平区地处远郊，由于教育布局的调整，新建校不断增加，新教师每年以400名左右的速度增长，从"十二五"规划开始至今，有近4000名新教师进入基础教育，占专任教师1/2。新教师数量庞大，其中非师范类占2/3。教非所学现象严重，造成新教师缺乏系统的教育理论学习，对教学法不了解，缺乏教育实习经历。"十二五"时期，昌平区在完成北京市教委要求的新教师培训120学时的同时，增加了全员说课环节。但是，由于组织者仅为继续教育办公室，感觉势单力薄、力不从心：集中培训人数过多，不便于管理，培训效果不理想；不同学科的教师一起培训，针对性不强；培训师资少，指导力度有限；培训机构中教研与培训部门缺乏合作；基层学校对本校新教师培训的重视程度和管理指导力度存在巨大差别等。我区新教师培训处于瓶颈期。如何有效促进新教师专业化发展成为培训机构研究和亟待解决的问题。

二、新教师专业化成长途径的实践探索

2013年5月，教育部《关于深化中小学教师培训模式改革，全面提升培训质量的指导意见》中指出："针对当前教师培训工作中存在的突出问题，如针对性不强、内容泛化等现状，提出要'转变培训方式，提升教师参训实效'。改革传统讲授方式，强化参训教师互动参与，增强培训吸引力、感染力。"这一政策明确指出了当前在教师培训（包含各级各类的教师培训）中的问题，对教师培训的方式方法等提出了改革意见，要增强培训的针对性，提高新教师培训质量。在我国，正是行政推进助力了教师专业化成长进程。在昌平区，新教师是一支庞大的队伍，也是昌平区教师队伍建设"金字塔工程"的基石。2015年，北京市教育学院启动新教师培训"启航计划"项目，昌平区成为首批合作者，共同探索由北京教育学院、昌平区教师进修学校以及各中、小学幼儿园构成的市、区、校三级联动新教师培训机制。在此基础上，2017年昌平区又进行了"新教师种子培训"机制、2019年"新教师跟岗培训"机制的尝试，为新教师设计了三年内接受良好的职后教育的路径。

1. 高校引领，构建市、区、校联动的培训模式

华南师大王红教授在《五大困境捆住了教师培训》中指出："中、小学教师更需要的是能够有专家深入基层教学一线，进行基于工作实践问题的指导培训，而不是去参加远离岗位的理论培训。……而要想真正全面提升教师的质量，其出路只能是让基层一线教师有'身边的专家'。为此，就应该构建高校引领、以县为主的全面覆盖的教师发展体系"。北京教育学院与昌平区合作开展的新教师培训，正是探索着高校引领、区（县）合作、学校落实的新教师专业成长途径。这种培训机制体现以下几个特点

1）市、区、校三级联动

参加培训的新教师属于成人学习的范畴。从学习导向上说，成人通常更愿意选择问题解决式的学习。从时间的角度上说，成人希望立即应用培训中学到的内容，而且当新的信息在真实的生活情境中呈现时，他们将更加直观地迁移和应用。美国学者马尔科姆·诺尔斯对成人学习理论做了奠基性的研究，他认为，成人学习与学校教育的最大不同在于，成人学习是成人获取知识和专业技能的过程。它有两层含义：第一，成人普遍想要控制自己的学习过

程；第二，经过学习后，成人的知识和专业技能会提高。其中，成人对自己学习过程的计划分为需要、创造、应用和评价四个阶段。在需要阶段，创新培训模式、制定培训方案时要充分地考虑培训对象的学习需要。在创造阶段，可由学习者和外部专家（通常是设计者或培训者）共同控制，这样有助于选择高效的学习策略。在应用阶段，共同控制可以采取多种形式，如范例教学、小组学习、同伴教学和形成性评价等，开展协调学习。在评价阶段，要在学习的各个阶段实施形成性评价，以此作为学习的反馈和导向。同时，将评价融入到成人学习过程中，而不脱离学习，并以此促进培养对象深入反思，将专业知识和专业技能进行整合及付诸实践。所以，最有效的培训方法是紧密地结合成人的实际体验，通过科学的课程设计、项目安排以提高培训的实效性。

市、区、校三级联动培训模式与成人学习理论相吻合，使新教师培训更科学、更合理、更规范。市、区、校三级联动就是在制定政策、管理环节、执行环节共同负责，互相监督、沟通的机制。北京教育学院、区级培训机构、新教师所在学校所构成的市、区、校三级联动在市级层面，北京教育学院组织各学科专家团队进行项目设计、过程实施，通过"我说我的教育故事""启航杯微课大赛"进行评价，并通过督学室进行监督指导；区级层面，区（县）行政部门负责总体方向把控、政策保障、经费保障，培训机构负责协调和深度介入，组织相应学科教研员进行班级管理与课堂教学实践指导；学校作为新教师专业成长最近发展区选派区级以上骨干教师一对一深入课堂开展实践指导，并完成新教师校本培训。在培训时间上，从一年的120学时延伸到360学时；在培训资源上，包括市级项目团队教师、市级名师、区级学科教研员、区域骨干教师；在培训课程上，按需施教，根据新教师的优势与不足设计培训课程；在培训内容上，从职业认同、依法执教到课程标准、学科教学技能，围绕课堂教学与班级管理展开培训；在培训形式上，集中面授、远程研修、课堂指导、自主学习灵活多样；在终结评价上，在个人总结的基础上进行展示交流、我说我的教育故事、微格比赛。这种模式，使新教师完成了需要、应用、评价的学习过程，对教师职业有了全面的认知，在教师专业化进程中迈出了坚实的第一步。同时，高校融入新教师培训，真正做到"专家下到课堂"，在理论高端引领的同时，教学实践环节依托区（县）培训机构教研员丰富的指导经验，并充分发挥学校骨干教师作用，建构了市高校统领、区（县）培训机构协助、学校落实的三级联动的新教师培训模式。

2）双导师优势互补

根据教师发展阶段理论，新教师处于富勒所说的"生存关注"期，面临角色转变、适应新环境等问题。这一阶段的新教师，刚刚从大学校园来到新的校园，从一名学生到一名教师，新的工作环境，新的角色转变，缺乏实践性知识。而实践性知识的形成和发展，可以助力新教师解决教学管理中的问题，帮助新教师顺利度过这一时期。研究表明，师徒制是新入职教师形成和发展实践性知识的有效途径之一。在市、区、校三级联动的新教师培训模式中，最主要也是最成功的方式就是双导师制。双导师由研究学科教学理论的学院项目团队与研究教学实践的区、校骨干教师构成。以2019级新教师为例：454人配备双导师近400名，基本配比达到一对一。理论导师由教育学院学科专家承担，他们的优势在于学科知识渊博，视野开阔，政策研究深入，关注教育变革的形势；实践导师由区（县）培训机构教研员、区域骨干教师承担，他们了解区域教育的特点，熟悉工作环境，教育教学经验丰富，两者取长补短，共同作用于新教师。由于导师充足，可以做到将新教师按照学段和学科组建班级单独培训，各个学科班级均制定了总体的培训计划和方案。在培训过程中，导师根据新教师的学科特点、个性特征、学习诉求、教育背景和发展目标进一步制定具体的适合每位新教师的指导方案，深入学员课堂，听课、评课，体现了指导内容的全面性、指导形式的灵活性、教学实践的针对性，在一定程度上满足了新教师的个性化需求。

3）学校重视新教师培训

学校是新教师教学实践的基地，也是成长的摇篮。由于新教师区域分布不均匀，新建校新教师人数较多，学科分布广泛，但骨干教师数量少，指导教师供不应求，无法满足新教师校本培训的需要；办学时间久的学校新教师人数少，学科单一，虽然骨干教师数量多，供过于求。但是，学校不重视个体教师的培养，因此导致新教师培训重视程度不够。在市、区、校三级联动的新教师培训中，本着"一个也不能少"的原则，每一位新教师都得到同等的重视，得到同样的时间与空间的指导，学院专家学者与区域教研员、骨干教师深入每一位新教师的课堂。这种形式的培训，必然引起学校领导的高度重视与支持，唤醒学校对每一位新教师的关注。

4）新教师个体得到发展

教师的成长是伴随着教师职业生涯的个体社会化过程进行的，它受到许多外部因素的影响，同时也受到新教师自身内在的心理因素的制约。新教师入职期，刚刚从学校毕业走上工作岗位，角色转换的突变，往往会因为期望与现实的差距而焦虑和不安，并出现诸多的不适应：知识结构的单一，理想与现实的反差，人际关系的处理，师生关系的处理，来自同行的竞争，不可抗拒的社会压力等。市、区、校三级联动的新教师培训模式，无论是培训内容还是培训形式，全部是根据他们的学情进行设计与安排，从本体知识到实践知识都得到了导师们的悉心指导，在任职中所遇到的任何问题都有解决的途径与方法，加快了新教师角色转变的步伐。新教师在一年的学习与工作中，享受到了成长的快乐，从站上讲台，到站稳讲台。

这种高校引领、区（县）培训机构倾力融入、学校骨干传、帮、带的市、区、校三级联动机制为新教师创设了学习、实践的平台，无论在哪个场所都有引路者，让他们在入职之初享受专业者的陪伴。

2. 培训延伸，组建让培训成果落地的"种子"培训

新教师经过为期一年的市、区、校三级联动培训，按常规将进入教研部门组织的学科培训中，与成熟教师一起研究教法。经过多年的培训我们感觉到，新教师一年的入职培训很难完全适应教师角色转变，而且培训中的许多内容并没有完全内化，很难与老教师并驾齐驱。华南师范大学王红教授在《五大困境捆住了教师培训》中指出："教师培训要带来教学实践的变化需要从以下三个方面去完成。第一，要倡导理论专家多参与实践指导过程、找到理论与实践之间转化的桥梁，培训项目不能止于教学过程的完成和课程的结束，要把培训课堂与教师课堂一体化，将实践跟踪指导纳入培训环节，促进教学转化。第二，要更多创设有教育现场的培训，提供激发情景思考、激发实践智慧和顿悟灵感的场景。第三，创设好的任务驱动机制，把实践任务切分成"微任务"，降低实践难度，激发教学实践的动力和勇气"。因此，昌平区创新性地创建"新教师种子培训"的新机制，让他们在课堂上实践前期培训所学到的理论，很好地践行"让培训成果落地"的理念。把培训放到教学现场，通过任务驱动，激发新教师参与培训的热情与愿望。专家引领，骨干带领，植根课堂，让新教师能够在有所见、有所学、有所思、有所用的培训氛围中，得到专业成长。"种子"培训模式具有以下特点。

1）层层选拔，引领带动

所谓的"种子"，是指在入职第一年的市、区、校三级联动培训中涌现出的有强烈的发展愿望、对教师职业满怀激情、有很好的发展潜质的优秀青年教师，希望他们能够脱颖而出，在更高的平台历练自己，向着骨干教师迈进。首先以小学语文、小学数学为试点，经过北京教育学院专家与区级培训机构教研员推荐、学校与本人同意，组建了共40人的"种子"班。培训时间为期两年，培训资源聘请教育学院小学语文、小学数学专家各一名为导师，昌平区一线特级教师、市级学科带头人8人为指导教师。运行模式为每学科20人，每5人为一组，共分四组。培训采取了分散与集中的方式，由区级指导教师负责每周组织一次教学活动，深入学员课堂，利用3周的时间每组成员各作研究课一节，集思广益，推选出一节全班交流。指导教师把教材内容重新组合，生成新的模块，聚焦教材中的难点问题，组织本组学员以研究课的形式进行问题分析与解决，让每位成员各抒己见，畅所欲言。市级导师负责每月组织一次20人集中培训，四个小组各推出一节研究课进行展示，这节课汇集了本组成员的集体智慧。"种子"班培训模式最大的亮点是把新教师入职一年的培训成果继续延伸，在理论与实践中找到最佳契合点。"种子"培训模式，让新教师培训分出层级，为优秀的新教师搭建历练的舞台。

2）植根课堂，化解问题

"种子"培训模式的最大特点是聚焦问题，以课堂为主阵地，在导师的带领下，以"同课异构"的方式，发现问题、研究问题、解决问题，提高新教师教学能力。"同课异构"是在课程改革的新形势下提升教学质量和教师专业素质的一种行之有效的教研方式。它分别由不同教师执教统一课题，让每一位教师参与听课、评课等教研的机会，促进教师之间的互相交流，产生有益的互促共进作用。"同课异构"实现了教师间的"合力效应"，促成教师间的知识共振、信息共振、心理共振。"同课异构"中会不断地发现问题，教师的课堂教学水平、课堂教学智慧在不断的问题解决的过程中逐步地提高。教师专业成长最快的途径之一就是要寻找最近发展区的资源，与同龄人合作备课、听课、评课，同伴的一个提示、几点建议，尤其是专家与骨干指导教师团队的点评都会使自己的教学行为和习惯以至教学品质和境界尽快提高，真正起到"催熟剂"的作用。"同课异构"促使培训回归到课堂教学、回归到教师生活中，彰显教师的才情。学、思、研、教合而为一，不断构创一种"大共和"的培训文化。它由单一封闭的个人研究模式转向多维互动的群体研究模式。这种对教学活动的多角度、全方位思考，使所有参与者在观点的交锋、思维的碰撞中，取长补短，都得到了发展。为期一年的"种子"培训，以单元教学为切入点，解决了一个又一个新教师面临的问题，对教材有了整体把握，既有宏观的整本教材的认知，又有微观的问题解决。培养了研究问题、分析问题、解决问题的方法与策略，激发了新教师参加培训的兴趣。

3）共学共研，形成学习共同体

最近几年，美国在使用一种称为"学习共同体"的方法进行教育教学。学习共同体的目标是促进集体知识的增长，并通过这种途径增加学习个体的知识。界定学习共同体的质量标准是：应该创造一种学习氛围，在这种环境下，共同体的每个成员都能致力于研究共同的任务。以往的新教师培训由于培训者时间与人数的局限性，不能形成共同体下的研修。由于"种子"培训模式下的新教师培训能够做到学段化、学科化，这就使得来自不同地域、不同学校、不同学历、年龄相近的他们在教育教学实践的各种活动中,面临的问题相同或相近,在市、区指导教师的带领下,带着问题进入课堂,集体研究,共同分享,仁者见仁、智者见智,创设了碰撞的机会。在入职之初,他们会遇到很多问题,在共同体中的同伴互助,使问题解决得更真实,同时,也有所借鉴,能够实现举一反三的作用。

"种子"培训模式,为优秀的新教师搭建了又一个成长平台。使他们能够在众多新教师中脱颖而出,生涯规划目标更清晰,路径更明确,在不断的探索与付出中,充满自信与从容,必将向优秀教师迈出最坚实的一步。

3. 自主发展,创设按需施训的跟岗培训研修基地

《教育部关于深化中小学教师培训模式改革,全面提升培训质量的指导意见》指出:"各地要针对教师学习特点,强化基于教学现场、走进真实课堂的培训环节。通过现场诊断和案例教学解决实际问题,采取跟岗培训和情境体验改进教学行为,利用行动研究和反思提升教育经验,确保培训实效。"跟岗培训体现了教育部文件的精神,突出了教学现场、真实课堂、行动研究、反思实践、互动参与等特点(图1)。新教师是一个充满活力与激情的群体,也是一个需要引领的群体。继"种子"培训模式后,昌平区又尝试以"研修基地"的模式把入职三年以内的优秀青年教师送到学科最优质的学校进行跟岗培训。这种形式与市教委的"骨干教师研修站"不同,它不是一对一的师带徒形式,而是一所学校的一个学科团队带领10位新教师。根据前期充分调研,拟定首批试点校为6所,涉及6个学科(或领域):拥有3名数学特级教师的昌平一中初、高中数学基地,拥有拿奖到手软的国际机器人评委的昌平十五中南口学校中、小学信息技术基地,拥有北京市"紫禁杯"班主任团队的昌平区南口镇小学班主任基地,拥有特级教师带领下的昌盛园小学语文基地,拥有全国知名特级教师柏继明的昌平区城关小学数学基地,拥有一批骨干教师的工业幼儿园基地。首批进入基地研修的新教师共62人。被认定培训资质的6个试点基地校及学科具备以下条件:一是学科形成了科学有效的教学方法和模式,教育教学、教研教改特色鲜明;二是学科具有3名左右能够发挥示范和指导作用的特级教师、学科带头人或骨干教师,同时能够吸纳区域内的骨干教师资源,承担实践培训的指导任务;三是成员之间团结协作,资源共享,团队凝聚力强,能为参训教师专业发展提供有效的专业支持和服务;四是学科教学质量较高,在全区有影响力,学生的潜质和兴趣能得到充分的培育和发展。

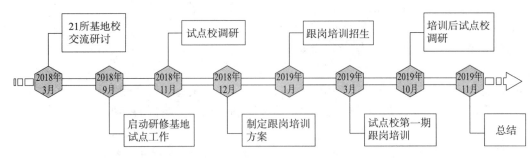

图1 跟岗培训项目过程图

跟岗培训模式的特点如下:

(1)自主选择,满足个性需求。跟岗培训基地办学特色鲜明,学校历史悠久,资源丰富。拥有众多骨干教师,每位骨干教师都有自己的研究领域,有自己的教学专长。当新教师

进入基地后，学校对他们完全开放，无论是课堂教学还是教研组活动，新教师可以自主选择，因此培训更具灵活性、针对性、实效性。

（2）强化调研，精准对接指导。跟岗培训的指导团队根据新教师成长发展需要，结合每位教师的实际情况，制定跟岗培训规划。这个环节落实是通过学校骨干团队对进入基地学习的新教师的第一轮公开课与基本情况调研进行诊断后，针对个体的优势与不足，完成规划，确定菜单式培训的运行轨道；学习者按照指导团队制定的规划进行学习，一一化解自己教学中存在的问题或教学中遇到的困难。这种多对一、多对多、一对多的形式，促使新教师如饥似渴地学习、实践、反思、提升，实现了"变要我学为我要学"。

（3）方式灵活，开放多元施训。

①案例课程教学：基地校名师、学科带头人和骨干教师尽可能结合教学进度，针对培训的主题和新课程教学的共性问题，在真实的教学环境下组织现场教学，对学员进行示范引领。

②交流研讨：案例课程教学、学员操作实践后，组织参训学员交流研讨，总结反思，共同提高。

③学员实践操作：指导参训学员在真实的教学环境下编写教案、现场说课、组织教学、评课议课、完善教案、反思提升等，检验学员将所学的知识和方法应用到教学的程度，发现学员在课堂教学中存在的问题。

④名师点评：基地校内外的名师、学科带头人、骨干教师或教研员，对学员的教学进行点评，提出新课程教学中共性问题的解决途径和方法，对学员个性化教学进行针对性的指导。

⑤学习共同体：利用学科教研组，发挥团队力量，与进入基地学习的青年教师共同学习、共同研究、共同成长。

例如，昌平一中中学数学跟岗培训，以"促进青年教师'数学思想、数学思维'发展"为主题，构建促进学员"数学思想、数学思维"发展的"生本·素养"课堂教学，以提升学员的六大数学核心素养中的数学抽象、逻辑推理、数学运算、直观想象的四大素养为主，兼顾促进学员以关注学生"生命、生长、生活"为出发点和落脚点的生本素养课程（简称"三生"课程）的建设，满足学员对跟岗培训的要求。

跟岗培训的过程是一种对话的过程、一种互动的过程，它关注了教师的发展需求和兴趣，激发了教师参加学习的自觉性、主动性和积极性，引导教师渴望学习，自愿地投入到培训中，体会到培训是自我发展的现实需要。

三、结语

"十三五"时期，昌平区在新教师培训上进行了深入的理性思考与实践探索，市、区、校三级联动、"种子"培训与跟岗培训，使新教师培训在全员培训的基础上，以层级的形式构建了一个促进新教师专业化成长的培训体系，得到了区政府、区教委领导的高度评价，也得到了用人单位（基层学校）的认可，切实解决了新教师入职之初的困惑、困难和问题，实现着优秀青年教师不断脱颖而出的梯队建设。叶澜在《教师角色与教师发展新探》中强调："没有教师的生命质量的提升，就很难有高的教育质量，没有教师的主动发展，就很难有学生的主动发展;没有教师的教育创造,就很难有学生的创造精神。""互联网+"为教师培训的变革提供了无限可能,指引着系统化、个性化、精准化的教师培训新风向。风已来,迎风而上方能加速教师培训专业化的进程,为教师专业发展营造全新的智慧生态。在今后的新教师培训中,我们将在"互联网+"的理念下,做出更有利于教师专业成长的途径与策略的探索,让新教师好风凭借力,扬帆正当时。

参 考 文 献

[1] 教育部. 关于深化中小学教师培训模式改革,全面提升培训质量的指导意见. 2013.
[2] 中共中央办公厅. 中共中央关于全面深化新时代教师队伍建设改革的意见. 2018.
[3] 北京市教委. 北京市"十三五"时期中小学教师培训工作的实施意见. 2016.
[4] 汤丰林. 教师培训:理性与实践的核心关注 [M]. 北京:北京师范大学出版社,2018.
[5] 王红. 五大困境捆住了教师培训 [N]. 光明日报,2018-04-12.
[6] 叶澜,等. 教师角色与教师发展新探 [M]. 北京:教育科学出版社,2003.

专家点评

(1) 本文的实证研究特点非常明显,这符合基础教育一线教师的实际情况。

(2) 本文针对昌平区的具体情况,根据培训工作的开展归纳出行之有效的培训模式。其中,三级联动、种子培训、创设研修基地三个环节在时间上前后紧密衔接,培训层次上逐步提高,培训内容渐次深化,形成了一个完整体系。

(3) 本文对培训模式的特点概括准确,突出了昌平区的培训特色。同时,文中特别介绍了该模式的具体运作,将培训模式落到实处,其可行性一望而知。

(4) 本文的思路清晰,逻辑结构合理,而且材料翔实丰富。

(5) 希望本项研究今后能够抓住自己的特点和创新之处继续深入推进下去。

北京教育学院　徐中伟

导师课例研究发展新任体育教师反思能力

昌平区教师进修学校　税　燕　孙长力　班建龙

> 【摘　要】　教学反思是新任体育教师专业发展的重要一环，是新任体育教师专业发展和自我成长的核心因素。为更好地提高新任体育教师的教学反思能力，通过问卷调查了昌平区新任体育教师的教学反思现状，针对问题设计了导师课例研究的培训方案。通过群体性合作、反思性实践和持续性改进，提高新任体育教师教学反思能力，促进其专业成长。
>
> 【关键词】　新任体育教师，教学反思，导师，课例研究

一、问题的提出

近年来，昌平区新任体育教师每年增加 30 人左右，在这些教师中体育教育专业的占 52.6%，运动训练、社会体育和民族传统体育专业占 36.9%，非体育专业占 10.5%。如何帮助这些新任体育教师认识课堂、认识学生、认识教学，尽快实现由学生到教师角色的转变、由学习到教学的任务转变，尽快适应中、小学体育教学工作，成为当务之急。

美国心理学家波斯纳曾提出教师的成长公式是"经验+反思=成长"。我国著名心理学家林崇德也提出"优秀教师=教学过程+反思"的成长公式。无论是美国心理学家波斯纳还是我国著名心理学家林崇德，都坚持反思是教师成长的重要基石，是教师不断进步与发展的有效手段。

昌平区在新任体育教师培训中，坚持"先培训，后上岗；不培训，不上岗"的原则，开展职前通识培训和职后跟踪培训。职前通识培训以学生管理、教学设计、课堂管理、教育教学法规为主要培训内容，针对非师范专业教师增加了教育学心理内容。职后培训以教学基本功和校本实践为主，教学基本功培训由区教研负责，而校本实践培训由基层学校为新任体育教师指定导师的负责。但是，培训中存在缺少教学反思专项内容、培训形式多是指令性指导、没有建立引发教师反思的机制等问题。

我们以昌平区新任体育教师为对象，通过问卷的方式，了解新任体育教师反思能力的影响因素，对新任体育教师教学反思能力的特点进行分析，探讨用导师课例研究培养新任体育教师反思能力的方法。

二、昌平区新任体育教师教学反思的现状

为了更好地了解昌平区新教师教学反思情况,根据昌平区实际情况,结合施小菊的《中学体育教师教学反思能力量表的编制与测查》和吴鹏圆的《中学体育教师教学反思能力培养研究》中的体育教师教学反思调查问卷,设计了《昌平区体育教师反思能力调查问卷》,对昌平区 38 名新任体育教师和 45 名有经验的体育教师进行了问卷调查。

1. 新任体育教师对教学反思理论知识欠缺

通过问卷调查发现(图1),昌平区体育教师对于教学反思概念的认知情况是:非常清楚和知道的新任体育教师有 79.5%,成熟型教师有 94.95%,还有 2.6% 的新任体育教师不太了解。在影响反思能力发展的主要因素调查中,有 23.7% 的新任体育教师选择了缺少教学反思方法的指导,不知道该如何反思。这说明昌平区新任体育教师对教学反思概念的了解同有经验的体育教师相比还存在着差距,部分新任体育教师对于教学反思的概念虽然有一些了解,但是,概念缺少深入认识,在理论这个层面还有很大的欠缺。因此,在培训方案设计时,需要设计教学反思知识的内容。

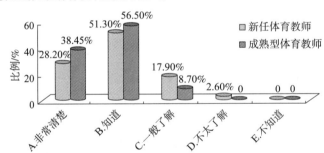

图 1　体育教师了解教学反思概念程度的问卷结果

2. 新任体育教师反思的自主性不足

体育教师自主反思问卷结果如图 2 和图 3 所示。

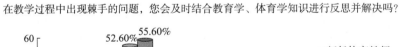
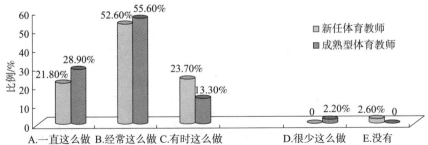

图 2　体育教师自主反思问卷结果(一)

您在体育教学后,是否会主动的把教学中的优点和不足及时地进行思考并为以后教学进行优化?

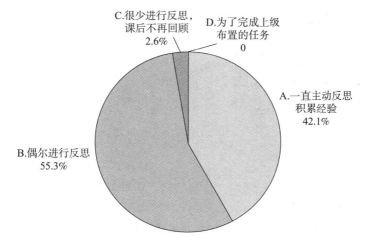

图3 体育教师自主反思问卷结果(二)

在教学中运用教学反思解决问题的新任体育教师占73.7%,成熟型体育教师占84.5%,一直主动反思教学中优点和不足并为以后教学提供改进依据的新教师只有42.1%,这说明新任体育教师在反思的自主性上还不够,需要在培训中提高和加强。

3. 新任体育教师反思效果

体育教师反思效果问卷结果如图4所示。

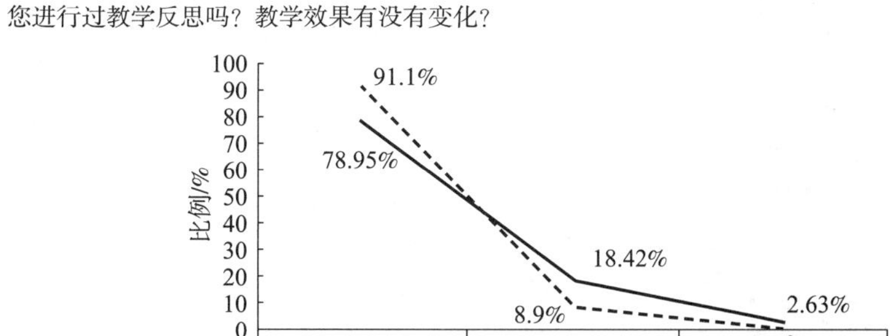

您进行过教学反思吗?教学效果有没有变化?

	A.尝试反思,教学效果有所提高	B.尝试反思,但没有变化	C.没有尝试过反思
新任体育教师	78.95%	18.42%	2.63%
成熟型体育教师	91.1%	8.9%	0

图4 体育教师反思效果问卷结果

在对教学反思效果的调查中发现,尝试反思教学效果有所提高的新任体育教师占78.9%,成熟型体育教师占91.1%;尝试反思但没有变化的新任体育教师占18.4%,成熟型体育教师占8.9%;没有尝试过反思的新教师占2.6%,说明绝大部分教师都做过教学反思,但在教学反思的有效性方面,新任体育教师比成熟型体育教师差了许多,新任体育教师的反思水平有待提高。

4. 新任体育教师反思途径还需拓宽

体育教师反思途径问卷结果如图 5 所示。

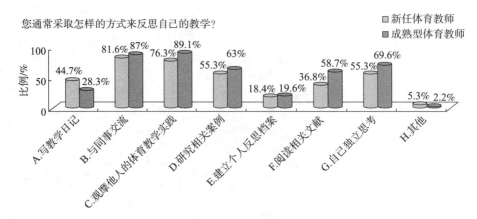

图 5　体育教师反思途径问卷结果

由图 5 可以看出，被调查的新任体育教师经常采用的反思途径是与同事进行交流以及观摩他人的体育教学实践，其次是研究相关案例和自己独立思考，然后是撰写教学反思日记，有 7 名新任体育教师为自己建立反思档案，选择其他的只有 2 人。由此可以看出，新任体育教师在教学反思途径上还有很大的拓展空间。例如，选择其他中的进行过微格录课，与家长进行有效的沟通、课后及时记录反思，前后对比反思，与专家学者进行授课并进行反思交流、沙龙、课题研究等。

体育教师二次反思问卷结果如图 6 所示。

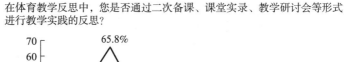

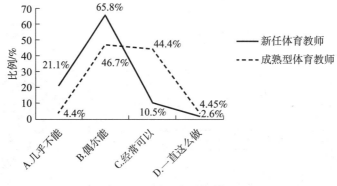

图 6　体育教师二次反思问卷结果

从图 6 可以看出，一直和经常进行二次备课的新教师只有 13.1%，而有经验的教师有 48.8%，由此可以得出新任体育教师在进行教学实践中的二次备课明显不足，而二次备课是提升教师专业发展和教学实践反思效果的有效途径。因此，在培训设计时应加强新任体育教师二次备课的培训和实践。

5. 新任体育教师的反思持续性还有待加强

体育教师反思持续性的问卷结果如图 7 所示。

通过问卷发现有 15.8% 的新任体育教师坚持写教学随笔，18.42% 的教师在每次教学活动后进行总结，18.42% 的教师每个月进行一次教学工作总结。由此可见，新任体育教师有反思的意识，但反思习惯还没有养成。需要通过培训调动新任体育教师的反思积极性，促其养成反思习惯。

6. 新任体育教师反思的韧性不足

体育教师反思韧性问卷结果如图 8 所示。

从图 8 可以看出，有 52.6% 的新任体育教师经常请有经验的教师进行听课，这些新任体育教师有面对自身问题的勇气，有战胜困难承受痛苦的"韧劲"，始终正视自身教学中存在的不合理性，并敢于向他人呈现这种不合理性。同时，也还有 47.4% 的新教师做不到面对自己的问题，不敢将自身的问题和困难暴露出来。因此在培训设计中应当注意反思环境的创设，帮助新教师实现可持续发展。

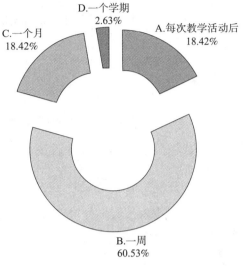

图 7　体育教师反思持续性的问卷结果

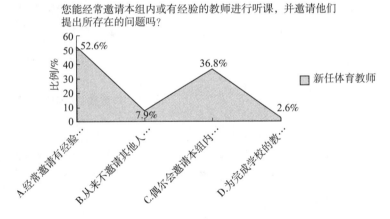

图 8　体育教师反思韧性问卷结果

7. 新任体育教师主动坚持提高反思能力不强

体育教师主动反思问卷结果如图 9 所示。

从图 9 可以看出，新任体育教师只有 7.9% 的人经常撰写科研论文，而从不撰写的有 15.8%，与有经验的教师相比有明显的差距。撰写论文可以对日常教育教学中的问题进行梳理和研究、归纳、整理，帮助体育教师进行提升，是对日常教学的延续和总结，是"二次研究"的过程。由此可见，在培训中要注重培养体育教师撰写学科论文的意识和能力。

8. 新任体育教师提炼问题能力不强

体育教师提炼问题问卷结果如图 10 所示。

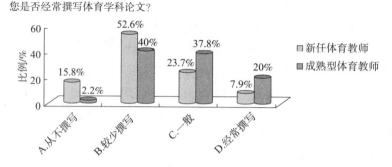

图9 体育教师主动反思问卷结果

反思起源于问题，教师首先要能发现问题，才能描述和梳理问题，再结合自己的经验、知识、理论分析，以解决问题。从图10可以看出，有1/3的教师做不到将教学中的问题提炼为一个有研究价值的问题，这说明新任体育教师发现的往往是现象，而没有升华成真正的问题。因此，在培训中设计对新任体育教师收集分析信息能力的培训内容十分有必要。

由以上调查及分析可以看出，昌平区新任体育教师绝大多数都有反思的经历，对教学反思理论有一定的了解，但是不深入不系统；新

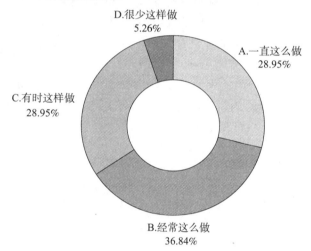

图10 体育教师提炼问题问卷结果

任体育教师选择的教学反思途径多是与同事交流、观摩他人的体育教学实践、案例研究和独立思考，对于"二次备课"、撰写论文这样的"二次研究"参加很少，影响了新任体育教师的反思深度和质量；新任体育教师都做过教学反思，1/2的新任体育教师不能持续、有"韧劲"地完成教学反思，教学反思毅力不够。

三、导师课例研究促进新任体育教师反思能力的实践

课例研究是教师以课为载体，对教学实践中的问题展开的合作性研究，是教师在实践教学中最为常用的一种反思方式和手段。导师课例研究是指新任体育教师在市、区级骨干教师的指导下，以课为载体，对教学实践中的问题展开的合作性研究。

根据问卷调查的结果，昌平区在体育新教师培训中，尝试借助导师课例研究的方式在入职之初培养他们的反思意识，养成发现问题、分析问题、解决问题、自我成长的习惯，弥补体育教师科研能力的不足。在工作中依据系统性、实践性、针对性、阶段性原则，结合对昌平区新任体育教师教学反思能力特点和问题设计导师课例研究下的促进新教师反思能力提升

的培训方案。

1. 培训方式的选择

体育学科是一门实践能力很强的学科，室外教学不可控因素较多，对体育教师有着较高的要求。特别是经验以及隐性知识的掌握，对新任体育教师胜任此项工作显得尤为重要，对培训的要求也更高。

昌平区现在的导师制培训是通过观摩听课、课下指导等方式帮助新任体育教师解决教学中面临的问题，有利于经验以及隐性知识在成熟型教师和新教师间的传递，有助于新任体育教师的身份转变和定位。然而，导师由新任体育教师所在校指定，这就存在各校导师的水平不同、缺少对导师指导内容和标准的统一要求、缺少对教学反思的专门指导、观课过程多以看授课部分为主关注教学细节、导师的指导多是指令性的指导等问题。

课例研究是教师以课为载体，对教学实践中的问题展开的合作性研究，其本质上是一种反思性实践。课例研究关注实际教学情境中如何应对学生的思考过程，提供教师在准备设计、授课和反思各阶段充分交流的机会，形成合作交流的氛围。

课例研究的培训方式符合新任体育教师喜欢与同事交流、观摩他人的体育教学实践、案例研究的教学反思特点，能够创造合作交流的研究氛围；而导师制又可以有效促进新任体育教师隐性知识的掌握，帮助新任体育教师尽快胜任工作，在课例研究中给新任体育教师必要的引领，让其少走弯路（图11）。所以，在新任体育教师的培训中选择了导师制+课例研究的方法，即导师制课例研究的方式。

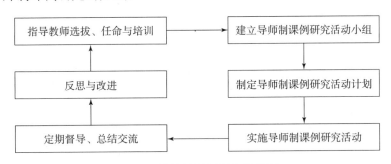

图11 导师制课例研究机制图

在具体培训实践的导师课例研究制中，包含了指导教师的选拔、任命与培训，建立导师制课例研究小组，制定导师制课例研究活动计划，实施导师制课例研究活动，定期督导、总结交流各组导师制课例研究活动情况等环节。

我们将38名新教师分成7个组，在区内选拔7名市区级骨干教师做新任体育教师的导师，每位导师带5~6名新任体育教师。通过区级的导师选拔、培训、指导、检查、交流，克服基层学校导师水平不一的问题。建立学习研究共同体，为新教师创造合作学习、共同研究的学习环境。通过课例研究活动中的"群体性的合作""过程性的反思"以及"持续性的改进"培养新任体育教师的反思能力。

2. 导师课例研究培训的内容

（1）阅读理论文献。新任体育教师每周要保证两个小时的理论文献阅读时间，以教学反思概念、内容、途径、方法等反思理论知识，以及教育学理论知识和体育学科知识为主。通过学习帮助新任体育教师补齐理论的缺失，通过阅读获得大量信息，为自己熟悉的事件提供新的阐释，为自己所面临的困难和问题的解决提供可能，同时养成自觉阅读的习惯。

（2）收集分析信息。新任体育教师在每次培训前要将自己阅读的内容用思维导图的形式进行总结，在每次培训时每人用 5 分钟的时间进行交流。培养新任体育教师收集分析信息的能力，为更好地发现问题做好技能的准备。

（3）教学实践。一学期内新任体育教师和导师要进行至少两次两轮的课例研究，每位新任体育教师都要上课。

（4）撰写教学反思日志。每次培训结束后，新任体育教师要撰写教学反思。反思内容包括记录在教学中发生的记忆深刻的事件，分析处理该教学事件中方法与措施的优点与不足，在日后的实践中如何避免等。写作是一种提高教学反思能力的重要方法，通过撰写教学反思日志让新任体育教师从"发现事件"→"描述事件"→"分析事件"，向反思过程的"发现问题"→"描述问题"→"分析问题"过渡，通过对日常教育教学中的事件进行梳理和研究、归纳、整理，帮助体育教师进行提升，培训新任体育教师的反思能力。

（5）设计评价。让新任体育教师设计课堂教学观察评价表、新任体育教师参加培训活动自评表和互评表。通过设计评价量表提高新任体育教师反思的主观能动性，进而提高教学反思能力。

3. 导师制课例研究的活动流程

导师制课例研究活动流程图如图 12 所示。

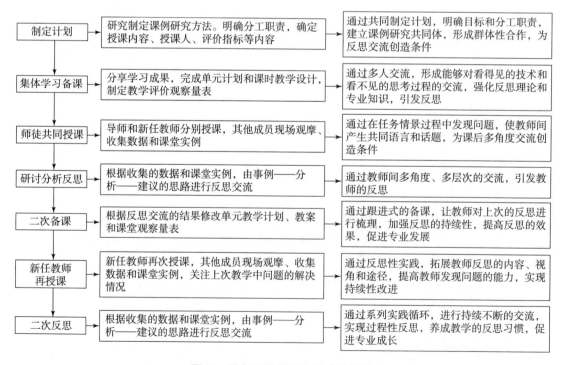

图12　导师制课例研究活动流程图

（1）制定计划。导师在区级培训研讨基础上，带领小组成员，依据区级培训要求的每学期完成三次课例研究，制定本小组的课例研究方案。选择两个课例研究的主题（从田径、球类、体操三大类中选两个），确定理论知识学习内容，安排二次课例研究集体备课、授课、反思、二次备课及再授课时间，确定各内容执教教师及上课顺序（每个课例三个新教师上课，第一名和导师同课异构，由另外两名教师在二次备课后再授课，两次课例研究组内的新教师要全部授课一次）。通过共同制订计划，明确目标和分工职责，建立课例研究共同体，形成群体性合作，为反思交流创造条件。

（2）集体学习备课。新任体育教师根据课例研究内容，将自主学习的反思理论、教育学理论和体育学科理论，通过思维导图的形式进行交流，通过学习和导师一起共同研究制定单元教学计划和教案，以及课堂教学观察量表。在集体学习备课中，通过新任体育教师间交流学习成果，共同研制教学计划和课堂观察量表，使新任体育教师可以相互学习相互借鉴，完善思维模式，培养团队意识，有利于进行可持续教学，帮助教师提高教学反思能力。通过多人交流，形成能够对看得见的技术和看不见的思考过程的交流，强化反思理论和专业知识，引发反思。

（3）师徒同课异构授课。采用新任体育教师在本校用自己学生上课，导师用新任体育教师的学生异地上课的方式进行同课异构。其他成员用提前编制的课堂观察量表进行课堂观察。通过在任务情境过程中发现问题，使教师间产生共同语言和话题，为课后多角度交流创造条件。

（4）研讨分析反思。根据收集到的数据和课堂实例（脉搏、练习时间、练习次数、照片等），在导师带领下，每位成员围绕一定的主题进行讨论、发言。发言要求描述事件，根据自己的经验分析产生的原因，提出改进的办法。通过描述事实、分析原因、提出改进办法的做法，变听评课为研课，创建良好的教学反思环境。通过分析原因和提出改进办法，引导新任体育教师深度思考。通过教师间多角度、多层次的交流，引发教师的反思。

（5）二次备课。根据第一次同课异构反映出的问题，学习交流，修改单元教学计划和教案。通过二次备课对教学问题的分析与整理，帮助新任体育教师总结课堂教学的优缺点，提高教学质量。通过跟进式的备课，让教师对上次的反思进行梳理，加强反思的持续性，提高反思的效果，促进专业发展。

（6）新任体育教师再授课。由另外两名新任体育教师执教再次实施教学，其他成员进行观察。通过反思性实践，拓展教师反思的内容、视角和途径，提高教师发现问题的能力，实现持续性改进。

（7）二次反思。根据收集到的数据再次进行集体反思，并总结前后课例研究的实施情况。通过系列实践循环，进行持续不断的交流，实现过程性反思，养成教学反思的习惯，促进专业成长。

四、培训结果与建议

导师制课例研究式培训较以往培训方式有三个改变：①通过新任体育教师和导师共同制定计划、选题、备课、准备评价量表、听课、评课和提出教学建议，让新任体育教师参与到整个过程中，改变了过去只看授课部分，没有全过程参与的方式，实现了新任体育教师备课、授课、课后研讨全过程反思。②通过二次备课、二次上课、二次反思的系列循环实践，进行持续不断的小组研讨交流，实现持续性改进。③由区统一对导师进行选拔、培训，指导组建导师新任体育教师研修小组，提高了导师指导水平，变导师指令性指导为小组互动交流、体验、引领式指导。

由于培训方式的转变，通过连续两轮的导师课例研究，通过收集新任体育教师的反思日志发现以下问题。

（1）新任体育教师反思的毅力有了明显的提升。在三个月两轮课例研究的12次活动后，新任体育教师全部撰写了教学反思，反思的持续性加强了。新任体育教师反思的视角有了变化，从开始的我学到了别人的方法，到通过看别人的课发现自己教学中的问题，敢于批判自己，反思的"韧劲"有了提升。

（2）新任体育教师反思的水平有了显著提高。新任体育教师开始写的反思是简单描述性的，例如"观摩王春梅老师的课，在学生队形调动上，给我很大启发，有效的同时也节约了时间。"后期新任体育教师学会了应用教育规律对教学事件进行解释变化，例如"观摩高合武老师的课，在基本部分20分钟使用了五种练习方法，平均每4分钟左右更换一次，符合小学生注意力时间短的要求，使学生在课堂上保持了非常高的学习兴趣。"

（3）新任体育教师的反思内容逐渐多样。新任体育教师的教学反思由关注点为达到预先设定的目的而采用的方法的效率和效果，只注意到了教学知识和基本课堂原则的应用，向对学生和教师的行为进行分析，以确定既定的目的是否合理的方向转变。

综上所述，通过两个专题两轮的导师课例研究，新任体育教师的教学反思能力在导师的导引下有明显的进步。但导师制课例研究过程中存在着反思水平偏低、反思内容偏重教师自身行为等实际情况，在关注学生的学习能力的培养，学生学习兴趣以及学习方法的培养，学生健全的心理、人格发展方面不够；研究过程方面存在着对培养后的结果反馈仅从新任体育教师的反思日志和日常表现得出，还缺少量化的检测标准；由于培训时间的关系没有能做到让每个新教师都有二次上课例研究课的机会。今后还需进一步的研究。

参 考 文 献

[1] 熊川武．反思性教学［M］．上海：华东师范大学出版社，1999．
[2] 刘加霞．申继亮．国外教学反思内涵研究述评［J］．比较教育研究，2003，24（10）：30－34．
[3] 施小菊．中学体育教师教学反思能力量表的编制与测查［D］．福州：福建师范大学，2006．
[4] 吴鹏圆．中学体育教师教学反思能力培养研究［D］．石家庄：河北师范大学，2017．
[5] 国纪发．中学体育教师教学反思研究［D］．济南：山东师范大学，2018．
[6] 林楠，毛振明．基于课例研究的新任体育教师反思能力发展的研究［J］．北京体育大学学报，2017，40（6）：88－93．
[7] 陈雁飞．体育教师如何进行教学反思［J］．北京体育大学学报，2005（9）：1246－1248．

专家点评

  教学反思能力的培养必须以教师的需求为出发点。作者以问卷数据为依据，对本区新任体育教师与成熟教师的教学反思能力现状进行了比较分析，明确提出了新任体育教师在教学反思中存在的主要问题。针对新任体育教师在反思中出现的"深度不够""韧性缺乏"等问题，研究者在实践中将"课例研究"这个最为常见的培养教师教学反思能力的方法与导师制很好地相结合，形成了非常有特色的"导师制课例研究"的教学反思能力培养模式。"师徒同课异构授课""二次备课""二次研究"这些环节的设计与实施对提升教师的反思能力具有显著的效果。

首都师范大学 刘 菁

密云区新教师"三年递进式研修"的实践研究

北京市密云区教师研修学院　李金凤

【摘　要】 随着时代的发展，国家对优秀教育人才的需求越来越迫切，新教师是优秀教育人才的后备力量，是推动教育未来发展的主力军。因此，加强新教师职后培养尤为关键。本文介绍了新教师"三年递进式研修"的背景与意义，通过对密云区新教师入职1~3年培训的研究，初步总结了新教师培训课程体系设计、课程开发与课程实施的相关做法与经验，以及对未来新教师培训的思考与建议，对密云区新教师培训工作具有一定的借鉴意义。

【关键词】 新教师，递进式研修，成长规律

美国学者斯蒂芬和沃尔夫曾提出"教师成长周期理论"，将教师职业生涯分为实习教师、新教师、专业化教师、专家型教师、杰出教师五个阶段，其中新教师阶段是教师发展的关键期，这一阶段教师的发展程度与能力水平对其今后的工作效能与职业价值取向具有重要的影响，新教师是教育发展的源头活水。目前，随着新教师队伍的不断壮大，抓住新教师成长的关键期，加强对新教师培养已经成为区级培训机构和基层学校所关注的一项重要工作。

一、研究背景

1. 新时代教师队伍建设改革与发展的国家要求

2013年，教育部颁发了《关于深化中小学教师培训模式改革全面提升培训质量的指导意见》，其中特别强调了基于需求实施培训；开展诊断分析；构建中小学协同培训机制等工作要求。2018年，中共中央、国务院颁发了《关于全面深化新时代教师队伍建设改革意见》，提出培训要遵循教育规律和教师成长发展规律，同时指出：根据基础教育改革发展需要，以实践为导向优化教师教育课程体系，强化"钢笔字、毛笔字、粉笔字和普通话"等教学基本功和教学技能训练。2018年，教育部等五部门联合印发《教师教育振兴行动计划（2018—2022年）》文件，该文件针对教师培训内容、培训形式及培训组织提出了具体的指导性意见和建议。2020年，教育部制定的《"国培计划"有关项目实施指南》中，对新教师培训目标任务、培训课程、培训流程、考核评价等方面提出了具体的指导意见。关于新教师系列文件的相继出台，充分表明当前新教师培训的重要性，同时也说明，现阶段随着时代的发展，教育教学改革对教师能力的迫切需求，新教师培训要与时俱进，尊重规律，逐步走

向科学化、系统化、精准化。

2. 密云区教师队伍建设特征对新教师培训的目标

2012年以来，密云区每年入职新教师人数保持在150人以上，8年来，入职新教师总人数达1400人，几乎占专任教师人数的1/3。因此，加大新教师培养力度，帮助新教师扣好职业生涯"第一粒扣子"，助推新教师专业成长，使其尽快发展成为区域教育教学中的骨干，为区域教育创新发展做出贡献，成为密云区新教师培训工作的重要目标。不同于其他发展阶段教师，新教师培养是一项系统工程。密云区地处北京市远郊区，由于地理位置偏远，师资来源相对城区也比较薄弱，大部分新教师主要来自普通大学的师范专业，每年这些教师分配到城区、乡村等不同类型和办学规模的中小学和幼儿园。因此，密云区新教师研修需要从区教委教师队伍建设目标出发，从长计议，结合区情与教师实际，制定新教师区域性培养策略。

3. 新教师成长呈现的共性特点与发展规律

新教师基本都站在同一条起跑线上，对教育的认识与理解还不是很充分，缺少教育教学实战经验，对基本的教育教学常规也缺乏深入了解，这些普遍性的问题与不足既要通过教师自身教育教学在实战中解决，也需要借助外力给予指导与帮助，使教师能够获得持续性的成长。同时，教师发展具有一定的规律性和阶段性，对新教师本人而言，也迫切需要结合所处发展阶段和个人实际，针对所设定的职业发展目标做出系统的规划与设计并付诸实施。从这两个方面来讲，系统构建新教师的研修方式，不仅是组织需求，同时也是教师个人发展的诉求。

二、研究设计

本研究主要从采取行动研究法、案例研究法、文献研究法等，边实践边研究，重点针对密云区近8年来新教师研修案例进行深入研究与总结。通过研究，构建科学、系统的新教师递进式研修体系；优化新教师研修的策略与方法，改进研修工作，提升研修质量；总结新教师研修的规律与经验，为其他相同地区同行提供经验。

三、密云区新教师"三年递进式研修"课程的构建

1. 整体构建递进式发展目标

结合密云区教师教育发展战略，确立了"创造环境，主动发展"的新教师研修理念，通过集中研修、跟踪视导、导师带教、任务驱动、交流展示等多种途径为新教师营造良好的成长氛围，增强新教师发展的内在动力，强化教师自我发展和主动发展。在这个研修理念的指导下，立足长远，明确了新教师一年入门、三年成型、五年成才的阶梯式发展目标。将入职三年教师的研修作为重点进行系统规划，分年度设立研修主题，开展系列研修。其中，将入职第一年研修主题定位为"入职的我"，强化基本功研修。入职第二年为"反思的我"，重在培养教师反思能力。入职第三年为"成长的我"，侧重培养教师表达与写作能力。分年度清晰的目标定位，对项目实施、校本研修、新教师个人规划具有重要的指导意义。各阶段

主题结合教师发展阶段的特点与需求各有侧重，研修目标由低到高，层层推进，使教师培养更具针对性与实效性，避免了研修内容的交叉与重叠。

2. 新教师"三年递进式研修"课程的构建

为了实现入职新教师的培养目标，项目组设计了包括师德师魂塑造、教学基本功修炼、教育基本功修炼、岗位基本技能训练、教师创新力修炼五大主线课程。具体内容如图1所示。

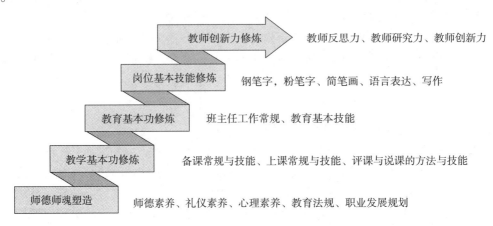

图1 "三年递进式研修"课程体系框架图

结合五大主线的研修课程，项目组设计了13门二级课程和多门具体课程，构建了一套完整的研修课程体系，所有课程分布在不同的年限实施，课程内容从基础知识、基本技能到教师创新，呈现螺旋式上升的特点。

针对入职第一年的教师，设置课程内容相对来说较为丰富，主要包括除教师创新力修炼以外的四大主线课程，共11门二级课程，其内容侧重师德、教育教学基本技能和岗位基本技能等，通过系列课程学习，调动教师对教育教学工作的感性认识，指导教师树立正确的职业观、教育观、教师观，提高岗位基本技能，实现强基固本的培训目标（表1）。

表1 密云区新教师研修课程体系（入职第一年）

一级课程	二级课程	具体课程
师德师魂塑造	教师职业生涯规划设计	• 教师专业发展培训； • 职业生涯规划设计指导培训； • 职业生涯规划制定
	新时期教师师德	• 撰写教育誓言、集体宣誓； • 教师职业道德培训； • 自主阅读《新时期师德修炼》
	依法执教	• 依法执教培训； • 自主学习《义务教育法》《教师法》《未成年人保护法》《预防未成年人犯罪法》等教育法规； • "教育法规"知识测试

续表

一级课程	二级课程	具体课程
师德师魂塑造	教师礼仪素养	• 教师行为礼仪培训； • 自主阅读《教师礼仪素养》； • "教师行为礼仪"知识测试
	教师心理素养	• 教育心理学知识应用讲座； • 自主阅读《教师必备的心理素质》
教学基本功修炼	备课常规与技能	• 岗前备课常规知识培训； • 岗前备课把关指导； • 自主阅读《备好课的教学艺术》《教学设计技巧与艺术》； • 教学专业基本知识培训与测试
	上课常规与技能	• 岗前上课常规知识培训； • 岗前上课把关指导（试讲）； • 自主阅读《上好课的教学艺术》； • 课堂教学实践与跟踪指导（导师代教）
	评课与说课方法与技能	• 评评课的基本方法； • 说课的基本技能； • 课堂教学展示评比
教育基本功修炼	班级管理的技能技巧	• 班级管理知识培训讲座； • 自学《班主任工作手册》《班级管理的技能与技巧》； • 班级管理实践（导师代教）
岗位基本技能修炼	钢笔字、粉笔字、简笔画技能	• 硬笔书法和简笔画训练入门培训； • 钢笔字、粉笔字、简笔画训练； • 钢笔字、粉笔字、简笔画测试
	教师语言基本功训练	• 教师语言技巧培训； • 自主学习《教师语言训练手册》《教师口语表达艺术》

可以说，入职第一年教师的培训课程以外部输入内容为主，到了第二年，教师们经历了一年的培训与工作实践，具备了一定教育教学的感性认识，个人的优势与不足也凸显出来。将感性经验逐渐转化为理性思考，帮助教师获得可持续发展是第二年教师发展的一个关键节点。因此，项目组为入职第二年教师设计了"教育反思"研修专题，通过自主学习、集中培训与沙龙研讨等形式，引导教师从教育教学、个人成长等不同视角发表自己的观点与看法，使教师在反思中不断完善教育教学能力，固化经验、改进不足，促进其在较短时间内获得更快的成长与发展（表2）。

表2 密云区新教师研修课程体系（入职第二年）

一级课程	二级课程	具体课程
教师创新力修炼	教师教育反思	• 教育反思写作培训； • 教育反思写作撰写（每月两篇）； • 教育反思作品评比交流； • 自主学习《反思写作技巧》《教师反思力修炼》； • "我的教育反思"沙龙活动

入职第三年教师随着工作时间的增长,开始从借鉴他人教育教学经验逐步转变到探索个人经验的意识形态中来,教学研究是帮助教师深入探索教育教学的有效途径之一(表3)。因此,项目组将提升教师研究能力为重点,聚焦教育教学研究能力,通过讲座、交流、研讨、大赛等形式,指导教师立足教育教学实践,积极开展教学研究。在研究中提升教师的创新意识与创新能力,感受将研究内容转化为教育生产力的获得感与重要价值,引导教师将研究作为一种习惯融入日后的教育教学工作之中。

表3 密云区新教师研修课程体系(入职第三年)

一级课程	二级课程	具体课程
教师创新力修炼	教师研究力	(1)教师科研知识讲座; (2)自主学习《教师研究力修炼》; (3)自主学习《教师创新力修炼》; (4)撰写教育论文与交流; (5)"我的成长之路"演讲比赛

表3中的五大类课程分年度实施,每门二级课程均进行系统化的设计,课程安排不仅包括理论的学习,同时增加教师的实践与反思环节,使之真正达到学以致用的目的。

四、密云区新教师"三年递进式研修"课程实施及保障机制

1. 递进式研修课程的区域性的实施方式

1)集中研修与自主学习相结合

上述13门课程中凡涉及集中研修内容,均由区内集中组织,其中,在新教师入职第一年,重点安排教师职业道德、教师行为礼仪、教育法规、教学常规以及备课上课基本功培训,一般安排在暑假开学前一周进行,主要邀请相关专家、教委相关领导、一线师德标兵以及一线教学骨干教师为新教师进行集中研修。在研修的基础上,组织展示交流活动,促进教师间的学习。在岗研修包括两部分:①区内统一组织的课程,如与课程相关的各类讲座、测试展示、评比交流活动,教师按照要求集中参加学习;②项目负责人明确的内容,如简笔画、钢笔字、教育教学专业知识等,均由教师根据规定自行自主学习。

2)线上研修与线下指导相结合

为拓展学习资源,项目组根据入职1~3年的新教师研修课程内容,增加在线课程,成立工作坊,采用观看视频讲座、研讨交流、撰写案例等形式促进教师的学习,研修学院研修员担任工作坊坊主,随时关注教师学习动态,为教师在线学习提供帮助,检查指导教师完成各项学习任务。

3)导师带教与自学反思相结合

密云区做出统一要求,从入职第一年开始,教师所在单位分别为每位新教师配备两位指导教师:一位学科指导教师;另一位为班级管理指导教师。新教师入职后,各单位分别举办师徒结拜仪式,通过新教师为指导教师献花,指导教师为新教师赠书或寄语的方式,帮助双方建立深厚的师徒情谊。拜师仪式结束后,师徒定期开展共同备课、听课活动。在每学年末,指导教师与学校领导共同对新教师进行综合评价。强大的导师团队,使教师学习能够有

效转化到教育教学实践中，导师成为课程深入推进中一支不可或缺的师资资源。

2. 以团队建设营造浓厚研修氛围

递进式研修，时限为三年，意味着新教师要以一名学习者的身份参加三年的学习，是教师成长路上的一次重要经历。为了帮助新教师认识到这段经历的重要性，彰显团队的凝聚力与向心力，增强新教师的荣誉感、使命感和荣誉感，我们以暑期岗前研修为契机，重点开展三项工作。

1）组建班级团队

每年7月，新教师招聘结束，培训项目负责人开始对新教师基本信息进行整理，按照学段进行分班，建立班级微信群，组建班委会。班委涉及班长、副班长、学习委员、生活委员等相关职务。教师自愿申报，项目负责人择优选拔。三年中，班级中各项活动的组织、作业收集等相关任务均由班委分工负责。班委会成立后，新教师启动会当天，各班班委分别在本班进行述职。班委会与班级团队的建立使新教师有了一种归属感，为后续学习提供了组织与管理保障。

2）举行岗前入职宣誓

岗前研修一般安排在新教师入职前进行，岗前研修结束当天，项目负责人组织召开研修总结大会。会上，教师进行教学基本功和才艺展示，展示岗前研修的成果，最后一个环节举行隆重的宣誓仪式，班长带领全体教师宣读入职宣言。

每位教师在教委领导和各单位领导面前郑重表达自己甘为人梯、乐于奉献的信心与决心，强烈的仪式感，是对新教师心灵与精神上的一次深刻洗礼。通过宣誓仪式，教师们重新定位自身的角色，有效地增强了大家的使命感与责任感。

3）唱新教师之歌

项目组为第一年新教师专门创作了新教师之歌《筑梦密云　青春宣言》，岗前研修前，项目负责人通过视频方式组织全体新教师进行学习，岗前研修的宣誓仪式中，全体新教师们激情满怀地齐唱这首歌，通过歌曲传唱，培育新教师的教育情怀，使每一届新教师的工作激情得以传递。

3. 两级考核机制驱动研修高效持续运行

（1）明确任务，量化指标。为了使评价更加客观公正，项目组明确了新教师应完成的学习任务。例如，新教师每学期听课、上研究课不能少于规定的节数；每两周要完成一篇不少于800字的工作散记；每周练习一篇钢笔字等，项目负责人定期检查教师学习成果并展示优秀作品，为教师提供榜样与示范。

（2）测试与展示相结合。项目组将测试作为评价教师学习效果的重要考查方式，针对入职第一年新教师开展教学理论、钢笔字、简笔画、微格教学测试与展示活动；面向入职第二年新教师开展"我的教育反思"主题论坛活动；面向入职第三年新教师开展"我的成长之路"演讲比赛活动。各有侧重的展示活动成为教师历练成长的舞台。

（3）过程性评价与终结性评价相结合。为实现以评促学的目的，项目组主要采取过程性与终结性评价相结合的方式对教师学习进行评价。评价者主要由项目负责人、学校主管领导、指导教师组成。过程性考核主要包括集中研修考勤、作业等内容，一般由项目负责人随时进行评价，教师研修学院研修员每周分别入校指导，听新教师的课，检查研修作业，与新教师进行座谈，结合新教师的基本功、师德及作业等情况与教师和学校交流。全方位的支持有效地提升了新教师自主发展的意识。

终结性考核一般安排在每学年末，主要由项目负责人、指导教师通过集中测试、综合评价的方式进行考核。项目负责人及区教委人事科将各项考核内容进行汇总，分"优、良、合格、不合格"四个等次对教师做出综合评价。评价结果与新学年教师岗位竞聘直接挂钩。

五、研究的结论与建议

新教师"三年递进式研修"是密云区青年教师队伍培养的重要举措之一，8年来，1300名新教师在课堂教学、班级管理方面表现突出，已经成为学校的中坚力量。各位新教师勇于创新，带头开展课题研究、撰写论文、参与论著编写工作，成绩显著。1/3的教师被评为校级以上骨干教师，其中100名教师被评为密云区"百名教坛新秀"。密云区连续四年参加北京教育学院举办的"启航杯"教学风采展示活动，均取得优异成绩。部分教师代表北京市参加国家级赛课和展示课活动。可以说，以上成绩的取得与新教师"三年递进式研修"密不可分。通过研究与实践，发现并总结了"三年递进式研修"的一些规律与经验。

1. 遵循新教师成长特点与规律实施研修是根本

"三年递进式研修"是面向新入职教师的全员性研修，具有研修对象覆盖面宽、研修内容多、研修任务重的特点，与其他培训项目有很大不同。因此，需要进行系统设计。①进行学情诊断与分析，充分了解新教师队伍年龄结构、学历结构、任教学科、兴趣爱好、个人优势与不足等，在入职前期采取问卷的形式开展调研，为组建班级干部团队、建立班级进行准备。学情调研是项目设计的重要依据。②确立新教师成长标准和评价标准。成长标准是项目设计的重要参考，评价标准是新教师发展的目标与方向，两个标准明确指出每一阶段师德修养、教育教学、班级管理、教学研究、教学创新的基本指标，有利于提升研修的针对性与实效性。③引导教师进行读书与反思。新教师思维比较活跃，具有推陈出新的意愿，在项目实施过程中，有必要将读书反思纳入研修环节，通过读书丰富教育教学理论，建立理论指导实践的意识，通过反思建构高阶思维，提升综合素养。

2. 激发新教师内在学习动机是基础

新教师富有朝气，接受新鲜事物的能力比较强，具有强烈的发展意愿，但是三年的研修，持续时间比较长，容易产生懈怠心理。①项目负责人要关注团队建设，实施班级自主管理，引导教师发挥优势，帮助新教师建立自信，使新教师在研修的三年内，始终保持较强的归属感与参与感。②增强研修活动的吸引力。安德烈·焦尔当认为"学习就是对现有概念进行运算"，遵循这一原理，除了常规讲座活动外，研修内容要力求灵活多样，尽可能多地增加与有经验的老教师的互动，调动新教师情绪体验，在教师自主学习的基础上，适时组织分学段、分小组总结交流活动，使新教师在互相参看中获得成长。③充分发挥"头雁"作用。项目负责人在研修中要注重对新教师的观察与了解，树立典型教师和典型做法，及时组织班级交流展示活动，充分体现发展快、成绩突出教师的引领与示范作用。

3. 行政、研修、学校三级部门协同是提升研修实效的保障

"三年递进式研修"是一项系统工程，需要得到行政、研修部门、学校的一致认可，因此相互协同至关重要。区级行政部门和研修部门要将新教师研修作为一项长期任务,纳入区级教师队伍建设工作。在学校层面,要根据区内工作目标,结合校情,设计相应的办法与举措,充分发挥学科团队、骨干教师对新教师的指导与帮助作用。特别是在新教师评比、展示活动中,研修部门组织一对一单独辅导的难度比较大,所以学校要鼓励本单位骨干教师发挥作用,参与指导,更好地实现以赛促学的目的。在递进式研修中,其中一个关键人物是新教师的双导师,即班主任导师与教学导师,学校除了为新教师配备导师外,更要明确双方的职责与权利,三年一个周期的研修,导师相对固定,这样更有利于对教师的精准指导。

4. 优化研修课程顶层设计是研修未来发展的关键

本研究中的新教师递进式研修结合区情进行设计,8 年中取得了一定成效,但是也存在着不足,其中项目组对研修课程设置相对固定,实施方式和组织形式没有做出太大调整,主要原因在于项目组成员只限定在负责师训工作的一两位教师,在研修设计环节,缺少学科研修员的深度参与,导致通识性研修内容占比较大,针对学科和关键人群的个性化研修比较少。另外,部分学科开展的研修没有纳入整体新教师研修中来,也给新教师增加了负担,因此优化研修课程顶层设计仍是未来继续开展新教师研修的首要任务。

参 考 文 献

[1] 李志欣. 优秀教师的自我修炼——给青年教师的成长建议 [M]. 上海:华东师范大学出版社,2018.10.

[2] 胡东芳. 追寻"度·悟"教师 [M]. 桂林:广西师范大学出版社,2018.

[3] 安德烈·焦尔当. 学习的本质 [M]. 上海:华东师范大学出版社,2013.

[4] 朱术磊. 成长驿站:班主任发展"三进阶"的架构与实施 [J]. 教学月刊. 小学版(综合),2019(12):10-13.

专家点评

优秀教师的专业能力提升,在很大程度上有赖于教师入职后持续的培训学习和教研活动。本研究以整个区域的新教师为教师培训对象,构建出"三年递进式研修"的培训课程体系,并辅以相应的管理机制,为新入职的教师提供了一个时间上持续、内容上逐步递进的系列性研修课程体系,为区域新教师培训工作提供了有意义的实施经验。

针对新教师的发展阶段和工作实际特点,本文以"创造环境,主动发展"作为密云区新教师的研修理念,确定了新教师"一年入门、三年成型、五年成才"的阶梯式发展目标,并设计出"师德师魂塑造、教学基本功修炼、教育基本功修炼、岗位基本技能训练、教师创新力修炼"五大主线课程。分年度清晰的目标定位,多元化混合式的项目实施方式,多方协同的管理保障,不仅让本研究的成果显著,而且对其他各个区、县开展校本研修、促进新教师发展均具有很好的借鉴意义。

北京师范大学　吴　娟

新教师培训低效原因及对策

——以延庆区高中英语新教师培训项目为例

北京市延庆区教育科学研究中心　郭　莉

> **【摘　要】** 近年来大量高校毕业生走上高中教师岗位，新教师培训工作得到各级教育部门的重视。在此背景下，延庆区开展了为期一年的高中英语新教师培训项目，以培养新教师适应工作环境、站稳课堂为培训目标。本研究依托该项目，采用调研、访谈、观察等方法，对12名入职一年的新教师进行两轮跟踪研究。研究发现，受训者安于教育事业、培训者开展针对性培训、用人单位积极支持是新教师培训效果的主要影响因素。据此本文提出新教师培训要渗透人文关怀、培训者要因材施教以个性化培训为主，同时完善培训评价，用人单位要参与并保障培训的实施。
>
> **【关键词】** 新教师，培训，对策

2013年，教育部颁布的《关于深化中小学教师培训模式改革全面提升培训质量的指导意见》指出：教师培训工作存在着针对性不强、内容泛化、方式单一、质量监控薄弱等突出问题。中小学教师培训要以实施好基础教育新课程为主要内容，以满足教师专业发展个性化需求为工作目标，引领教师专业成长。各地要将上述要求贯穿于培训规划、项目设计、组织实施、质量监控全过程。根据新教师岗前培训、在职教师提高培训和骨干教师高级研修等教师发展不同阶段的实际需求，开展针对性培训。随着"90"后新教师入职人数的增长，新教师培训作出相应的变革，探讨适合他们的教师培训尤为重要。

新教师为入职未满一年的教师。唐克娜提出新教师是指完成了所有职前训练教育课程，包括大学阶段的教育实习，已获取证书，受雇于某个学区；他所负责的教学内容和有经验的教师所负的责任相同，同时他正处于从事教师执业第一年。我国《中小学教师继续教育规定》（中华人民共和国教育部令）将新教师限定为试用期的教师，通常试用期为一年。

《中小学教师继续教育规定》在非学历教育部分明确规定：新教师培训是为新教师在试用期内适应教育教学工作设置的培训。为此，本研究把新教师界定为获取教师资格证书后第一次走上教学工作岗位、正处于专业发展的入职适应期的教师。

一、调研启动期

为了了解新教师入职培训的现状和问题，研究者进行了为期一年的调查研究（2016—2017学年）。该年共培训6名新教师，一名教师代表区里参加获得北京教育学院举办的第一

届"启航杯"比赛获得二等奖、两名教师获得学校师德表彰、3名教师没有获得任何奖励，其中一人又留在了高一年级。2017年7月，研究者和6名完成新教师培训的老师以座谈的形式进行了以新教师培训中的收获和建议为提纲访谈，其目的在于发现培训中的问题和教师们的想法。访谈结果表明，新教师对培训活动在时间保障上会有一定困难，对培训内容也期待有所变化。

为了更进一步调研教师们对新教师培训的意见，对三年间参加新教师过培训的12位教师开展了对新教师培训内容的看法、心理需求和工作中困惑为提纲的访谈调查。结果表明，他们最满意的的培训内容是听评课教研活动。他们反映在此项活动中，首先不仅学到了课堂教学活动的设计和实施，还学到了授课教师对问题学生的处理方法和课堂突发事件的处理方法；另外，教研人员对他们的单独评课及给予的个人指导意见。在个人心理上他们欢迎研究人员对他们个人的工作指导。在工作中处理突发事件是他们的困惑。通过上述调研和前、后不同时期课堂观察，研究者发现通过培训新教师基本能胜任教育教学任务。但是，对于处理工作中和课堂突发事件以及个人职业发展目标存在较大问题。

《国务院关于全面深化新时代教师队伍建设改革的意见（2018年）》指出，全面提高中小学教师质量，建设一支高素质专业化的教师队伍。提高教师培养层次，提升教师培养质量。推进教师培养供给侧结构性改革，为高中阶段教育学校侧重培养专业突出、底蕴深厚的教师。由此可见，教师培训是十分重要的，新教师入职培训也应该成为我们关注的问题。蒋瑜指出：新教师职业生涯最初几年的入职阶段，是教师专业发展的关键适应期，新教师面临着环境和人际变化的压力，与老教师的相比较新教师具有创新能力，但是缺乏教学和组织管理经验。因此，新教师最常见的问题大致集中在两个层面上：一是对学校小社会系统不适应；二是教学能力不足。

二、实验运行期

1. 第一轮实验研究（2017—2018学年）

该项目研究分为三个时间段：第一阶段，开学到期中考试——职业入门期；第二阶段，期中考试到期末——反思期（通过自我、备课组、学校评价发现问题）；第三阶段，第二学期到学年期末考试——验收期（新教师展示考核）。结果表明，新教师在教学设该项目的培训目标：基本完成由大学生到教师的角色转变、新教师站稳讲台。参训人员为当年参加工作的7位新教师，培训时间为一年。项目设计了《初高中的衔接读本》编写、课程及教材培训、本地区优秀教师课堂教学观摩等培训内容。培训采取任务驱动和同侪互助的培训方式。参加本轮培训活动7人出生于20世纪90年代，独生子女占90%，女性教师占90%。受训一年后2018年7月，7位新教师接受了访谈调研，主要内容是他们对培训内容总的看法（培训内容及培训评价）、培训方式和工作中的困惑。结果表明，他们最满意的的培训内容和调研结果教是听评课教研活动，最受益的是他们自己上研究课。他们反映在听评课活动中学到了授课教师对问题学生的处理方法和课堂突发事件的处理方法，在自己上研究课时得到教研人员反复的单独评课及给予针对个人指导意见；在培训方式上，7人均反映因为学校方面的各种原因造成参加教研活动有困难；5人认为过多的集中培训方式没有满足他们个人的需求。

这一轮培训共有 16 次活动，有 40 人次请假。活动内容集体培训 9 次，个人听课 7 次。在集体培训中培训者是中心，受训者被动参加活动，没有机会表现出活动内容对教学工作的作用。在教学活动有过因为不能处理课堂突发事件而放弃本节课教学的想法；没有完全实现基本由大学生到教师的角色转变、新教师站稳讲台的培训目标。造成这种新教师培训低效有以下四方面原因。

1）培训方面

（1）培训内容普适化。培训内容通常是全体成员做一件事情，可以是市区专家为新教师做培训，如听一个讲座，学习一个理论，听评同一节研究课。这种培训活动往往忽略了新教师的自身特点，没有满足不同学校和不同潜质教师的个性需求。

（2）培训者为中心。从制订培训计划到实施培训课程，始终是以培训者为中心，培训者一人制订培训计划，一人宣讲，以他们的个人意愿想象设计和完成一系列的教师培训活动，忽略了受训者的需求和最近发展区。

2）评价方面

标准缺失，新教师培训中含有数量众多的"集体备课"和"集体讨论"，这些内容没有办法对受训者培训效果进行检测和评价。无检测的教研活动造成受训者不清楚活动评价标准，造成了新教师们无所适从的入职状态。体系不完善，缺乏过程评价，如教学活动评价设计的设计评价、教学活动中的教师行为评价。学校评价标准通常只以考试班级排名为依据。

3）行政方面

新教师刚进入学校，年级组长、教学德育主任甚至同组其他老师都是他们要面对的直接领导，服从他们对新教师来讲是天经地义的。在本地区临时调课、各种会议都经常会落到新教师头上，教研员不是他们的直接行政领导，因此服从学校工作，对教研培训活动请假。

4）新教师自身也是培训效果的决定者

内在的主动参与、积极思考也是新教师入职培训有效的必要组成部分。带着这些问题，培训者参加了华南师范大学的继续教育学习、请教了首都师范大学教师培训专家和阅读了相关教师心理学等相关内容。通过这些学习和反思发现下列原因造成新教师培训低效率：

（1）培训内容与新教师定位不匹配，混同于老教师培训。老教师已经形成了关于教学目标、教材文本处理、学生管理等方面的教学思路和方法，已经从能上好课过渡到了追求个人风格的阶段。但是，新教师关注的特点为如何有效地使用教材进行教学活动设计达成教学目标、如何进行课堂管理、把控课堂突发事件，尽快成为一名合格的教师。

（2）混同于北京市区新教师培训。随着城、乡教育资源共享化的进程，在课程资源和形式上远郊区和市里的差别在缩小，但是城市新教师入职后的发展平台更高，这些使得他们的入职培训是在高阶开展。忽略了这些城乡差异过分依赖于市区专家的培训，使得新教师进入"邯郸学步"的境地。

本研究的培训者有着 30 年教龄，原始学历为大学本科或专科，毕业后一直在本区从事教育及教研工作。他们工作环境闭塞，与本区外的高手教师交流不多，这在一定程度上影响了新教师培训的方法、手段及策略。

（3）培训评价体系不健全。新教师培训评价是指在培训过程中及培训后，对新教师的考核。其中主要以由大学生到教师的角色转变、新教师站稳讲台为评价标准。该评价由任教学校、教研部门共同完成。在现实中，学校评价新教师主要以考试成绩为准，忽略了新教师与有经验的教师，甚至是正高级教师之间的差别。

（4）行政无法提供时间和精力保障。首先，教育行政部门之间各自为政。不少教研机构中教师培训和教研活动是由不同部门负责的，通常这两方各自制定和实施自己的培训工作计划，提出不同的事务性要求。这样的做法导致在培训时间上发生冲突，为此有的培训成了空港区。其次，学校方干扰新教师培训，工作量过大。7 位新教师中，4 人承担了班主任工作，每天在校内工作时间不少于 10 小时，负责学生意外问题的解决和承担学校事务性临时工作。这 7 人当中每人每周会有三个早晨 7:10 到校看早自习。参加不同级别的教研活动及相关会议，如班主任培训会、临时会议，这些会议每周会有 5~7 小时。各种行政事务，如楼层值班、学生保险等每周耗时 2~3 小时。行政调课、学校活动或教师之间临时调课等。

（5）新教师自身应付了事的态度。今天的时代是个多元的时代，社会保险机制造就就业多元。远郊区（县）教师工资收入过低，这些会让二十三四岁的新任老师们心思不定，"当一天和尚撞一天钟"，这种应付思想造成了培训效率的低下。

在分析原因的基础上研究者制定如下改进策略。

（1）开设适合新教师的特色培训内容。建立任务驱动，开展集体与自主结合培训。在修改《初高中的衔接读本》的任务中，教师自己认领要修改的部分，为了完成任务他们就需要学习《课程标准》中的相关内容。对于教材培训，新教师也是自己领取自己擅长的题目。在集体与个人培训过程中熟悉初、高中教材，建构适合高中课程目标和本地学生实际的教学思想。建立导师制，落实培训内容。新教师大多一人一岗，独立承担教学任务，个体劳动是他们的工作方式。明确导师的职责，落实导师指导内容，加速新教师站稳课堂的速度。

充分利用"互联网+"，增加教师网络培训时间。擅长使用网络是新教师的特点，在培训过程中，开展网络终端收看，网络环境下讨论，会节约他们的往返时间；且网络重播，给他们提供回看感兴趣内容的机会。也可以利用微信等媒体平台的打卡功能等监督他们的培训活动。

搭建高手展示平台，培养自信。Claser 认为，教学专长发展分为外在支持阶段、转变阶段和自我调节阶段三个阶段。因此，提供各种支持是培训的一部分，聘请有着两三年教学经验的高级新教师承担培训任务。在他们的身上，新教师们能看到仅仅早于他们一两年入职的教师的成功案例，从而培养他们的自我效能感。

（2）改进新教师培训评价标准，制定新教师评价和转正标准，新教师就会明确前进方向。结合北师大版新教材给出的教学建议及教学设计模板，统一印制教师备课笔记本。建立备课组、学校、区级三级评价体系，以单元备课为单位进行评价；建立区级课堂观察评价体系。导师和徒弟一同成为被评价者。这样强化了导师的责任感和成就感。自我评价发现不足，再通过导师获取帮助，及时改进。

（3）协调各方关系，保障培训时间。提前制订好培训计划，在各级行政部门学期第一次会议时拿到新教师培训计划，该计划包括受训人、培训时间、培训内容、培训人。加大教研部门的执行力，如果遇到培训时学校有临时事务，教研员出面为新教师请假参加培训。统一的培训计划会让培训内容明朗，减少时间和内容上的冲突，从而在时间上保障培训。

（4）给予人文关怀，安心教育事业。给新教师一定的职业适应期。校园和社会有着非常的不同，新教师们要应对这种不同带来的个人和环境上的变化，从管好自己到管好几十甚至上百个学生，应对同行和家长的质疑。给他们一段适应期，让他们适合所处工作环境，开发自己的潜能。

（5）给新教师人文关怀。针对新教师的主体为女性的新形势，从女性出发，在实际培训工作中考虑年轻女教师的一些特色需求，爱护她们的身心、尊重她们的个体特征。建立适合女教师的监理机制和预警机制。关注她们的婚育状况，让新教师体会到学校、研训员对她们的关心和理解。

2. 第二轮培训（2018—2019学年）

第二轮新教师培训项目应用改进后的培训策略，在培训方式上以受训者为中心，增加了个体听评课及指导活动的次数，完善了延庆区新教师培训中导师、学校、区级三级评价体系，培训制度化。区教委、教研部门（德育和教学）、学校联合制订工作计划，在时间上保障新教师能参加培训，添加了帮助新教师制定个人职业发展规划这项培训，目标仍然是适应由学生到教师的角色转变和站稳课堂。以出勤率、教学行为改进评价判断应用该策略的应用效果。研究者完成了第二轮新教师培训项目，本轮共有5名教师接受培训。这一轮培训的内容为培训者提供菜单，受训者自选。共有10次培训，集体培训3次，内容为《课程标准》学习、经验介绍、个体职业发展规划，其余7次为培训者及导师与新教师之间的二对一的听课评课。个体职业发展规划安排在第一学期结束时，目的是新教师明确转正标准和本地区教师在晋级方面的要求与条件。他们对比反思第一学期的教育教学经验，利用寒假准备第二学期的研究课或其他新教师考核的材料。

在培训评价中，增添了过程性评价。在第二学期，导师和教研员共同观察他们的课堂教学、依据区里的评课表进行讨论式的课后点评。鼓励他们利用手机等媒体工具记录上课及点评内容，反复观看完善自己的教学行为。在新教师认为合适的时候邀请区、校、组的教师完成他们的转正考核。

这一轮培训在以下几个方面强于上一轮：出勤率为百分之百，比以前的出勤率高出30%。行为观察表明新教师们已经融入了学校小社会环境，能够协调关系，保证参加培训活动，最后全部升入高一个年级任教。与该项目的中期调研相比，新教师们更喜欢调整后的个体培训。同时，他们还希望参加进一步提升专业素养的培训。

三、小结

本研究包括一年准备调研、两年实验期。在每轮为期一年共两轮实践研究中，共12名新教师接受培训。把新教师、培训者、教育行政部门作为影响新教师培训的因素展开研究，基于他们在培训中的表现及反思，在以下方面改进了新教师培训：在培训方式由培训者为中心转到受训者为中心的前提下，内容由集体活动占多数变成因材施教的个体听评课现场指导活动，评价由单一终结性评价到导师、学校、教研部门的过程性与终结性结合评价，培训时间由因事务干扰无保障到用制度化保障，业务培训的同时建立了个人职业发展规划，给予新教师人文关怀。这些变化提升了新教师培训的参与度、认可度，促进了新教师由学生到教师的身份转变，站稳了讲台，适应了学校教育教学工作。

新入职的新教师是教育的未来与希望，他们的成长关系到国家下一代，尤其是英语教师还兼有通过教学向世界传播中华文化的职责，让他们快速成长为合格的教师是各级培训的终极目标。只有师训部门、学校、教师本身共同努力，建立适合新教师特点的培训体系，才能提高新教师培训效果。

参 考 文 献

[1] 教育部. 国家中长期教育改革和发展规划纲要（2010—2020年）[M]. 北京：人民出版社，2010.
[2] 教育部. 关于深化中小学教师培训模式改革全面提升培训质量的指导意见. 2013.
[3] 胡森. 国际教育百科全书（第五卷）[M]. 贵阳：贵州出版社，1990.
[4] 蒋瑜. 新教师入职培训现状、问题及对策. http://blog.sina.com.cn/u/3723247694.
[5] 中共中央，国务院办公厅. 中共中央国务院关于全面深化新时代教师队伍建设改革的意见（中发［2018］4号）.
[6] 雷鸣. 中学教师专业发展的模式、层级和途径[J]. 中学地理参考，2014（3）.
[7] 谭家善. 面向新农村的中学英语教师培训模式整合的探讨[J]. 湖南科技学院学报，2012（1）：159-161.
[8] 臧传鹏. 基于"90后人格特征"的教师"有效教育能力"探寻[J]. 教育探究，2010（1）：83-89.

■ 专家点评

在全面深化新时代教师队伍建设改革的大背景下，本研究聚焦于北京市延庆区的新教师入职培训，从培训现状和问题分析入手，针对小样本研究对象，运用访谈等方法，开展了为期一年的跟踪研究。在入职培训方面，农村教师与城市教师在培训定位、存在问题、解决策略上都存在差异。本研究通过持续跟踪、多轮迭代、效果验证等，提出从培训主体内容形式、评价手段、人文关怀等角度综合改进新入职教师的培训体系，既有面向延庆地区的研究针对性，又有面向其他类似区域的普适性。

首都师范大学　孙　众

第五章

新教师培训：学校视角

城乡一体化背景下新教师专业发展的模式研究

北京市东城区史家小学 吕闽松 左明旭

> **【摘 要】** 在统筹城乡发展,加快推进城乡一体化建设的背景下,如何实现城乡教育资源的一体化配置是一个重要的议题。为此,结合我校与延庆县(今为延庆区)第二小学的教育实践,探索了城乡一体化背景下新教师专业发展的模式。经过三年实践,我们通过分析新教师入职培养存在的问题、着力从培养目标、培养主体、培养课程、培养方式、评价体系等方面入手,在充分发挥城乡一体化培养优势的基础上,构建了新教师城乡一体化专业发展的模式。
>
> **【关键词】** 城乡一体化,新教师,专业发展,模式

一、研究背景

城乡一体化是我国现代化和城市化发展的一个新阶段,目前我国城乡差异逐渐拉大,特别是在城市和农村居民受教育方面,因此在城乡一体化的背景下,如何实现城乡教育资源的一体化配置显得十分必要。2014年,随着北京市基础教育领域综合改革的深化,北京正着力打造北京新教育地图,从而开启城乡教育一体化新格局。北京市教委要求,各区(县)都有明确的时间表和路线图,做到2014年形成改革的突破局面,到2020年,全市的优质教育资源要达到一个更高水平。

史家小学与延庆县第二小学于2007年成为"手拉手"友好校。2014年,北京市教委"城乡一体化"项目正式启动,两校以此为契机加大合作力度,增进互联互通,迄今已经完成包括现代信息技术、基础文化建设和学生活动设备在内的硬件建设,并全面投入使用。这些实践经验为本研究开展奠定了良好的基础。为了真正推进城乡一体化建设,缩小城乡差距,更好地推进新课程改革的进程,我们确立本研究的主题:城乡一体化背景下新教师专业发展的模式研究,以期通过构建新的教师专业发展模式,提升薄弱校新教师的专业水平,增强其岗位适应,逐步提升薄弱校的教育教学质量。

二、文献综述

1. 国内外关于城乡一体化研究述评

我国学界关于城乡教育一体化的研究主要涉及:城乡一体化体制机制的内涵、意义、困

境及其主要对策等相关研究成果，其研究的结果认为现有研究成果在理论上基本厘清了城乡教育一体化和体制机制等核心概念以及相互之间的关系，肯定了体制机制方面的研究和改革在推进城乡教育一体化进程中的重大价值，对于体制机制困境的分析以及体制机制改革创新框架的建构为后续深入研究起到了指点方向的作用，对于推进城乡教育一体化的实践也具有直接的借鉴意义。

1）城乡一体化体制机制的内涵、意义

20世纪八九十年代以来，我国就把发展教育特别是农村教育视作实现城乡一体化的重要途径。孙绵涛教授（2004）认为，教育体制是教育机构和教育规范两个要素的结合体。教育机构包括教育实施机构和教育管理机构。教育规范指的是建立并维持教育机构正常运转的制度。

与此同时，许多学者对城乡教育一体化体制机制的重要性给予了普遍的关注。褚宏启（2009）认为，破解城乡教育二元结构、推进和实现城乡教育一体化必须从制度问题入手。刘海峰（2011）认为，我国城乡教育一体化改革的实质是打破城乡二元教育结构，推进城乡教育公平，提高城乡教育质量，而构建城乡教育新体制、新机制则是现阶段城乡教育一体化改革的核心任务。因此，要实现城乡教育一体化，必须从制度上保障其推进与实施。

2）城乡教育一体化体制机制的现实困境

在肯定体制机制研究在城乡教育一体化研究中的突出价值的同时，现有研究也着重分析了当前推进城乡教育一体化进程的体制机制障碍。于月萍、徐文娜（2011）等认为，城乡教育一体化是针对我国城乡教育发展失衡现状而做出的制度安排，在其制度变迁过程中会受到路径依赖的制约，原有教育制度结构的凝固性、既得利益集团的抵制作用、户籍制度和教育分级管理制度等制度环境的稳定性都是城乡教育一体化需要面对的制度困境。范魁元、王晓玲（2011）等认为，现行的教育管理体制存在着各级政府之间权责不够明确，以县为主体制在推进城乡教育一体化方面重心偏低，促进城乡教育一体化的问责机制不健全等较为突出的矛盾和问题，已经成为阻碍城乡教育一体化进程的制度瓶颈。郭彩琴、顾志平（2010）等指出，现行的人事管理制度、户籍管理制度、教育政策、教育制度等都是城乡教育一体化过程中的体制性障碍。因此，教育的问题往往不仅是教育本身的问题，更是全社会的问题。

3）城乡教育一体化体制机制的对策

面临城乡一体化进程中出现的困境，相关学者进行了积极的研究。从城乡教育一体化的本质追求——教育公平的核心影响因素的角度，可以将已有研究所提出的对策概括为以下几方面。

（1）必须确保经费投入。成刚（2011）认为，经费投入事关城乡教育一体化的物质基础。

（2）合理统筹配置教师资源。王鹏炜、司晓宏（2011）认为，改革教师资源配置机制，大力加强农村教师队伍建设是推进城乡教育一体化的关键，建立农村教师特殊津贴制度、实行义务教育阶段教师身份的公务员化、强化农村教师培训机制、深化农村中小学人事分配制度改革等，是当前优化农村教师资源配置机制的主要举措。

（3）改革招生制度。高宏赋（2011）认为，当前的考试招生制度影响县域内城乡教育一体化的进程，影响素质教育的落实和职业教育的发展。

（4）统筹规划学校布局。赵丹（2018）认为，各级政府应建立城乡一体化的教育发展观，确保学校布局统筹过程中优质资源覆盖每一位适龄儿童；将学校布局与县域行政区划统筹考虑；引入 GIS 技术，完善学校布局统筹的技术程序；采取差异化措施满足特殊群体的教育需求；创新多元路径促进各类学校优质均衡发展。

（5）强化质量保障。在统筹城乡发展，加快推进城乡一体化建设的背景下，义务教育城乡一体化需要强化质量保障，从基本均衡到优质均衡地发展，从而真正实现城乡内在的一体化。

2. 国内外关于新教师专业发展研究述评

国外已有研究中，主要涉及的是从教师专业发展的角度来论证新教师的专业发展，在这种研究范式下注重对新教师存在阶段的研究。国内对新教师的研究主要从三个方面开展：新教师专业的特点，新教师在专业发展过程中遇到的困难，新教师专业发展的任务。

3. 国内外关于新教师专业发展模式研究述评

20世纪90年代美国的艾伦·C·奥恩斯坦等对过去一些人的研究进行了总结，把教师的专业发展模式归纳为五种类型，即个人自我指导模式，观察、评估模式，参与发展、改进过程模式，培训模式和探究模式。

国内对于教师专业发展模式的研究出现得更晚，大概涉及以下四个模式：高校为本的发展模式、校本培训模式、教师教育一体化模式、四位一体培训模式。

总之，社会的发展对教育和教师都提出了新的要求，人们对教师职业特性的认识也越来越丰富，不同国家、地区、时期的教师或者不同个体的教师都应该有各自恰当的专业发展模式，并逐步完善，不断发展。因此教师专业发展模式作为一个发展的概念，无论是东方国家还是西方国家，无论是在理论上还是实践上都应该有更新的进展。

三、研究设计

本研究的目的在于通过对新教师观念、教师的专业素质以及教师的继续教育情况的调查研究，对新教师在教育观念、专业素质以及教师的继续教育提出新的合理化的建议。资源输入校和输出校共同进行从"输血"到"造血"的探索，而城乡两地的教师在这个过程中将共同获得专业的发展。

本研究选取小学新教师为研究对象，在城乡一体化的背景下，通过对其专业发展模式构建的研究，以期增强新教师的岗位适应，更加胜任教学，逐步获得自身专业的发展。本研究在收集整理相关文献，梳理教师专业发展模式特点、构成要素、对教师成长的作用等已有研究成果的基础上，通过问卷调查，了解新教师专业发展的现状，借助访谈提纲，对学校的新教师进行全覆盖的深度访谈，然后选择有代表性的新教师对其教育教学进行非参与式的课堂观察，并借助教师专业发展的中的"关键事件"为抓手，从培养目标、培养机构、培养课程、培养方式、评价体系等方面入手，在充分发挥城乡一体化培养优势的基础上，构建了新教师城乡一体化专业发展的模式。

四、研究实施

1. 借助问卷调查,了解实际需求

在城乡一体化的背景下,为了更好地促使城乡新教师的专业发展,本研究在深入了解、调研各不同发展阶段的教师所面临的问题与挑战、困境或困惑的基础上,结合学区、学校发展规划,确定培训主题,并依据主题组建专业学习共同体,让共同体确实成为教师成长的助推器。

本研究运用自编的问卷,对 41 名新教师当前教学生活中所面临的困惑和需求进行了调查。结果显示,41 名新教师面临的困惑主要有:如何掌控课堂?如何与家长沟通?如何深入解学生?富有学科特色的教学知识能力如何提高?如何写听课笔记等。而这些困惑也正是当前新教师们所急需得到指导的内容。同时,对教师所渴望的培训方式进行了调研,70.7%的教师希望通过网上培训来促进自身的专业成长。

2. 立足教师需求,确定培训主题

通过对 41 名新教师的访谈与问卷调查,并结合学校的实际情况,由教科室成立新教师专业发展中心,并借助线上培训,通过 10 个主题活动的实施,来提升新教师的专业发展水平。

基于此,我们每月进行两次专题培训,为期 5 个月完成。依次开展了《今日如何做教师》《如何进行教学设计》《如何做听课记录》《如何写教学叙事》《教学中的第一次》《课堂管理中的那些"招儿"》《大事记与专业发展》《新教师与卓越教师面对面》《课题引领课堂教学》《如何上好新教师展示课》10 个主题。

3. 借助"钉钉"App,实施"线上"培训

借助"钉钉"开展的主题培训,应用"互联网+"开展新教师培训是教师教学的一种创新,它以信息化带动教师培训的现代化,充分发挥"互联网+"的作用,实现新教师培训"高质量、低成本"的目标。"互联网+"打破了培训时空,新教师可在学校和家中利用课余或休息时间上网学习,极大地方便了教师的学习。有助于教师更好地胜任教学,接受最前沿的教育理念及实践经验,更快地了解学生,融入教学,从而丰富新教师专业发展的相关研究,拓宽新教师教育理论研究领域。

其中,培训内容分年段分学科设置有针对性的课程,有利于教师根据自己的专业进行学习。借助学校比较成熟的安全高效的智能移动办公平台——钉钉,作为线上培训的载体,依次完成了这 10 次主题。为了提升培训的实效,我们严格进行了网上签到制度、网上互动交流制度,引导每位新教师在每一主题培训时在网上即时参与讨论交流,即主要是借助微信和"钉钉"的部分功能,研讨在线学习的收获和感受、线下教学中遇到的问题及应对策略、教学中的感悟、经验及教训等;网上视频主要依托各个学科骨干教师,分享微视频,指引新教师观看,并就观看的内容进行反思和点评。同时,让教师在培训后记大事记和培训感受,以便判断哪些活动对教师的教学生活产生了影响。

4. 创设关键事件,为新教师的成长助力

1) 关键事件:为新教师配师父

学校优质教育资源无疑离不开优秀的教师团队，这就为新教师的培养提供了强大的人力资源的支持。为了最大程度发挥师父的作用，学校规定师父和徒弟互相听课不少于20节。这样就保证了徒弟也就是新教师有不懂的，除了在课下问询之外，还可以直接从师父的课堂上寻找到答案，即使教学经验不够丰富，也能"照葫芦画瓢，八九不离十"；这样还保证了师父在第一时间就能发现徒弟的问题，不会让问题拖延，在短时间就能让新教师有很大的进步。师父在这个时候起到了领航的作用。

课堂管理是新教师要学会的重要内容，新教师在新任期内课堂管理问题成为他们要面对的一大难题，由于新教师对教师工作生疏，容易犯重教学轻管理、顾此失彼的错误。对于新教师而言，这样的教研活动不仅是学校的日常活动，更重要的是这样的活动能帮助新教师早日成为胜任教师。主要形式为：公开课与校本教研。

（1）公开课是目前学校教学教研的一种有效的组织形式，对加强教师经验交流、推广教学新理念和新模式起到有利的促进作用。通过不同教师的认识，这样失败的公开课会带来两种结果：促进了新教师的反思、打击新教师的工作积极性。

（2）学校组织的各种研修活动。在研究过程中，有效激发了新教师的学习动机；有效挖掘和利用了教师的已有经验；有效促进了教师研究意识的提高。

2）关键事件：青年教师论坛

此次青年教师论坛活动为我们呈现了一个百花争艳、生机勃勃的景象，为我校校本教研的扎实开展注入了活力。每一期的论坛都由校长和书记为青年教师定好主题，由教科室5位不同学科组成的团队做论题辅导，最后向全校展示。

参加论坛的教师高度重视，精心准备，撰写、多次修改、展示。总体来看，参加教师将实践感受总结上升为理论经验，立论明确，主题突出，都有亲历的典型案例为佐证，从不同的视角、不同的站位诠释、印证了自己的教学观点，很有说服力，也为新教师融入学校的教师队伍和专业发展奠定了基础。

3）关键事件：隔周周一下午新教师培训

结合对新教师培训需求的访谈，我们隔周以专题的形式对新教师进行了主题培训。请史家小学经验丰富的教师给新教师进行讲解，以加速其胜任教学，获得专业的发展。

4）关键事件：外出参观学习

组织新教师参加观摩北京市、全国的教学大赛，让新教师开阔视野，激发专业发展的动力，及时把握最新的教育理念及实践形态。同时，为新教师定制吻合的期刊和书籍，提升他们的理论水平。

5）关键事件：引进社会资源

新教师的培训不光由学校做，新教师由学校组织外出，还可以扩展到社会上，广泛应用社会上的有效资源，让新教师的培训超越学围墙，享受到社会资源。

6）关键事件：参加教学大赛

在教学大赛中，每一位新教师都在大赛中得到了锻炼，提升了教育教学能力、经验，实现了教师专业技能的成长和进步。许多年轻的教师由衷地感叹："东兴杯的成绩不是个人的，是属于集体的。因为自己不是在孤军奋战，后面有一支强大的团队在支撑着自己。"其中，师父传帮带；组内通力配合；跨学科合作；同伴互助，共同进步；个体追求卓越、追求完美等是新教师在反思参赛历程中提到最多的话题，这个历时近一年的大赛对新教师的专业发展产生了深远的影响。

7）关键事件：参与史家名师工作和工作坊

"名师工作室""骨干教师工作坊"的成立是学校发挥名师的示范、引领、指导和辐射作用，加快学校优秀教育教学人才的成长，培养一批高水平的优秀骨干教师，构筑学校人才高地的又一重大举措。

同时，为了保障培训实效，给予培养的时间保障，学校拿出专门的时间来从事新教师专业培训。给予物质保障，设立奖励制度，激发教师的积极性。课后收作业，给予效果的保障，每次的培训都要提交作业，一点一点地记录下培训的点滴。

五、研究结论

1. 城乡一体化背景下新教师专业发展具有明显的优势

1）城乡一体化的培养环境有利于新教师的成长

在城乡一体化的背景下，可以充分发挥城市资源优势，在城乡交互培养中，促进新教师专业发展。城乡一体化培养为新教师提供了一个共生、互动和交融的开放式成长环境。新教师置身于专业学习共同体中，可以更加深切地感悟优秀教师的工作与学习的态度和方法，从而激发其内在的成长动因。

同时，城市学校众多的优质资源、浓厚的教研、科研氛围，以教师为媒介有力地辐射到乡村学校，促进了乡村学校教育理念的改变，为新教师的专业发展奠定了坚实的基础。

2）城乡一体化的教师专业学习共同体有利于新教师的成长

城市学校中的教师专业学习共同体是促进新教师专业成长的一大利器，以此为依托，有规划地为新教师配备专属师父，悉心引导他们，使他们在观摩教学、协同教学、同课异构、评课磨课、自主反思、主体彰显中获得专业快速成长。

3）城乡一体化的城乡学校的自主发展有利于新教师的成长

城乡一体化使得城市学校和乡村学校的合作交流得以平等相处，这为城乡教师之间的互动提供了开放平台。在互为资源、共同提升的过程中，沟通交流更为通畅，真正实现了优势互补，切实激发了个体内在的自主发展意识。这使得教师的特质与潜质得以发展，引领作用得以发展，其内在的改革与创新得以彰显。

2. 城乡一体化背景下新教师专业发展模式构建

在充分发挥城乡一体化培养优势的基础上着力从培养目标、培养主体、培养课程、培养方式、评价体系等方面入手，构建了通过统筹城乡教育资源和培养培训计划，并以"关键事件"为契机，在共生、互动和交融中，充分发挥网络优势，以整合为主要手段，进行跨城、乡培养的新教师专业发展模式。本模式的目的在于弥补新教师所缺失的教育教学经验，也与新入住教师的专业成长更加吻合。

1）培养目标

新教师的入职期是其专业成长的关键阶段，其专业发展的结果直接影响着他们的职业规划，甚至关系到教师队伍的稳定与素质的提高。因此，需要采取切实有效的措施，努力创造有利于教师专业发展的体制与环境，形成一支素质优良的教师队伍。在城乡一体化背景下，培养现代化的城乡教师成为主要的目标诉求。即在充分关注新教师专业发展需求的基础上，激发新教师的自主学习意识，增强其专业信念和动力，全面提升专业技能。具体而言，在学校全力培养下，鼓励新教师的"冒尖"并为其发展提供平台保障；在师徒结对中，实现"一年入门，二年胜任，三年成熟，五年骨干"的整体目标。

2）培养主体

融合城乡学校资源，组建教师专业发展学习共同体，创建支持、合作的教师文化，营造新教师入职培养的良好环境。在对新教师专业发展需求调研的基础上，制定合理的规划，明确职责，形成"校长负责，处室专管，骨干帮教"的培养主体，全力促进新教师的专业发展。

3）培养课程

课程的设置要满足新教师两方面的实际需求：一是尽快熟知教育教学的基本情况，尽快掌握相应的教学技能；二是尽快确定职业方向，形成稳定的专业理想与信念。具体而言，新教师城乡一体化培养课程主要分通识课程和专业课程两部分。通识课程主要以城乡一体化为基点，旨在向新教师传递学校的信息与文化，培养其对献身教育的信心和决心。通过实地参观、专题讲座、团体交流等形式尽快了解学校的内在文化、相关政策、课程体系、运作模式等，以便促使其快速融入团队，度过适应期，实现角色的转换。专业课程主要结合新教师专业发展的需求，依托学校全面的培养计划，实行"年级组、教研组、备课组带教，以老带新，新老挂钩"的师徒结对，从日常教育教学实践出发，在听课、备课、上课、班级管理、个体反思等活动中，通过浸入式全方位体验来落实培养举措，从而尽快提升新教师的师德修养和教学能力。

4）培养方式

在城乡一体化背景下，新教师以"关键事件"为契机，在学校组织的教育教学活动中，获得专业知识、技能、理想、信念及价值观的提升。

关键事件是培养新教师的重要支撑，这是我们培训新教师的重要方面。我们以未来的眼光，以每位教师都是学习者的角度来理解，从而赋予了关键事件以新的内涵和外延。关键事件不仅仅是生成的，也不仅仅局限于学校内部，关键事件广泛存在于学校及社会中。为此，通过创设以师徒结对、专题培训、青年论坛、实地参观、社会资源的开发与利用、教学大赛、名师工作室等"关键事件"，以顺利辅助新教师度过适应期，成为胜任教学的优秀教师。在课题组的引导下，新教师养成了勤动手、善反思的好习惯，自我意识在一次次的关键事件中不断觉醒，不管是每一位教师撰写的新教师培训感悟、每一次教学设计的反思，还是《东兴杯赛后反思》，无不记录下他们初为人师时的感悟。

5）评价体系

城乡一体化背景下对新教师培养的评价是一个贯穿于培养全过程的动态评价。评价着力于新教师的培养质量，并以促进其专业发展为目标。基于此，构建了适合新教师成长的评价主体、评价方式、评价内容。

通过多元化的评价主体，以实现全方位促进教师的专业成长。因此，新教师个体、师父、共同体的成员、学校、学生及家长等，本着以评促教的目标，评价方式多样化，不仅有问卷调查、纸笔测验，而且有公开课、微讲座、论坛等形式。总之，既要注重过程又兼顾结果，目的在于通过适时多元的评价，促使教师个体的成长。评价内容涵盖通识知识和专业知识,主要内容不仅涉及师德师风、教学能力、班级管理、科研能力,而且关注个体特点的考察,涉及团队合作及人际交往等能力。

通过适宜的评价促使新教师的角色适应、听评课能力提升及个体自主发展,以便顺利完成"一年入门,二年胜任,三年成熟,五年骨干"的整体目标。

六、问题及未来研究建议

1. 丰富培训资源

促进新教师的发展、培养新教师必须以教育教学培养为突破口,这样才能落到实处,我们认为在新教师的培养中,要向全体新教师以促进新教师全面发展为出发点,以促进新教师素质结构的完善为目标,构建富有特色的新教师培训,这是过去研究的重点,在后续的研究中可以进一步深化。

2. 尊重新教师的特点,促进新教师的个性发展

实践证明,人在社会中除了具有社会性之外,每个人都有鲜明的个性。因此,在以后的培训中要更多关注新教师的个性特征,为他们的个性特点提供更多的培训内容,以适应新教师的个性差异,最终促进新教师的个性不断发展。

参 考 文 献

[1] 郭福昌. 深化城郊农村教育综合改革推进城乡一体化建设 [J]. 人民教育,1994 (2):19-21.

[2] 曾琦. 教师培训模式的现状分析及改革建议——建立合作探究型教师培训模式的设想 [J]. 中国教育学刊,2000,10 (5):58-60.

[3] 褚宏启. 城乡教育一体化:体系重构与制度创新——中国教育二元结构及其破解 [J]. 教育研究,2009 (11).

[4] 郭彩琴,顾志平. 城乡教育一体化的困境与应对措施 [J]. 人民教育,2010 (20):2-5.

[5] 孙绵涛. 我国城乡教育一体化体制改革与机制创新研究 [J]. 教育理论与实践,2011 (8):16-19.

[6] 于月萍,徐文娜. 论城乡教育一体化制度体系的构建 [J]. 教育科学,2011 (10):1-6.

[7] 王鹏炜,司晓宏. 城乡教育一体化进程中的教师资源配置研究——以陕西省为例 [J]. 陕西师范大学学报:哲学社会科学版,2011 (1):156-161.

[8] 陆明飞. 优化主体参与,强化三方协作——试论新教师培训模式的研究与实践 [J]. 学园:教育科研,2012 (6):42-43.

[9] 林盛华. 初探建构农村新教师立体式学习共同体培养模式 [J]. 教育教学论坛,2013 (39):35-36.

[10] 漆国生,陈梅凤. "互联网+教师培训"的协同创新发展策略——以广州市中小学教师培训为例 [J]. 继续教育,2016 (1).

专家点评

  本文基于北京市教委"城乡一体化"项目的启动与开展，在城区学校与教区学校牵手合作的过程中，借助城市学校的教育资源优势服务于乡村校新教师专业发展，并以此开展了城乡一体化的新教师专业发展模式研究，这不仅提升了新教师开展新课程改革的能力，更是对真正推进城乡一体化建设、缩小城乡差距，有着十分重要的意义。

  本文的研究综述翔实全面，以新教师们真实问题数据确定培训课程内容，借助互联网的优势以多种方式开展新教师的培训和教研活动，以创设多个"关键事件"的方式助力新教师的专业成长，并取得了明显的实施效果。本文所形成的研究经验，无论是在教师专业发展领域里，还是在"城乡一体化"项目实施的过程中，都值得广大同行借鉴。

北京师范大学 吴 娟

基于新教师需求的校本培训课程体系研究

——以北京市第八十中学睿德分校为例

北京市第八十中学睿德分校　胡友永　马晴晴　段东升　梅景玉　张金凤

【摘　要】 新教师刚刚进入教育行业，有着学习研究能力强、教学热情饱满、教学经验缺乏、渴望提升教育教学水平等自身的特点和需求。适应新教师特点，满足新教师需求的校本培训能够有效帮助他们适应教育教学工作。本研究从新教师的界定、新教师的特点与需求分析出发、建立新教师校本培训课程体系方面展开研究，制定了学校新教师培养目标，并最终形成了学校新教师培训课程体系。

【关键词】 新教师，发展需求，校本培训，课程体系

一、问题的提出

北京市第八十中学睿德分校是2016年新建的公立完全中学，旨在落实教育均衡，改变市区东南教育格局。学校地处朝阳区最南端，位于丰台区、大兴区和朝阳区结合部，教育、经济、社会发展相对滞后。学生学习基础差，不良习惯多，教育难度大。为解决北京南城区教育资源薄弱问题，让老百姓的孩子在家门口享受优质教育资源，努力办成朝阳区一流、北京市著名的完全中学，睿德分校教师发挥着重要作用，因此学校十分重视教师的专业发展。

睿德分校大多数教师是刚刚毕业于985、211高校的硕士、博士，35岁以下新教师比例占80%左右，他们是我校教书育人的主力军，是实现我校办学愿景、肩负我校办学使命的中流砥柱。35岁以下新教师中，大部分毕业于师范专业，也有相当一部分毕业于非师范专业，他们学历较高，学习能力强，既有对教育职业前景的憧憬，对教育教学技能娴熟的热切追求，还面临着从学生转变为教师的彷徨、担心等心理。由于刚上任面临教学任务繁重、突发问题处理不当等问题容易产生消极情绪。他们虽然对自身专业发展有着强烈愿望，但往往在教育教学活动中达不到预期的效果。

睿德分校的进一步发展需要新教师尽快成长起来，因此建立基于新教师特点和需求的校本培训课程体系对于新教师的成长和学校发展来说至关重要。本文要解决的问题是通过分析新教师的特点与需求，结合第八十中学睿德分校新教师研修班的具体实例，探讨新教师校本培训课程体系的建立与发展。

二、研究设计

本研究以睿德分校新教师研修班为例,从新教师的界定、新教师的特点与需求分析、建立新教师校本培训课程体系三方面展开研究,尝试对新教师培养课程的效果建立量化指标体系,为新教师培训课程的内容、方法和改革提供有力的数据依据和参考,为形成更有效的新教师培养课程体系提供理论上的依据;同时有助于保障学校新教师培养相关决策的合理性,减少盲目培养的损失,继而提高新教师培养工作的效率,最终有利于教师队伍整体素质的提高。

本课题主要使用了三种研究方法:问卷调查法、文献研究法、行动研究法。问卷根据新教师的专业发展需求、职业生涯规划并结合学校对新教师的要求设计,可以了解新教师在实际教育教学过程中的需求,有针对性地设计课程;还可以在课程实施中了解课程实施效果,并不断改进,从而更好地为教师提供专业发展的机会。通过阅读文献,对国内外有关教师培训的成果进行了大致了解,借鉴了课程体系建设方面的经验,并结合本校实际,在课程体系建设上有所创新。基于总体计划和具体计划设置新教师培训课程,并投入实施,满足新教师专业发展的需求和学校对新教师的要求。在实施中要通过结果反馈验证培训效果,进行修改和调整,不断完善新教师培训课程体系。

三、研究内容

1. 新教师特点分析

睿德分校新教师大多是来自985、211高校的硕士、博士,学历普遍较高,学习能力和研究能力较强,专业知识扎实。他们刚刚步入工作岗位,对教师行业存在着美好憧憬,渴望提升教育教学技能,对待工作有着饱满的热情。同时,他们也面临着教育教学经验不足、由学生到教师角色转换不到位等问题。由于他们从小都是优秀学生,自律勤奋已成为习惯,面对待基础较弱、学习习惯较差的学生可能会一时手足无措。以下就新教师在教育教学上的特点和面临的问题做梳理:

1)调动课堂气氛能力

"……课堂气氛沉重,学生发言不积极。除了是学生自身特点使然,我觉得也有可能是因为我的问题提出得不够具体,学生不知从何说起;也暴露了我调动学生的手段单一、不会活跃课堂气氛的问题。"

"……没有充分调动学生的积极性,课堂气氛较沉闷,教师讲授占大部分时间,存在自问自答的现象,留给学生思考和回答的时间不够充足,没能很好地体现学生的主体性……"

以上案例选自睿德分校新教师的教学反思,从中可以看出新教师普遍意识到课堂上不能充分调动学生积极性,导致课堂气氛沉闷,未能让学生高效地参与到课堂中来。同时,案例反映出新教师已经认识到了这一问题,因而校本培训中需要调动学生积极性的相关方法指导。

2)备课不充分

"由于在学情分析方面没有考虑全面,出现了对学生已有知识基础的高估,导致了在'区别先天性行为和学习行为'意义的问题设置上过高,产生了'启而不发'的僵硬局面。

因此在以后的备课当中还应该在备学生方面多下功夫……"

从上述案例中可以看出，教师在备课时缺少对学生的准确评估，导致课堂上问题设置不合理。新教师备课一般都会"备内容"，但不能充分地"备学生"，这也是新教师存在问题。就硕士和博士扎实的专业知识而言，教材上的内容可能非常容易，但是对于初中学生来讲却不好理解。因此，如何深入浅出，合理地设计问题，为学生搭台阶也是新教师需要学习之处。

3）课堂管理和时间管理

"小组活动时，时间把握不够好，要求也不是特别明确，没有提前说明注意事项等。因此，这一环节没有达到想要的效果，学生活动不够充分，在以后的教学中要把握好时间，把更多的时间给予学生们，让他们充分地讨论，动手参与到学习中。"

以上案例表明，新教师未能把控好学生活动时间。新教师往往在课堂上过分关注自己，尽快进行完自己的教学步骤，从而导致学生参与活动不够充分，难以达到教学效果。但是，这位教师也对没把握好时间的原因做了分析并提出了改进措施，说明新教师善于反思自己的问题并思考解决途径。

2. 新教师需求分析

关于新教师需求，本研究设计了问卷，从专业发展需求、培训内容、培训现状、培训态度、培训考查以及建议和要求等方面调查并分析了新教师的需求。通过分析问卷，我们发现半数左右的新教师能够拥有较为远大的教育目标，大多数教师希望通过培训能够得到实际教学方法上的指导，更看中培训的实践性，表现在更乐意观摩名师教学、注重一线教师的教学方法与实际操作，通过老教师的经验分享来弥补自身实际经历的缺乏。同时更倾向于能够得到优质的题库与教学资源，迅速充实自己，得到更大的发展。

总而言之，对于青年教师的培训，想要取得实际的效果，需要慎重对待，选择合适的培训人员，分享干货，少理论、多实操，频率适中，青年教师才能更乐意参加培训。

3. 新教师培养目标和课程结构

根据新教师的特点和需求，结合睿德分校的发展目标和愿景，本研究设计了睿德分校的新教师校本培训课程结构。如图1所示，我们取"睿德"二字作为新教师培养总目标，旨在培养"睿智、厚德"的教师，这一目标包含关键能力即睿智，必备品格即厚德，两个维度下融入了第八十中学的教师发展目标，即"恒学善研、严谨治教、正身育德、宽容大爱"四个领域，体现了睿德分校对第八十中学总校教师培养传统的继承和发展，睿德分校最终要培养的是"五有教师"；根据以上对新教师培养目标的解读，学校设计了十大培训课程系列分别对应"五有教师"培养，即有情怀、善坚守对应理想信念和师德系列课程，有智慧、善教学对应渊博学识和教育智慧系列，有专业、善钻研对应教育教学基本功和教科研系列，有理念、善引领对应理论培训和国际化课程系列，有担当、善合作对应团队合作和领导力培养系列。

4. 新教师校本培训形式

依据第八十中学睿德分校新教师的特点、需求和培养目标，校本培训不仅要满足新教师对教育教学知识、技能的需要，也要帮助新教师树立正确的教育观念，帮助新教师完成学生到教师的角色转换，帮助新教师规范教育教学行为，使新教师意识到自身专业发展和素质提升的重要性，并认识到校本培训是促进教师专业发展的最佳途径。结合学校现有资源和条件，我校以新教师研修班、学习共同体、师徒结对、个人自学反思四种形式进行新教师校本

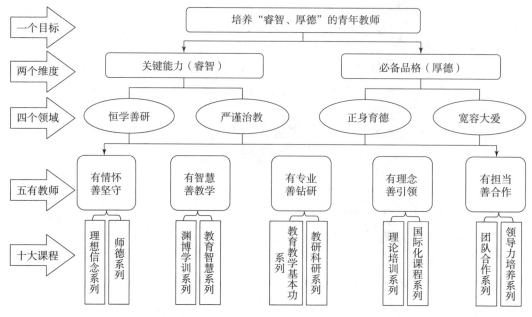

图1 北京市第八十中学睿德分校新教师校本培训课程结构

培训。

1）新教师研修班

第八十中学睿德分校依据新教师特点和培养目标，成立了睿德新教师研修班，进行定期研修。研修内容既有理论又有实操，既有教育教学又有科研，包含课标研读、核心素养解读、备课方法、教学方法、学生管理和班主任经验、复习课如何上、期末成绩如何分析、命题方法、如何成立社团、科研如何开展等，研修形式丰富多样，包含名师讲座、新教师小组合作与展示、实地参观、动手操作、课堂展示等；除此之外，学校举办特级教师进校园活动，邀请40多位特级教师走进睿德课堂听课、评课，给予新教师十分有价值的指导。特邀卡内基培训讲师进行了激励领导力培训，从提升自信、人际交往、沟通能力、领导能力、控制压力方面展开，有利于提升新教师沟通能力、学会说话办事的艺术。

学校保持和第八十中学本部的紧密联系，校本培训导师主要为第八十中学望京校区、白家庄校区的特级教师和优秀班主任。除此之外学校还邀请来自中国教育科学研究所、北京教育科学院研究员、华师研究院等的校外专家对新教师进行培训。

2）学习共同体

具体的学科教学中，教师应把握好学科知识在两个方面的转化：一是将课程标准转化进自己的教学设计；二是将教学设计转化为学生易于理解的知识。而新教师在教学中必然对这两方面的转化存在着困惑，因此睿德分校促成同一学科的老师形成学习共同体，学科组每人都上研究课，组内互听互评。

由此，新教师从单一的自我个体，通过与组内成员的共同学习，共同讨论，在共享、开放、信任的环境中达成共识，促进自我的专业化发展。在学习共同体中，新教师与老教师有平等的机会表达自己的想法，意识到自身在具体实践教学情境中的主体创造性，避免照搬理论上的教学方法或教学模式从而丧失自己在教学上的主观能动性。学习共同体所搭建的平等对话的平台能够激发新教师的主体意识,提高新教师学习的主动性和积极性,有利于新教师充分审视自身,定位自己的教学问题,找到解决方法。

3) 师徒结对

建构主义理论认为学习者的主动性、社会性和情境性对学习的结果有着重要的影响。建构主义理论推崇导师制,认为学习者的学习过程不仅是基础知识的简单灌输,更多的是一种经验传递。新教师渴望资深专业发展,需要学习资深教师的经验。

睿德分校为每一位新教师聘请了教育教学导师,每年进行"青蓝共辉"拜师大会,签订师徒协议。师徒结对是优势互补共同成长的过程,它以实践反思为价值取向,进行开放性和批判性的教学反思。在教学实践过程中,导师通过引导,帮助徒弟自己去发现问题,并提高其分析问题和解决问题的能力,从而培养徒弟自我反思能力的提高。在这一过程中,导师与徒弟分享有效教学的心得体会,彼此共同进步。同时,导师的言传身教有引领示范作用,在潜移默化中提高徒弟的教育教学能力。学校对师徒结对的整个过程进行有效监督和引导,让导师和徒弟相互信任,在一种融洽的氛围下开展自由、真诚的教育教学探讨。

4) 个人自学反思

第八十中学睿德分校新教师普遍具有较强的学习能力,在教师责任感和事业心的驱使下,自我学习热情更为强烈。因此,睿德分校强调并鼓励新教师进行自学反思,促进其主动拓宽知识视野,优化能力结构,强化求知欲望,保持工作热情,提高教学效率,激发钻研精神。学校鼓励新教师自学本学科知识,扎实全面,厚积薄发,并在精通专业知识同时进行课题研究;自学教育科学理论,丰富教育指导思想,不断改进教学方法;自学相关学科知识,增加知识面,在课堂教学中更加得心应手。

四、研究成果和取得的成绩

1. 第八十中学睿德分校"五有"校本培训课程体系

通过分析新教师的特点和需求,结合学校发展目标,睿德分校形成了特色鲜明的"五有"校本培训课程体系,明确了新教师的发展目标、对应各个发展目标的课程目标、课程实施方式、评价考核方式。本课程体系包含了形式丰富多彩的各种课程,发挥新教师的学习能力、研究能力,着重提高新教师的教育能力、教学能力、科研能力等,课程体系如表1所示。

表1 北京第八十中学睿德分校基于新教师特点的"五有"校本培训课程体系

发展目标	课程目标	课程支撑(实施)	考核评价
有教育情怀(理想信念系列和师德系列)	(1) 树立正确职业理想、信念,国家情怀; (2) 修炼高尚师德修养与行为规范; (3) 热爱学生,尊重学生,读懂学生; (4) 热爱教育事业,立志成为一名优秀教师	(1) 请有影响的名师或师德标兵做师德报告,教师对着写感悟体会; (2) 开展一次师德演讲活动; (3) 教师签订一份《师德承诺书》; (4) 教师制定一份职业成长规划; (5) 角色转换,师德培训,青年教师核心素养和行为规范,师德反思和交流	教育基本功大赛

续表

发展目标	课程目标	课程支撑（实施）	考核评价
有智慧、善教学（渊博学识系列）	（1）精通所任学科专业知识，了解相邻学科知识； （2）拓展文化知识领域，做到底蕴既专又博； （3）做到五个读懂：读懂教材、读懂学生、读懂课堂、读懂自己、读懂他人	（1）开展研课标/教材/建议专题"三研"； （2）广泛开展阅读活动，学校和教师个人都制订读书计划；教师写读书笔记，学校定期召开读书交流会； （3）请一位名师结合自己成长经历，谈自己的专业成长经验	
有智慧、善教学（教育教学智慧系列）	（1）提升备课与研读教材能力； （2）学会了解学生六个读懂：读懂学生特点、读懂学生基础、读懂学生需要、读懂学生思路、读懂学生错误、读懂学生情感； （3）提升组织处理教材与教学设计能力； （4）提升课堂管理与驾驭课堂能力； （5）提升课堂教学评价能力	（1）组织师徒结对活动（"青蓝共辉"工程）； （2）开展"磨课"活动（围绕专题备课—说课—上课—听课评课—反思总结）教师广泛开展听课评课活动； （3）做一次主题为《教师怎样撰写教学反思和教学案例》报告； （4）教师撰写教学反思和教学案例，并组织教师撰写教学反思和教学案例展示活动； （5）组织名师示范引领课和组织教师外出学习； （6）教学法梳理与建构（以骨干教师为主，一次"教学法梳理与建构报告"、几次学科组展示活动）	
有专业，善钻研（基本功系列）	（1）规范普通话、教学语言； （2）三笔字过硬（粉笔字、钢笔字、毛笔字）； （3）板书合理规范创新，会用简笔画； （4）教态自然阳光； （5）历练课堂有应变能力； （6）熟悉信息技术手段； （7）开好主题班会	（1）大练教学基本功； （2）竞赛、展示、考核	教学基本功大赛
有专业，善钻研（教研科研系列）	（1）会进行课题研究：选题，开题报告，中期报告，结题报告； （2）微格课研究； （3）会教学反思	（1）专家讲座：如何进行课题研究； （2）专家讲座：如何进行微格教学； （3）案例学习	
有理念，善引领（理论培训系列和国际化课程系列）	（1）学习掌握最前沿教育理论； （2）结合自己所任学科性质和多年教学经验，对发展观、教材观、学生观、教学观、教师观"五种"教学观念有自己独立思考和见地； （3）STEAM课程构建，国外先进教育教学理论学习	（1）一次教师参与体验式报告："从教学观念上突破自我——五种教学思想的梳理与提升"； （2）教师"教学思想与教学经验"展示活动（渗透五种教学观念，展示自己的学科教学思考与最得意的教学教学经验）； （3）理论培训； （4）国外考察学习	

续表

发展目标	课程目标	课程支撑（实施）	考核评价
有担当，善合作（团队合作系列和领导力培养）	（1）做会学习、会工作、会生活的智慧型快乐型教师； （2）热爱生活，不抱怨，宽容大度善合作团队意识； （3）一专多能，有自己的特长和兴趣爱好	（1）特长展示； （2）卡耐基训练； （3）社会实践：走进中学名校，参观革命圣地，校本课程的开发	

2. 新教师教育教学案例集

通过本课题研究，新教师的优秀教育教学案例已汇编成册，共收录了12个优秀主题班会教育案例和19个优秀研究课教学案例，已于2019年5月出版。

3. 新教师喜获佳绩

入校以来，新教师经过校本课程培训，教育教学能力以及科研能力有了显著提高，也取得了优异的成绩。教学和科研方面，很多教师在市区级微格和基本功教学中获奖，并出现了数十篇市级优秀论文。与此同时，青年教师在育人能力上也有了明显进步，许多老师的教育能力从青涩走向成熟，主题班会设计育人效果明显，弘扬了社会主义核心价值观、培养了学生良好的道德品质，也落实了睿德分校的育人目标，在朝阳区青年班主任基本功研修展示和中小学班主任主题班会实录评优活动中表现优异。

六、讨论和建议

本课题以北京市第八十中学睿德分校新教师为例，从新教师的界定、新教师的特点与需求分析、建立新教师校本培训课程体系方面展开研究，制定了我校新教师培养目标，并最终形成了我校新教师培训课程体系。研究过程中，我们调查并分析了睿德分校高学历新教师的特点和需求，并尝试对新教师培养课程的效果建立量化指标体系，为新教师培训课程的内容、方法和改革提供有力的参考，为形成更有效的新教师培养课程体系提供理论上的依据；同时有助于保障学校新教师培养相关决策的合理性，减少盲目培养的损失，继而提高新教师培养工作的效率，最终有利于教师队伍整体素质的提高。

本课题在研究和实施过程中还存在以下问题：①工学矛盾突出。作为新建学校，学校各方面工作事务繁杂；新教师刚刚毕业，欠缺经验；本区学生学习习惯较差，需要老师耐心指导；因此，平时的教育教学工作中已经占用大量时间和精力，校本培训也要占用时间和精力，一定程度上增加了本校教师压力。②校本培训和继续教育应当相辅相成。新教师需要参加继续教育，也要在学校参加校本培训，而两者在培训内容和形式上有一定的重叠和相通之处，因此如何使二者相辅相成，减轻新教师压力，提高培训效率也是我们应当继续探讨的问题。③培训师资的来源和选择。目前，睿德分校新教师校本培训的师资主要来源于第八十中学本部的优秀教师，主要针对教育教学技能问题，其他方面的专家相对较少。④教师培训经费略显不足。

参 考 文 献

[1] 李学农. 教师入职指南 [M]. 北京：高等教育出版社，2007.
[2] 傅道春. 教师的成长与发展 [M]. 北京：教育科学出版社，2001.
[3] 刘明霞，李森. 国外新教师入职教育及其对我国的启示 [J]. 教师教育研究，2008（3）：77-79.
[4] 王少非. 新教师入职教育：国际经验及其启示 [J]. 全球教育展望，2006（1）：62-65.
[5] 王少非. 校本教师教育的国际经验及其对我们的启示 [J]. 全球教育展望，2001（7）：23-28.
[6] Varah L J, Theune W S, Parker L. Beginning Teacher：Sink or Swim [J]. Journal of Teacher Education, 1986（1）：30-34.
[7] 代蕊华. 教师专业发展与校本培训 [M]. 北京：教育科学出版社，2011.
[8] 钱宇蕾. 基于教师学习共同体的新手教师 PCK 发展 [J]. 课程教学研究，2019（2）：21-26.
[9] 陈素烟. 建构主义视野下"师徒结对"对新任教师的影响 [J]. 内江科技，2018，39（10）：120-121.

专家点评

　　源于实践的问题是最有研究价值的真问题。本文结合学校自身发展的特点，围绕工作实际情景明确了新教师群体所面临的问题，根据学校文化和理念设计出新教师培训的五有（有情怀、有智慧、有专业、有理念、有担当）课程体系，再通过举办教师研修班、建立学习共同体、师徒结对、个人自学反思等多种形式开展新教师校本培训，从而实现了培养出"睿智、厚德"的教师的目标。

　　以研究的视角发现问题、分析问题、解决问题是本文的一大特色。在日常工作中有意识地收集各类数据资料，通过对前期数据资料的分析形成工作的出发点，通过对后期数据资料的分析形成研究的发现和结论，整个历程体现出了循证实践的特点。本研究的上述做法，值得广大同行借鉴。

北京师范大学　吴　娟

集团化视野下的新教师职初培训探索

首都师范大学附属中学 乔 楠 吴 冰

【摘 要】 新教师职初培训是指中小学已签约而未正式上岗人员的专项培训。在中学教育集团化的趋势下,新教师存在着规模与比例结构的新情况,以首都师大附中教育集团为例,职初培训立足于新情况,采用了需求调查、目标确立、课程设置、具体实施再到培训评价的方法,将集团化的协作性、"四修"课程的全面性与体验式学习的实效性充分结合,对教师职初培训进行了探索。

【关键词】 中学教育集团化学校,新教师,职初培训

中学教育集团一般以总校为核心,连接跨地区、多层次的众分校,构建起规模化办学的格局,体现出中学教育多元一体的发展规划。首都师范大学附属中学(简称首师大附中)自2008年起开启了集团化办学之路,目前已经成长为连接海淀区、门头沟区、大兴区、昌平区、通州区、房山区的七区十一校格局,集团秉承"资源共享、集中优势、保留特色、科学整合、协同创新、优质发展"的教育理念,积极引领教育的创新与发展。伴随着集团新教师的人数迅速增加,新教师的人数规模与比例结构发生了明显的变化,为充分助力职初培训,首都师大附中教育集团从新教师需求调研做起,逐步确立了培训目标和课程体系,对职初培训进行了有益探索。

一、新教师的需求分析

首都师范大学附属中学教育集团(简称教育集团)近年来入职的青年教师共30人,其中男教师8人、女教师22人;师范专业13人、非师范专业17人;本科3人、硕士25人、博士2人。采取问卷调查的方式了解新教师的培训需求,共回收有效问卷28份。新教师在教育教学、角色转变、生涯规划等方面的需求调研结果分别如表1~表4所示。

表1 教学培训需求

题目/选项	非常困惑/人(%)	困惑/人(%)	偶有困惑/人(%)	不困惑/人(%)
规范的教学设计	0 (0)	1 (3.57)	14 (50)	13 (46.43)
合理的教学方法	0 (0)	1 (3.57)	19 (67.86)	8 (28.57)
对教材的理解与把握	0 (0)	4 (14.29)	14 (50)	10 (35.71)

续表

题目/选项	非常困惑/人(%)	困惑/人(%)	偶有困惑/人(%)	不困惑/人(%)
对课堂有效的把控	0（0）	5（17.86）	15（53.57）	8（28.57）
对学生兴趣的激发	1（3.57）	5（17.86）	19（67.86）	3（10.71）
对良好师生关系的建立	0（0）	4（14.29）	14（50）	10（35.71）

表2 教育培训需求

题目/选项	非常困惑/人(%)	困惑/人(%)	偶有困惑/人(%)	不困惑/人(%)
角色转换困难，难以把握和学生相处的"度"	0（0）	5（17.86）	17（60.71）	6（21.43）
经验不足，无从下手，心理压力巨大	0（0）	3（10.71）	14（50）	11（39.29）
工作强度大，时间不够用，教育教学难以平衡	3（10.71）	3（10.71）	15（53.57）	7（25）
学生心理把握不足，缺乏和学生沟通的技巧	2（7.14）	4（14.29）	16（57.14）	6（21.43）
缺乏和家长沟通技巧，不知如何设计有效的家长会	3（10.71）	7（25）	12（42.86）	6（21.43）
缺乏班级日常管理和班会设计技巧	2（7.14）	8（28.57）	15（53.57）	3（10.71）
遇到紧急情况和困难学生不会灵活处理，自我怀疑和否定	2（7.14）	5（17.86）	14（50）	7（25）

表3 角色转换培训需求

题目/选项	非常担心/人(%)	担心/人(%)	偶有担心/人(%)	不担心/人(%)
学科教学	0（0）	3（10.71）	12（42.86）	13（46.43）
班级管理	2（7.14）	8（28.57）	14（50）	4（14.29）
教育科学科研	0（0）	6（21.43）	17（60.71）	5（17.86）
家校关系（与家长的沟通）	2（7.14）	6（21.43）	17（60.71）	3（10.71）

表4 生涯规划培训需求

题目/选项	非常期待/人(%)	期待/人(%)	不期待/人(%)
提供市区校各类教育教学比赛的机会	14（50）	13（46.43）	1（3.57）
为发表教育教学论文提供机会与支持	15（53.57）	13（46.43）	0（0）
鼓励青年教师之间的广泛合作与交流	16（57.14）	11（39.29）	1（3.57）
为个人想法与大胆创新的提供舞台	14（50）	14（50）	0（0）

综合表1~表4中的调查数据，我们总结出新教师共性化的培训需求，如"先进的教育教学理念""班主任工作的常规与技巧""班级管理中棘手问题的处理""教学比赛、论文指导"等，具体情况如图1所示。我们将这些共性需求进行整合和重组，作为新教师培训的任务点。

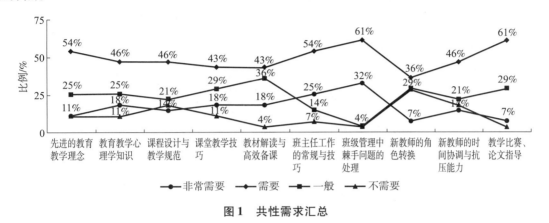

图1 共性需求汇总

二、新教师培训课程的设计

教育集团从新教师需求调研出发，展开多次研讨与筹备，不仅关注新教师业务能力的培养，更关注其职业生涯和终身发展。集团内各校间集思广益，提供了众多宝贵的经验，如总部多层次发展的"四修"课程体系，通州校区信念、管理与教学的三位一体模式，昌平校区个人与团队激励中成长的二元互助模式等。教育集团内的交流与探讨，扩宽了培训的视野，丰富了培训的思路。集团逐步形成"基础通修＋专业精修＋兴趣选修＋自主研修"四个培训模块，建立起以基础通修为基础，专业精修为发展，兴趣选修、自主研修为提升的"四修"课程体系。

1. 基础通修课程

该类课程旨在帮助教师更快更好地实现角色转化，站稳讲台，达到一名合格中学教师的基本要求，主要着眼于三个方面：教学、教育和综合素养。此部分课程具体分为四大模块：①通识课程，包括启动仪式、师德师风培训、参观校园及校史馆、心理培训、结业总结等课程，旨在帮助新教师了解集团、关心彼此，融入环境并完成角色转换。②教学课程，包括优秀教师经验分享、新教师经验交流、走进课堂学习等课程，旨在帮助新教师规范教学流程，掌握一定的教学方法。③教育课程，包括优秀教师经验分享、走进班级熟悉班主任日常工作等课程，旨在帮助教师掌握班主任工作流程，学习班级管理、师生关系和家校沟通的方法。④职业发展，包括生涯规划、读书交流、微格教学等课程，旨在锻炼教师口头表达和临场应变能力，提升个人素养，树立崇高理想，尽早制定职业规划。

2. 专业精修课程

该类课程旨在提高青年教师在学科教学中的专业知识和专业能力，包括学科教学知识、教学设计、教学实施、教育教学评价、课程开发等。该类课程从新教师职初实习阶段开始实施，提供课堂教学、教学设计、课程开发等领域的指导，分为三个模块："精雕细课"听课记录本、同课异构"正志杯"大赛、专题讲座"教师大讲堂"。

3. 兴趣选修课程

兴趣选修课程旨在通过人文艺术和体育心理等方面的课程，丰富新教师的工作生活，同时提升新教师的综合素养。兴趣选修课程包括人文艺术课程（书法、剪纸、烙画、陶艺等）与体育心理课程（瑜伽、芭蕾舞、心理辅导）两大方面。

4. 自主研修课程

自主研修的课程目标是通过职业发展课程和课题研究课程，鼓励新教师自主发展与终身学习，提升新教师的职业规划、课题研究和学术引领能力。自主研修主要包括专业进阶课程（教研引领、命题培训）与学术培养课程（论文写作指导、课题申报指导）两大方面。

三、新教师培训课程的实施

为了确保新教师培训的顺利实施，教育集团将总部与各分校间的人力资源部门有机整合，使培训平台、资源条件、关注程度、考核标准趋向一致性，同时实现教育集团内各校间的群策群力、优势互补，积极征集培训中的成功经验，广泛邀请各校参与讲座，使教育集团内部凝神聚力，共同助力新教师培训。教育集团以"四修"课程体系为指引，把理念融入培训实践的具体阶段中——初步引领、内化升华、体验交互、继往开来；以体验式学习为特色，深化团队合作，在能动性、创新性、时效性等方面不断推动，激发个人活力、展现团队魅力。

1. 初步引领

1) 树立理念，解析流程

新教师成长的第一要义是师德，它是教师成长的起点，是一以贯之的主线，也是职业发展的追求，教育集团讲求弘扬正气、成德达才。新教师培训的主要理念是体验式学习，改变单纯的接受，强调积极的参与，彰显体验—学习—分享—提升。在具体的培训过程中，新教师将自由结成小组，每组负责策划一次活动：从前期的活动构想，到了解新教师需求，再到与培训教师面对面沟通交流，直至完善方案、主持活动。在全方位的参与中培养沟通交往能力、合作创新能力与综合思维能力。

2) 严格考核，注重总结

为了保证良好的培训效果，教育集团领导向新教师提出了严格的考核和作业要求。新教师一方面自主策划主题活动，着力体现创造性与担当性，如邀请优秀教师的经验分享；"'与人同渔'——韩新生老师教学经验交流"，如筹办青年读书圆桌会议；"'慧聚一堂'——读书分享活动"，如策划新教师演讲比赛，如"'追梦之旅'——主题演讲活动"。另一方面，学校要求新教师听老师们开设的公开课，与老师们共享教学资源，参与学校组织的大型活动等。每次培训、听课都要求新教师将所思所想及时总结形成文字，其中的优秀作品日后装订成册。

2. 内化升华

1）教学讲座，站稳讲台

站稳讲台是新教师的首要任务，而扎扎实实的教学技能与基本功是站稳讲台的基础。教学讲座先后开设 8 次，分别从如何备课、如何讲课和如何听课三个层面，解决教学重要问题。例如，韩新生老师（教育集团数学正高级教师）的"青年教师成长三阶段"；又如，任海霞老师（教育集团语文特级教师）的"教师成长：从合格到优秀"，在新教师中产生了强烈共鸣。

2）教育讲座，凝聚班级

班主任工作是新教师工作的难点所在，其中班级的管理与成长成为关注的焦点。教育讲座先后开设 6 次，主要邀请集团内中级以上优秀教师，分别从班级制度建设与班级活动开展两个层面，解决班主任工作的困惑。例如，金晓丽老师（集团前党委书记）的"新教师的困境与疑惑"；又如，付迟老师（教育集团校本部高二年级组组长）的"为师从教，用一颗'办事业'的心"，对新教师有重要的指导。

3）心理讲座，走进心灵

教育心理学是新教师教育、教学的薄弱环节，关系到学生的全面与健康成长。先后开设两次心理讲座，分别从掌握师生沟通与处理突发情况两个层面，给出合理化建议。例如，李雅红老师（教育集团校总部心理咨询室负责人）的"勤于浇灌，用心成长"，对新教师有很大的启发。

4）跟班实习，脚踏实地

讲座的开设、理念的引导，最终离不开亲身的践行。跟班实习要求新教师进班实习一个月，充分立足于教育集团内总部与分校的实际学情，选择有针对性的目标班级，由教育集团领导与各学科主任共同确定班主任师父和学科师父，实现学习与实践的合理分工，把讲座的点拨与实际的体会结合起来。

5）实践参观，开阔视野

实践参观围绕北京市异彩纷呈的历史文化展与科技文化展。例如，历史文化类《五色炫曜——海昏侯考古成果展》《王后·母亲·女将——纪念殷墟妇好墓考古发掘四十周年特展》；又如，科技类《榫卯的魅力》等，让新教师自觉贯彻学科联动，语文的训诂、历史的考证、物理的结构、化学的成分在这里有机融合。新教师轮流担当讲解员，将学习、探究与知识运用充分结合。

3. 体验交互

如何充分满足新教师的需求，又切实培养起实践能力，教育集团提出以"体验式学习"引领职初培训。"体验式学习"源于美国学者杜威的"做中学"理论，后经大卫·库柏梳理，形成了系统的体验式学习理论。其核心思想是以学习者为中心，在动手实践中收获知识、技能和态度，它着眼于改变被动式接受，让职业理念深入培训者内心，并且在体验中感悟与升华。"教师通过种种经历，深度投入，在学理论、用理论、做理论的过程中感悟理论，理解理论的真谛，这样带来的效果是以往被动的听讲式学习所无法比拟的。"

1）读书交流终身学习

为了帮助新教师提升素养、扩大视野、养成终身学习的习惯，教育集团在每年 5 月初组织全体新教师参与读书交流活动。该活动由新教师自拟主题，采用"个人单独发言"、模拟"访谈节目"、模拟"读书推介会"等形式，介绍书籍的作者、主要内容、阅读感悟等，把自己心中的好书真诚地推荐给大家。

2）唇枪舌剑辩出知真

为了给新教师提供交流分享的机会，开阔视野、共同成长、培养批判性思维，集团在每年5月中旬组织新教师参与辩论赛。在活动中，新教师分成正、反两方，就共同关心的教育教学问题展开辩论，碰撞思想，解决疑惑。

3）风采演讲逐梦讲坛

为了明确新教师的职业梦想和生涯规划，锻炼新教师口语表达和临场应变能力，集团在每年5月底组织以"我的教师梦"为主题的风采演讲大赛。要求新教师提前两周准备，围绕主题自拟标题，力求出新，现场脱稿演讲。比赛时间为一天，由评委根据积分表评出一、二、三等奖。评委由教育集团领导和各校年级主任组成，从聚焦主题、创新思维、舞台风采、语音姿态等角度对选手进行点评，并以此作为聘任新班主任和任课教师的依据之一。

4）微格教学见微知著

为了提高新教师的教学质量，帮助新教师尽快投入教学工作，教育集团在每年6月初组织全体新教师参与片段教学展示比赛。新教师进行10~15分钟微格教学，展示教学基本功（具体要求详见表5）。同样，校领导和起始年级的年级主任作为评委，点评选手表现，并将此作为聘任新班主任和任课教师的依据之一。

4. 继往开来

1）结业典礼"继往"之学

为了不忘初心、回顾所学、鼓励优秀，培训结束前教育集团会组织新教师培训结业典礼。新教师们回顾培训历程，介绍培训收获，分享培训成果集。颁奖环节也在结业典礼上呈现，教育集团领导为新教师颁发讲课比赛奖、特殊贡献奖、优秀学员等奖项，优秀学员代表发言谈培训感受和收获。

2）拜师仪式"开来"之路

为了延续培训成果，继续为新教师搭建学习平台，学校每年都会让新、老教师"师徒结对"，并于结业典礼后进行拜师仪式。学校领导亲自主持拜师仪式，请师父们上台，徒弟为师父献花，徒弟代表发言，合影留念，开启新的征程。师徒结对是教育集团倡导的"传帮带"，既向新教师表明学无止境，日后要从教育一线中踏实学习，传承优秀经验，同时又为新教师的发展提供便利，由师父们手把手地呵护成长。师徒结对以三年为期，在此期间新教师积极旁听师父的讲课，及时反馈和交流，并在备课中接受师父的指导。

四、新教师培训的效果

为了掌握培训效果和日后的职初培训积累宝贵经验，教育集团从学员满意度着手，全面了解新教师对职初培训的整体满意度以及各个培训模块的满意度（表5），并将学员参与互动的讲座、反思文稿等汇总成册。

表5　学员对于培训的评价

项目/选项	非常满意/人(%)	比较满意/人(%)	不满意/人(%)
整体培训感受	21（70）	9（30）	0
模块一：基础通修	18（60）	12（40）	0
模块二：专业精修	16（53.33）	14（46.67）	0
模块三：兴趣选修	26（86.67）	4（13.33）	0
模块四：自主研修	14（46.67）	15（50）	1（3.33）

新教师对于培训活动给予了高度的评价，并在对培训课程的梳理中汇总成了讲义《薪火弦歌》，使每一次讲座、互动都生动再现。同时，新教师边学习、边反思、边实践、边创新，记录下了点滴的收获与思考、交流与感悟。教育集团精选新教师的感悟与反思，形成了《成蹊集》《扶摇记》等重要作品。

通过培训，新教师有了迅速的成长，在教育、教学方面均获佳绩：近年来教育集团新教师担任班主任的比例接近30%，新教师成长为教育集团内德育领域的有生力量；同时，新教师教学成果及比赛、科研、指导学生等方面获奖颇丰，教育集团本部新教师获市级一等奖2人、二等奖1人、区级一等奖6人、二等奖4人、三等奖4人；教育集团各分校以通州校区为例，获市级一等奖2人、区级一等奖4人、三等奖2人。

五、研究的反思与启示

教育集团新教师的职初培训是在教育集团化办学背景下的细节化实施，教育集团各校之间有着共同的主旨，整体的培训架构，但是有着形式多样的实施，打造出教育集团培训多元一体的局面。

1. 培训的特色与亮点

教育集团的新教师培训特色鲜明，亮点突出，主要体现在互助合作性的教育集团共享模式，能动积极性的体验培训模式，进阶全方面的科学系统模式以及成果高质量的精细管理模式。

1）职初培训立足教育集团化优势

教育集团充分利用资源共享、协同发展的优势，教育集团总部和各个分校在新教师培训工作上目标一致，互通有无，共同促进新教师的成长。不论是集中统一高标准的全员整体性培训，还是后期分校新教师拜师学习，教育集团总部师父跟踪培养，或是各个集团校新教师之间的交流互通、相互学习，还是每年同台竞技的教学比赛与常态化的相互观摩学习，都为新教师的全面快速成长提供了很好的助力和平台。在集团化协作的情况下，新教师可以享受到多样化的优质资源、持续性的系统培训、更加温馨的工作氛围，从而更快融入新集体，更好站稳讲台，筑梦杏坛。

2）职初培训贯彻体验式学习

职初培训充分融入体验式学习，强调新教师的实践性与创造性。从前期策划，到与培训教师面对面沟通，从完善培训方案，到活动主持、后期报道，可以说整个过程中新教师全程参与、积极发挥作用，教育集团人力资源部提供培训的大方向，而新教师完善、改进活动主题与内容，体现出极大的主动性与创造性。体验式学习让新教师实现个人才华与团队责任的结合，实现全程规划与限时聚焦的结合，实现有效分工与合作发展的结合。

3）职初培训把握系统化管理

新教师培训关注教师能力，关注新教师终身发展，培训设计科学、系统，涵盖启动、输入、输出、结业四大环节，紧扣教育、教学、综合素养三个方面，包含专题讲座、交流座谈、观摩听课、跟班实习、主题演讲、微格教学、读书分享、阶段交流多种形式。每一次培训都主题鲜明、设计用心、内容充实、亮点突出、层级清晰，助力新教师的全方位进阶。

4）职初培训保证严格化考核

从启动仪式到结业典礼全程120学时，由教育集团领导亲自牵头，教育集团总部与分校人力资源部门全力配合，新教师培训组长协助管理，全程监控、严格考勤、组织高效、管理精细，保证了培训的高效展开和显著成效。

2. 培训的改进方向

继往开来是教育集团一直坚守的信念，让新教师培训越办越好是教育集团不懈的追求。在今后的培训中，教育集团要进一步融入崭新的教育理念，提升理论高度，同时在与各地的交流活动中更多地汲取宝贵经验。此外，教育集团新教师的职初培训要更加贴近教育教学生活，如在风采演讲中可以采取"我的第一课""我的第一次班会课""我的第一次家长会"等；在微格教学展示的基础上，未来培训可以让新教师进行40分钟的实战比拼等。

六、结语

中学集团化办学顺应了时代的发展，体现着协同合作与优势互补，实现着社会优质教育资源的合理化分配。教育集团的成长由初期的聚焦于硬实力，开始逐渐转变为关注软实力，围绕教师梯队建设推进集团的可持续发展。而新教师的职初培训正是教育集团梯队建设的重要方面，是教育集团未来发展的着眼点。

职初培训工作依据新教师的规模变化与构成特点，通过需求调研与专业指引，形成目标明确的培训主题与课程设计，打造出基础通修、专业精修、兴趣选修和自主研修的"四修"课程体系。在实施过程中，培训着力彰显体验式学习的特色，强调新教师的实践性与创新性，围绕初步引领、内化升华、体验交互和继往开来四个阶段，将不同类型、多种形式的培训活动融入其中，最终实现个人、团队与教育集团的携手发展。

参 考 文 献

［1］刘朋. 构建教师培训评价体系的理论思考［J］. 师资培训研究，2002（3）：20 - 23，27.

［2］刘桂侠. 美国中小学的体验式学习及启示［J］. 教师教育学报，2019，6(5)：96 - 104.

［3］孙晓彤. 教育会诊：窥探校本培训之径［J］. 教书育人（高教论坛），2019（27）：36 - 37.

［4］范小梅，戴晖. 基础教育集团化办学的缘起、动因与实现路径［J］. 教学与管理，2019

(34)：12-14.
[5] 黄海涛."体验式学习循环模式"在高中生涯教育中的应用[J].广东教育（综合版），2019（12）：30-31.
[6] 邱曙光.校本培训：精准助力教师专业成长[J].中小学管理，2020（1）：57-59.
[7] 王伟.集团化办学背景下教师队伍建设的理路[J].中国教育学刊，2020（1）：105.
[8] 汤湘花，孙国群.新时期如何实施集团化办学[J].华人时刊（校长），2020（1）：55.
[9] 袁陆军.校本培训形式下教师学习共同体的基本特征分析[J].高考，2020（2）：15.
[10] 杨晓莹，杨小微.共享发展：基础教育集团化办学的路径探寻[J].教育发展研究，2020，40（2）：34-41.
[11] 卢鸿鸣.集团化校本研训共同体建构效能评价策略[J].湖南教育（D版），2020（3）：49-50.
[12] 章继钢.集团化办学背景下培养"教有所长"型教师的实践与研究[J].教育家，2020（14）：57-58.

专家点评

集团化背景下的教师培训，是教师专业学习和培训所面临的新问题。本文以首都师大附中教育集团为例，着重从培训需求分析、培训课程设计与实施、培训效果评估等方面，对新教师的职初培训进行了实践探索，取得了较好的培训效果。特别是，提炼了集团化的协作、共享及一体化的培训思路；形成了以基础通修为基础、专业精修为发展、兴趣选修、自主研修为提升的"四修"课程体系；探索了以体验、合作、互动为主要方式，按照初步引领、内化升华、体验交互、继往开来的路径推进培训的开展，以学员的实际收获和发展评估培训效果等培训策略。

北京教育学院 何彩霞

面向新教师的项目式校本培训课程建设与实践

中国人民大学附属中学　黄群飞　万　丹　王　宇

> **【摘　要】**　教师学习与培训是教师专业发展的前提和基础，培训课程是教师培训的核心问题。根据国家的育人目标和对教师发展的要求，结合本校实际，本研究重点探讨新教师培训课程的建设和实施。依据项目学习的特点，从新教师的实际问题和需求出发，整体设计职前培训、教学基本功培训和学科教育教学培训的进阶式培训目标和内容，通过主题报告、示范观摩、实践训练和浸入式学习等方式进行培训课程的实施。着眼于新教师的发展需要、以实际教学问题为导向的项目式校本培训课程，将培训学习和实际工作紧密结合起来，可以极大提高参训教师的积极性；通过深度参与的学习体验和实践训练，有助于参训教师教育教学能力的提升。
>
> **【关键词】**　新教师，项目式学习，校本培训课程建设

一、研究背景与意义

《国家中长期教育改革和发展规划纲要（2010—2020年）》指出，强国必先强教。国运兴衰，系于教育；教育振兴，全民有责。教育发展，教师为本。教师作为专业发展的主体，教师学习是教师专业发展的前提和基础，因此高效能的教师培训工作成为未来教育发展的重中之重。

根据专业发展阶段理论，教师的成长是多阶段的、连续的、动态的、终身的过程，青年教师的专业发展，不仅仅是满足新教师自身的成长需求，也是学校发展的根本。新教师处在初级阶段，虽然已经具备了一定的理论知识和教学经验，但在实际教学和自身专业成长方面还比较困惑。因此，新教师尤其是从教一两年内的新教师是最需要接受相关培训的。

近年来中国人民大学附属中学（简称人大附中）招聘了数量较多的毕业于重点大学的博士、硕士应届毕业生，青年教师已经超过60%。新教师的学历高，学科领域广泛，科研能力及国际交流能力强，但是入职初期存在教学经验不足的问题，专业教育教学水平有待提高。学校领导高度关注如何让新教师更快地适应教学、管理工作，如何帮助新教师实现长远的专业发展。

根据国家的育人目标和新时代教师队伍的特点，同时结合人大附中教师队伍的实际情况，本课题的研究重点是基于新教师一线工作的实际需求，开发建设一套符合新时代高学历新教师发展需求的、适合校本实操的教师培训课程体系。

本研究培训课程所面向的新教师是指入职三年内的新教师，尤其以一两年内入职的教师为重点培训对象。针对新教师入职初期面临的实际问题，开展利于提高教学基本功和教学实践能力的培训课程，帮助新教师快速提升教育教学水平，更好地胜任日常教学工作。

本研究所提出的项目式培训课程是指基于项目学习的理念和方法进行培训课程的设计。关于项目学习的概念，国内外研究者从不同角度给出了不同的定义，虽然表述方法不完全相同，但是他们都强调了学习者的主动性，对学习者创造性才能的挖掘，自主解决问题、建构知识以及动手实践的能力。

二、培训课程的整体设计

1. 课程建设的指导思想

教育部关于《全面深化新时代教师队伍建设改革的意见》指出："建设高素质专业化创新型的教师队伍，亟待加强职前培养、入职培训和在职进修。要通过分类开展教师在职培训与研修，全面提升各级各类教师质量。"不同阶段的教师都面临发展的需求，都需要不断学习和接受新的理念和实践探索。

因此，我们需要根据新教师的特点，在识别问题、分析需求的基础上，设计培训课程的目标、内容和形式，提高培训课程的针对性和实效性。本研究在进行课程设计时遵循如下原则：

（1）培训课程的目标应与参训教师的需求相一致，以学员为中心，满足参训教师的问题解决和发展需求。

（2）从实际问题和教师的发展需求出发，适时、适量地设计贴合实际工作的培训内容，完整涵盖培训目标所涉及的内容。

（3）基于项目学习的理念，设计更利于开展探究式学习的培训形式，促进参训教师的主动学习和自主学习。

2. 培训课程的进阶式设计

为了更有针对性地促进新教师的成长，本研究以入职三年内的新教师为培训主体，通过分析新教师在不同阶段所面临的实际困难和成长需求，按照分段进阶的思路进行培训课程的设计和实施，通过项目式培训促进新教师教学实践能力、教学管理能力、教育科研能力的全面发展。培训课程可以按照如下几个阶段递进开展（图1）。

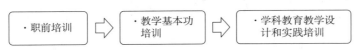

图1　培训课程的进阶式设计

1）培训目标

培训目标是指经过培训之后，参训教师需要实现的目标和应该达到的标准，它统领整个教师培训的过程。本研究将帮助新教师解决实际问题、提升新教师的教育教学教研能力作为培训课程的总体目标。

通过分析新教师不同阶段的特点和发展需求，进阶式培训目标设计如下：第一阶段的职前培训，目的在于帮助新教师做好入职准备；第二阶段的教学基本功培训，旨在帮助新教师掌握上好一堂课的基本流程和技巧，上好第一堂"达标课"；第三阶段学科教育教学设计和实践的培训，旨在通过实践打磨，学习如何打造一堂"精品课"。

2）培训内容

针对不同阶段的培训目标分析，分阶段的培训内容设计如下：第一阶段的职前培训侧重工作规范、教师基本准则等内容；第二阶段的培训侧重于从备课、说课、作业设计等方面提升新教师的教学基本功；第三阶段的培训则主要通过教学实践训练提升新教师的学科教育教学设计和实践能力。

3）培训形式

基于项目的学习强调以项目为依托，将学习者置身于真实情境之内，以问题为导向，以学习者为主体，以团队学员之间的互动实现问题解决和知识分享，在教师培训中引入项目式学习的思路和模式，需要从培训项目管理的角度出发，以项目学习的理念进行培训课程的构建和实施。

根据不同阶段的培训内容，结合项目学习的特点，本研究拟采取主题报告、示范观摩、实践训练和浸入式学习等多种形式实施培训课程。

（1）主题报告。由有一定教学经验和教学成果的优秀教师进行教学教法技巧分享，让新教师初步了解新课程的要求，帮助新教师更有准备地上好课。

（2）示范观摩。由经验丰富的老教师进行引领示范，帮助新教师树立正确的课堂教学典范；新教师通过创造性的观察学习，从示范活动中抽取并形成适合自己的行为方式，将自己所学所思应用于自己的教学实践中。

（3）实践训练。以青年教师基本功大赛为平台进行实战训练，以赛代练，切实提升教师基本功；以打造一堂精品课为目标，通过集体备课、课程实施、课后反思等实践训练，进一步提升课程设计和实施的能力。

（4）浸入式学习。新教师参加同伴或骨干教师的磨课活动，体验备课、磨课、观课、评课的全过程，通过浸入式学习进行观摩、体验和反思，增强对学科教学的理解，提升自身课程设计和实践的能力。

3. 课程实施的组织保障

人大附中高度重视教师的专业成长和发展，由学校党、政联席会通过教学领导小组统筹规划，由教务处、教师发展中心和科研办联合负责具体培训事项，建立学校教师专业发展的组织保障（图2）。

学校教务处、教师发展中心和科研办统筹整合各级各类培训、教研活动，结合教研组、备课组活动以及师徒制传帮带传统，根据新教师的发展特点分阶段进行项目式主题培训，将日常教学和培训融为一体，促进教师"做中学"，促进教师发展和教学质量的提高。

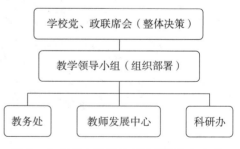

图2 人大附中推进教师培训的组织架构

三、培训课程的具体实施

1. 项目式培训课程的设计

项目式培训,实际上是教师基于项目学习的过程。本研究依据项目学习的基本理念,从课程的目标、内容、过程和结果几个要素出发,进行项目式培训课程的设计。

1)目标的设定

在项目式学习的培训环境下,应尽量对培训目标进行全面性分析。包括对新教师初始水平的分析,对培训目标进行细化,并将培训任务对应分成多个培训子目标,尽可能满足每名参训教师的学习需求,帮助参训教师达到培训目标。

本培训课程的总体目标是帮助新教师解决实际问题、提升新教师的教育教学教研能力,具体分阶段设置不同的进阶式目标。第一阶段的职前培训目标是帮助新教师了解工作准则和教师规范,做好入职准备;第二阶段的教学基本功培训目标是帮助新教师掌握上好一堂课的基本流程和基本经验,上好一堂"达标课";第三阶段的教学设计和实施的培训目标是进一步提升新教师对学科教学的认识和教学实践的能力,目标是打磨一堂"精品课"。

2)内容的选择

基于项目的学习经常围绕一定的内容来设计问题和活动,学习的内容应该是来源于现实生活的复杂的、非预测性的问题,是为了完成培训课程的总目标而需要参训教师所掌握的知识和技能的总加成。

针对职前培训,选择解读相关文件和典型案例分享为主要内容,帮助新教师初步建立教师工作的基本认识和理解,做好工作准备。针对教学基本功的培训,按照一定的连贯性,选择经验分享、技巧传授和案例观摩等内容,帮助新教师学会设计课程、实施课程的基本步骤和方法,顺利完成一节"达标课"。针对进一步提升学科教育教学设计和实施的培训,通过真实课程设计、磨课、实施和评课全过程的学习观摩,帮助新教师进一步加深学科理解和课程设计、实施能力,学会如何打造一堂"精品课"。

3)过程的设计

基于项目的学习的需要提供"支持学习者进行探究活动的环境"。本研究在教师的真实教学环境下,提供来自专家型教师、资深教师和教研专家不同角度的指导和分享,以实际教学问题为载体,进行教师培训课程的设计和实施(图3)。

4)结果的评价

基于项目学习的最终结果是构建一个具体的产品。本培训课程的成果是新教师的一堂"达标课"或"精品课",参训教师通过真实课程的设计、打磨、实施和反思的全过程训练体验,课程设计和实施能力获得提升,教育教学水平得以提高。

2. 培训课程的实践

1)入职培训

入职培训的核心目标是帮助新教师快速了解工作准则和教师规范,对教育教学工作形成基本认识,做好入职准备。学校教务处、德育处、教师发展中心联合,由多位校领导和优秀教师代表通过主题报告、案例汇报和交流互动等形式,为新教师进行工作准则和工作规范的

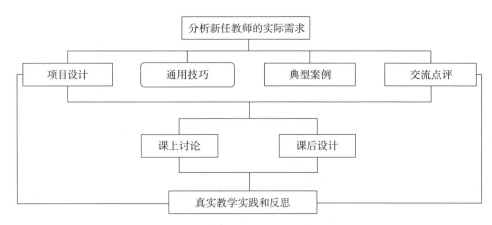

图 3　新教师培训课程的实践路径

文件解读，典型课例和德育活动案例的分享交流。从教师的备课工作到教科研的参与，从工作纪律的严明到教师的职责，从班主任培训到师德、师风的建设，从多方面帮助新教师做好入职准备（表 1）。

表 1　入职培训课程安排

培训目标	培训内容	培训形式
学习相关工作文件和规范，对教育教学工作形成基本认识，做好入职准备	学校教育教学工作基本要求： （1）教师工作规范培训； （2）中学教师专业标准及教学安全规范； （3）德育工作规范	主题报告
体验优秀案例，进一步加深对教育教学工作的认识和理解	优秀案例分享： （1）教学工作典型报告 1、2； （2）德育工作典型报告 1、2、3	案例分享
分享培训所得、所思，做好个人规划和工作准备	新教师沙龙： （1）对新时期教师职业的认识； （2）入职前的各种准备及已具备的条件； （3）对本学科新课标的认识； （4）对人大附中及教育理念的认识； （5）职业生涯规划	讨论、交流和分享

2）教学基本功培训

教学基本功的培训目标是帮助新教师掌握上好一堂课的基本流程和基本经验，上好第一堂"达标课"或"公开课"（表 2）。

表 2　提升教学基本功的培训课程安排

培训目标	培训内容	培训形式
学习、理解学科教育教学设计的基本要求和技巧	课堂教学设计培训： （1）《如何上好一节课》； （2）《教师的基本功——说课》； （3）自选课题准备教学设计和说课展示	专题讲座

续表

培训目标	培训内容	培训形式
学习说课的技巧，提升说课的能力	说课的指导培训： （1）分组讨论，说课展示； （2）特级教师指导答疑； （3）资深教师说课示范	主题沙龙
以赛代练，通过实践提升教学设计和实施能力	教学实践和指导： （1）说课大赛； （2）解题大赛； （3）板书大赛	新教师基本功大赛
理解作业设计与实施的目标，学习作业设计及实施的一般规律和学科特质	课后作业设计培训： （1）作业的功能； （2）素养导向的作业设计框架； （3）作业设计和实施的有效途径	专题讲座

教学基本功培训课程的具体组织实施情况如下。

培训专题1：帮助新教师学习、理解课程设计的基本要求和技巧的特级教师分享报告。

说课、备课是新教师普遍较为薄弱的方面。备课主要指导教师思考怎么教，是上课前的蓝图；而说课则是把这一蓝图理性化，说清为什么要这么做。第一次培训专题邀请学校的两位特级教师分别围绕如何备课和说课进行专题讲座培训。

《如何上好一节课》的专题报告，提炼出一堂"好课"所应具有的共性特点，并通过案例展示，解释如何将这几点要求贯穿于教学当中。同时，针对新教师如何上好课的问题，从备教材、备学生、设计教学流程、写教案、备语言和教学反思六个方面给出经验分享。

《教师的基本功——说课》的报告，根据新教师的关注点，详细介绍了说课的基本架构，阐述说课的方式和重点。尤其针对教师说课过程中容易出现的问题，给出细致的说明，帮助新教师加深对说课和备课的理解。

培训最后，参训教师基于实际教学任务，自选课题进行教学设计和说课的准备，该任务将贯穿于第二阶段的整个培训过程。

培训专题2：帮助新教师进行说课演练和分享的主题沙龙培训课程。

承接第一次培训课程的课后任务，第二次项目式培训课程围绕教师说课能力的培养展开，培训以主题沙龙的形式开展。

第一环节：新教师分组讨论和说课展示。首先参训教师按照学科分组，依次分享自己的说课选题和交流准备过程中遇到的困难与疑惑；然后随机抽选两位教师，现场进行说课展示。

第二环节：特级教师指导答疑。新教师说课结束后，两位特级教师分别进行点评和指导，并针对很多共性问题给出高屋建瓴的经验分享。重点针对新教师集中反映的"如何选题""如何说明学习目标"以及"如何制定学业评价标准"等一系列问题进行解答。

第三环节：资深教师说课展示。邀请资深教师与大家现场分享一节参赛课程的说课过程，用真实案例向参加培训的教师们展示说课要说什么、如何说，使新教师对说课有了更加直观的认识和体会。

培训专题3：以赛代练，通过实践提升教学设计和实施能力的基本功大赛。

为了更好地落实新教师培养目标，促进教师们将所学所思应用于实际教学，学校教务处和教师发展中心联合主办青年教师基本功大赛,以赛代练,为新教师提供教学实践训练、展示的平台。

基本功大赛设置说课大赛、解题大赛和板书大赛三个环节,在比赛准备和开展过程中,各学科教研组长全程跟踪督导,依据学科核心素养、新课改导向和北京新中高考方向进行命题和指导,切实为新教师做好传帮带工作。

在备赛过程中,新教师们认真研读本学科的课程标准和新课改的文件要求,并且得到师父和备课组老师们的指导和帮助。通过这样的教学实践训练,新教师们以赛代练,加深对学科教学的认识和理解,显著提高自身的学科核心素养和业务水平。

培训专题4:帮助新教师学习和理解作业设计与实施的教研专家讲座。

课后作业是教学过程中一个有机组成部分,是课堂学习的知识技能及时巩固的重要途径,也是新教师落实教学任务的重要工作内容,进行有质量的作业设计与实施,也是教师必备的专业素养之一。

邀请校外教研专家进行《素养导向的作业设计与实施》专题讲座。报告通过精准的理论和大量翔实的案例,从"从课程育人的视角重新审视作业的功能""构建素养导向的作业设计框架""寻求作业与教学、评价的一致性和互补性"三个方面,介绍了进行作业设计和实施的必要性和有效途径。

通过专题讲座,帮助新教师进一步明确作业设计与实施的目标,并总结出作业设计及实施的一般规律和学科特质。同时也对教师们提出了学以致用的要求,即将培训所学所得落实到日常教学的作业设计中。

3)学科教育教学设计和实践培训

学科教育教学设计与实践培训的目标是帮助新教师对所任教课程的不同阶段、不同模块形成整体性的理解,同时通过备课、磨课、授课、评课和反思的全过程培训研讨,加深新教师对学科的理解,提升新教师的学科教育教学设计和实践能力。

由于新冠疫情的影响,线上教学成了教学的主要形式。因此,本阶段的培训活动增加了线上课程实践培训的内容,旨在促进信息技术与教育教学的深度融合,帮助新教师顺利适应线上教学的工作(表3)。

表3 学科教育教学设计和实践培训的课程安排

培训目标	培训内容	培训形式
了解教学研究的方法,体会线上教学的特点	教学研究方法的培训: (1)教学研究的方法; (2)如何展开线上教学工作	专题讲座
观摩精品课,了解学科教育教学设计的全过程	教学实践案例的观摩与研讨: (1)线上教学的一些思考; (2)精品课的观摩、评课、反思	经验分享 观摩与研讨
设计精品课,通过实践提升学科教育教学设计和实施能力	打造精品课的实践培训: 线上精品课的设计	专家指导与点评

学科教育教学设计和实践培训的具体组织实施情况如下。

培训专题1:帮助新教师尽快适应线上教学,提升教学研究能力的特级教师、资深教师分享报告。

面对线上教学,要让新教师尽快进入角色,有一定的挑战性;而在教学开展的过程中如何进行深入研究,对于新教师的快速成长有着很重要的意义。因此第一个培训专题邀请人大附中教学主管副校长和教师发展中心主任分别进行专题讲座培训。

教学主管副校长根据开学初期对各种教学平台的实际操作情况,以及师生的教学反馈进行的调研反馈,结合实例,从线上教学的优势与劣势,如何依托网络组织备课、授课、批改作业、答疑等系列教学活动,任课教师需要注意的教学规范等角度,对新教师进行指导。

教师发展中心主任结合自身成长经历,梳理出用问题为教学研究确定方向、用积累为教学研究奠定基础、用理论提升教学研究的水准、用创新体现教学研究价值的宝贵经验。这些经验给新教师的教学工作以新的启发,帮助新教师提升对教学研究的理解和认识。

专题讲座之后,参训教师和邀请的资深教师进行互动交流,进行深入研讨。

培训专题2:教学实践案例的观摩与研讨。

为了更好地指导新教师的教学实践,第二次培训专题邀请几位在开展线上教学中积累了一定经验的优秀青年教师进行教学实践案例的观摩和研讨系列活动。

观摩学习活动1:新教师首先线上观摩一节区级公开课——初三年级《函数与方程、不等式》复习课。课后,授课教师进行《线上教学的一些思考》的云教研活动,从全学期课程的规划与设计、如何提升课堂有效性、利用网络教学手段促进师生间的交流、实现线上与线下教学融合等不同的角度,对课程的设计与具体实践进行了深入分析。

观摩学习活动2:新教师首先线上观摩全国级公开课——《函数的周期现象》的两节系列课。课后,授课教师向新老师们详细呈现了系列课的选题、整体设计、课前准备、课堂教学、课后反思的整个过程。其中如何引导学生收集素材,形成丰富的教学资源,并在课堂中有效利用,使新教师深受启发。

两场观摩研讨活动,都邀请海淀区教师进修学校的专家对课程进行精彩点评;同时数学教研组的两位特级教师结合学科教学实践,和新教师们进行交流。新教师也结合自身的求学经历、任课教师的学科特点进行了探讨与思考,形成了宝贵的听课总结材料。

培训专题3:精品课的实践培训。

在资深教师指引和优秀教师的精品课程观摩活动之后,以教研组、备课组为单位,结合海淀区提出的"引导支持型""主题拓展型""实践探究型"三类课程类型,进行任务驱动式的教学实践培训活动。

在这一阶段的培训中,每位新教师首先自主设计课程并公开展示,然后由新教师的师父进行线上指导,由教研组、备课组全体教师共同听课、评课和研讨。新教师们集思广益,勇于尝试,将培训所学所思应用于自己的教学实践,亲身体验如何打磨出一堂精品课程。

3. 培训课程的成效

通过前两个阶段的项目式培训课程实践,新教师的课程设计和实施能力得到显著提升。经过系列培训和学习,同时结合师父的指导、备课组的磨课活动等,参加培训的新教师共推出市区级公开课十余节,校级公开课、达标课40节,公开课质量较高,得到听课老师和专家的好评。

疫情期间线上教学的形式使得观摩学习变得更加便利,通过系列的"云教研"培训,新教师可以有更多的观摩学习机会。新教师一方面作为参训教师,从备课、说课、观课到评课全过程参加线上专项研讨和交流,对学科的理解大大加深,学科教育教学设计和实践能力得到大幅提升；另一方面，新教师表现出很强的创新意识和活力，在接受新技术、新手段方面表现活跃，尤其在板书运用、互动展示等方面做出了积极的探索和尝试，通过线上的讨论和交流，极大促进了线上教学效果的提升。

四、研究总结与展望

1. 研究小结

本研究所开发的新教师培训课程，从学校特点出发，以新教师不同阶段所面临的问题和发展需求为切入点，基于实际教学问题设计项目式校本培训课程，通过主题报告、示范观摩、实践训练和浸入式学习等方式进行培训课程的实施，新教师的教育教学能力得到大幅提升。培训课程的主要特点如下：

（1）教师为本的设计理念。培训课程旨在帮助新教师解决实际问题或困惑，与教师自身的教育教学工作密切相关，可以有效缓解新教师工作繁忙与个人发展的矛盾冲突，促进新教师"做中学"，提高教师的参与度和积极性。

（2）问题导向的内容设计。以新教师实际面临的问题为切入点，确定培训目标和培训内容，以实际教学任务为培训载体，有助于促进新教师的自主学习和主动学习，更好地帮助新教师解决实际困难或困惑，提高培训课程的成效。

（3）深度参与的培训体验。培训课程既有面向全体的报告或优秀课例展示，帮助新教师通过观摩，学习借鉴优秀经验和方法，优化自身的教育教学方法；也有分学科的个性指导和交流互动，有助于让新教师获得更有针对性的指导；还有浸入式的备课、磨课、观课、评课等观摩体验，帮助新教师获得切身体会。通过有分有合、多种方式并举的培训方式，显著提升培训的效果。

（4）学以致用的培训产出。参训教师以青年教师教学基本功大赛为平台，进行说课、备课等培训成果的展示。这种以赛代练的形式，利于新教师将所学所思应用于实际教学工作，切实提高新教师的教学实践能力，也可作为检验培训效果的一种方式。

2. 后续研究展望

在前期培训课程的基础之上，还应继续以新教师工作和发展的实际问题为切入点，开发设计更加深入、全面提升新教师教科研能力的培训课程和活动。后续研究探讨的重点是如何设计更高阶的培训课程，从教学实践、教育管理、教育科研等多方面，进一步促进新教师的成长和发展。

根据目前的培训课程设计和实践经验，后续针对教师培训课程本身的设计，还可以从如下方面进行深入探讨：

（1）引导新教师进行自我反思。自我反思对于新教师教学水平的提升和专业发展都具有重要意义。可以反思的内容包括：对教学理论知识的反思、对课堂教学的反思、对教学态度和教学方法的反思等。

（2）进一步拓展培训效应。树立长期指导的意识，和学校传统的师徒结对、集体备课等老带新活动相结合，拓展培训的长期效应，为新教师的成长提供帮助。

（3）探讨线上、线下教学模式的互相促进。以线上教学的研究，推动线下教学的改革。

梳理线上教研、培训的优秀经验，一方面继续推广优化，另一方面也以此为契机，线上、线下相结合，进一步做好新教师的培训工作。

（4）探讨培训的评价方式。具体的课程评价，可以综合采用问卷调查法、访谈法、实践检验法等，从不同主体、不同维度、不同阶段进行评价。例如，专家教师和培训者对参训教师的评价、参训教师对培训课程的评价反馈以及培训课程的效果评价等，都是需要关注的方面。

参 考 文 献

［1］郝敏宁．影响教师专业发展的因素分析——兼论促进教师专业发展的策略研究［D］．西安：陕西师范大学，2007．
［2］丁钢．中国中小学教师专业发展状况调查与政策分析报告［M］．上海：华东师范大学出版社，2010．
［3］罗伯特·卡普拉罗，马丽·玛格丽特·卡普拉罗．基于项目的 STEM 学习［M］．上海：上海科技教育出版社，2015．
［4］Anderson J R. Cognitive psychology and its implications（2nd ed.）［M］. New York：W. H. Freeman and Company，1985.
［5］中华人民共和国教育部．中共中央国务院关于全面深化新时代教师队伍建设改革的意见［EB/OL］．（2018-01-20）［2019-05-16］．
［6］龙丽嫦．基于项目学习的创客教师培训设计与实施［J］．教育信息技术，2017（5）：31-35．
［7］郑春林，叶碧欣，杨龙琦，等．"基于设计的项目学习"模式的运用与效果分析［J］．科技视界，2012（34）：46-47．
［8］王丽娜．基于项目式学习的教师信息技术应用能力培训模式设计与实施［D］．上海：上海师范大学，2019．
［9］牟春蕾，黄今．高校教师信息技术应用的培养及培训模式研究［J］．运动，2016（3）：81-82．

专家点评

校本培训是教师专业学习与发展的重要途径，培训课程建设是校本培训的核心问题。本文结合人大附中学校实际，依据新教师的培训需求，整体设计了校本培训课程的目标进阶，分阶段有针对性地解决新教师的"入职""适应""提高"的问题，并以项目式学习理念为指导，就不同阶段的培训课程内容设计与实施进行了实践探索，取得了较好的培训效果。特别是，基于培训的实践探索，积累并提炼了着眼于教师发展为本的培训理念、准确识别教师的培训需求、以解决实践问题为导向、将培训与新教师教学工作实际有机整合、整体设计培训课程等校本培训经验和策略。

北京教育学院　何彩霞

借助 OTP 需求分析模式完善中小学新教师校本培训个案研究

北京教育学院石景山分院　李　琳

【摘　要】 校本培训对新教师专业发展至关重要，培训实施前的培训需求分析会直接影响培训的实际效果。本研究选取一所学校作为个案，采用 OTP（Organization Task Person Model）需求分析模式对学校的新教师校本培训进行系统而详细的分析。研究结果显示，OTP 需求分析模式对改进中、小学校新教师校本培训工作具有积极意义。

【关键词】 OTP 需求分析模式，新教师培训需求，校本培训，个案研究

一、研究的背景与意义

1. 研究背景

新教师校本培训是提高中小学新教师职业认同感、促进其专业发展的重要途径。目前，中、小学校逐渐认识到校本培训的重要性，普遍开展了相关培训，取得了可人的成绩，但是还存在一些问题，主要表现为培训需求调查缺乏科学性和系统性。需求调查作为培训项目设计的起点，直接影响着培训方案的制定和培训实施的效果。完善培训需求分析是改进培训工作、提升培训质量、考评培训效果的基本依据。本文作者所在的部门承担着区域中、小学教师校本培训的指导和管理工作，工作中发现校本培训需求调查欠缺、培训工作有待优化。

2. 研究的目的与意义

本研究采用个案研究法，选取一所初、高中一体化学校作为案例，选取该校入职 1~3 年的新教师作为研究重点，主要是针对个案学校，对其进行系统的 OTP 校本培训需求分析，梳理出该校新教师校本培训需求，将需求报告反馈给学校校本培训管理者，指导学校对未来的校本培训工作进行调整，使其更加科学与合理。

本研究具有实践和理论两重意义：一是实践价值，此课题来源并服务于一线中小学校本培训的实际工作，研究成果能直接应用于教师培训的实践中，促使基层教师培训工作目标更加明确，提升培训的针对性、科学化、专业化；二是理论意义，对新教师校本培训进行需求分析将进一步拓展 OTP 需求分析模式的适用范围，探讨其在校本培训工作中

的价值与作用。

二、研究的基本思路与方法

1. OTP 需求分析模式简介

OTP 需求分析模式由 McGehee 与 Thayer 于 1961 年在其著作《工商业培训》（Training in Business and Industry）中提出，他们认为培训需求的确定不能仅靠主观分析，只有从组织、任务和人员三个层次上综合分析，才能系统、客观、准确地识别培训需求。其中，组织分析通过对组织的发展战略、资源及环境等多个方面进行分析，识别组织发展中存在的问题以及面临的机遇与挑战，以确定是否需要、是否适宜采用培训促进组织目标的实现。综合国内外学者的研究成果，组织分析层面还可以细分为组织现状分析、组织发展战略分析、组织资源分析、培训氛围分析、外部限制条件分析五个维度。任务分析侧重于描述某一工作岗位的性质，明确员工的工作职责及任职条件，以明确培训的内容。关于任务分析的研究步骤，戈德斯坦、施耐尔、徐芳等学者分别提出了不同的见解，如徐芳提出五步骤：①通过工作分析，撰写某一个职位的工作说明书；②确定某一职位应完成的具体任务是什么；③分析工作中所需要的知识、技能、能力和其他要素；④明确哪些工作任务、知识、技能、能力和态度等可以通过培训得到改进；⑤对可以通过培训加以改进的领域进行优先排序。人员分析从员工的实际状况出发，考察员工的知识结构、技能、能力、态度以及工作绩效，以确定在组织中哪些员工应该接受培训及接受何种培训。赫伯特和多弗斯派克提供一个操作模型，将人员分析的绩效评估分为四个步骤：①获取有关员工表现的各种资料，评估员工个人绩效；②发现员工在知识、技能、能力、态度和行为等各个方面与理想绩效标准之间的差距；③确认差距来源，分析差距形成的原因；④选择包括培训在内的干预措施消除差距。

2. 研究的主要内容

本研究的内容包括三个部分，主要如下。

（1）了解该校新教师校本培训方案设计的现状。主要涉及哪个部门负责制定新教师校本培训工作？方案制定的过程中，是否进行需求调查？校本培训的具体实施是否按照方案设计进行？效果如何等相关问题。

（2）采用 OTP 需求分析模式，进行中小学新教师校本培训的需求分析。组织层面主要分析：新教师校本培训工作开展的如何？有哪些成就？有哪些迫切需要解决的问题？从学校发展角度对新教师有何期待？学校是否为新教师参加校本培训创设了必要的条件和氛围？任务层面主要分析：新教师校本培训工作开展得如何？有哪些成就？有哪些迫切需要解决的问题？从学校发展角度对新教师有何期待？学校是否为新教师参加校本培训创设了必要的条件和氛围？人员层面主要分析：新教师在教学中面临哪些困难？新教师对学校校本培训有哪些需求等相关问题。

（3）借助需求分析报告，厘清案例 S 学校新教师校本培训存在的问题，并提出优化策略（图 1）。

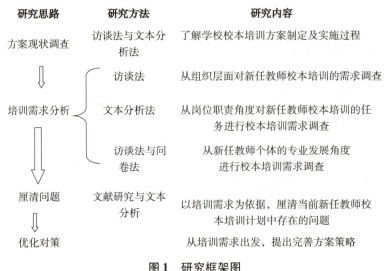

图 1 研究框架图

三、研究结果与分析

1. S 学校制定新教师校本培训方案的现状调查

关于 S 学校制定新教师校本培训方案的现状调查，涉及新教师培训需求调研情况、新教师培训活动形式、新教师对培训的满意度等，调研结果主要如下。

（1）新教师入职培训前 S 学校没有统一的需求调研。

从 S 学校上交的培训计划来看，并未发现需求调研方面的信息；通过访谈发现，学校在新教师招聘面试时会口头提问一些关于教师需求的问题。虽然学校在制定新教师校本培训计划时没有系统的需求分析，但在访谈过程中 C 校长提到学校可以通过观摩课堂教学，发现新教师专业不足，并予以帮助与指导。

（2）新教师校本培训由学校各个部门协作制定方案、开展活动，采用了岗前培训、师徒结对子、青蓝工程、教研组活动、年级组活动五种形式。

（3）校本培训基本按照计划实施，新教师对培训效果基本满意。

2. OTP 需求分析模式下 S 学校新教师校本培训的需求分析

依据 OTP 需求分析模式，从组织、任务和人员三个方面，对 S 学校新教师校本培训需求进行综合分析。

1）组织分析的发现

本研究在组织分析的发现主要表现在三个方面：高校合作办学及初高中一体化的新形势对 S 学校教师校本培训提出了新的要求；学校领导希望通过培训加快教师教学能力的提升；学校希望通过培训让"85 后""90 后"的新教师更加积极，有责任感，有担当。

S 学校 2014 年 7 月与首都师范大学合作办学，实施初、高中一体化教学。学校的改革无疑给新教师校本培训带来了新的契机：一方面，伴随初中部搬入高中部校址，学校的组织结构发生了很大的变化，学校希望通过初高中新教师培训资源整合，提升培训效率；另一方面,在区教委的协调下,与首都师范大学合作办学,学校希望充分利用高校的优质培训资源,实现理论与实践的真正结合。

近五年,S学校每年招聘新教师5名左右,当前学校入职三年以内的新教师共24名。作为区域的大校,S学校师生比仍然较低,教师短缺问题依旧突出。为此,学校领导希望通过培训让新教师尽快适应岗位,承担相应的教学任务,成为学校工作的主力。学校制定了《新教师培训目标》并提出:"一年合格,双岗熟练""三年胜任,风格初显""五年骨干,带动一片"。从培训目标的设定来看,学校领导希望新教师尽快成长。在访谈的过程中,一位新教师H谈到在入职的第一年学校就安排她承担初三毕业班的教学。"我刚毕业参加工作,学校就安排我承担初三年级的教学,也许是学校比较认可我,但是当时的客观条件是教师比较短缺。"近五年S学校招聘的新教师都是"85后"及"90后",这是一群具有鲜明个性特点的群体。在访谈Z副校长时,他提道:"通过这几年做管理工作,我觉得现在的新教师个性比较强,很多都是独生子女,人际交往,团队合作,包括他的奉献好像呈现弱化的现象,个人能力很强,但有时候在人际交往,在奉献精神方面成为短板,学校应该加强此方面的培训,提升教师这方面的能力。"

2)任务分析的发现

没有人会要求一个刚从医科大学毕业的学生独立担负一个比较复杂的手术,也没有人会让一个新的工程师去独立设计一座大型的办公大楼。但是,一位刚刚从师范院校毕业的新教师却要承担教书育人的全部任务。这样的现实是由教育的特殊性决定的,因为没有一位家长希望自己的孩子因为在一位新教师任教的班级就受到次一级的教育。因此,从现实承担任务的角度而言,新教师所承担的工作跟经验型教师承担的任务并没有什么区别,在某种程度上,新教师比老教师负担更重,有更多的工作去做。就如访谈中W老师所言:"领导开会总说年轻人就要多干点儿,我们学校所有新教师都要担任班主任工作,不管你是否愿意。各种教学比赛或日常展示活动、科研论文什么的,老教师会以给年轻人机会为托词,把好多工作推给我们。在高强度下,我们也许会成长得快些,但是压力非常大,有时候也挺无奈。"从这个角度看,实际教学工作对新教师的素质要求和优秀教师毫无差别。另一方面,S学校的教学岗位职责是面向所有教师,并未对新教师有特别的设计。

研究者以"新教师入职初期所遭遇的困难"及"新教师需求"为主题,通过文献探索新教师度过困难期所具备的相关素质发现,我国学者大多从专业情意、专业知识、专业技能等方面对新教师的发展提出要求,涵盖教育基本理论、教育心理、教学知识、课堂管理等各个方面。虽然不同研究者所持观点存在差异,但是综合起来主要围绕以下几个主题:①教师对自身职业有认同,树立良好的师德,规划职业生涯;②教师了解学科知识并知道如何将其教给学生;③教师能够通过有效的课堂组织管理技巧维持有效教学;④教师了解学生并知道他们是怎样学习,建立良好师生关系;⑤教师能够有效处理和学校领导、同事以及家长的关系,实现合作。

综合教师岗位职责文献资料和调研情况,我们认为从岗位角度看,新教师培训方面的需求主要有:提高对教师职业的认同;提高对教学规律的认识和把握,高效完成教学任务;提高人际沟通能力,有效处理和学校领导、同事以及家长的关系;遵守学校规章制度,合理安排时间,完成相关工作任务。

3）人员分析的发现

研究者依托学校开展的校本培训项目对 S 学校入职不满三年的 24 名新教师进行问卷调查，针对问卷分析情况，对新教师进行了访谈。通过整理相关访谈资料发现，新教师的培训需求主要有五个方面：希望将入职集中培训安排在暑假前或是暑期；在师徒结对子方面希望能够有机会选择师父；"青蓝工程"实施中，建议提升培训效率，重视项目的连贯性；在听评课及管理方面渴望得到教研组和年级组的帮助；在情感方面希望能够得到学校领导和同行的支持与认可。

S 学校通常将新教师入职培训安排在正式开学前 2~3 天。学校教师通常在学生正式开学前一周上班，准备新学期的各项工作。而此时安排培训，相对缩短了新教师的准备时间。在访谈的过程中，有教师提出希望调整时间，安排在暑假前或暑期。

第一，完善课堂观摩制度。增加课堂教学和班级管理相关的培训内容。研究者根据学校提供的近三年的课堂安排，归纳了 S 学校当前校本培训的基本内容，对新教师开展需求问卷调查。从调查的结果显示，新教师对课堂观摩需求度比较高，新教师希望通过观摩优秀教师的教学技能和教学技巧获得实践性知识。其次是课堂教学和班主任管理方面的培训也比较受新教师的欢迎。大多数新教师特别提出希望进班进行岗前听课，参与学科教师的评课，尤其提出希望观摩优秀教师的常规课，而且提出希望学校能够出面安排这件事。W 老师说："学校通知我们进班听课，但具体听哪位老师课，都是由我们自己去找，在联系听课教师这件事上挺浪费精力，如果领导能够出面就好了。"L 老师说："我特别想入职前把我们英语学科所有教师的课都去听一听，再去听听那些骨干教师如何开班会，可是实现比较难，前辈们总是谦虚地推辞。"

第二，丰富培训方式，注重培训细节。从入职培训的安排来看，S 学校主要采用专家讲座的形式，为此，有的新教师提出，希望学校丰富培训的形式，他们认为岗前充实的培训能够提升职业的认同感以及对学校的归属感，如 R 老师说："我们学校的入职培训有点儿单一，我朋友也是人民教师，人家入职培训搞得特别丰富，有素质拓展、专家讲座、新教师演讲比赛，培训后一下子有了归属感。"

师徒制是新教师校本培训的重要形式，深受新教师的欢迎，但是 S 学校在师徒配对的问题上随意性比较大，过于重视教师的业务水平，缺乏对教师人格特征方面的综合考虑。访谈中 Z 老师提道："我刚来，学校安排谁当我师父，就是谁，俩人是否合适完全凭运气，我根本没有选择的余地。"R 老师也提道："我师父是一位优秀的老教师，我打心眼里佩服她但是她有些高冷，每次和她在一起我都感觉有些紧张，如果学校让我自由选择，可能……"由此可见，新教师师父的选择一般是由教学校长或主任随机指派，选择的标准主要是培训者的教学能力，很少考虑其责任感、指导能力以及合作意识等因素。

第一，新教师希望指导教师与自己任教同一个年级。早在 1986 年，Huffnan 和 Leak 在其教学导师研究中发现，指导教师与受辅导教师所任教的学科与年级务必相同或相近，这样才能方便指导教师对辅导对象所任教内容、知识、教学方法、班级经营等实施全方位的协助。因此，师徒结对子必须考虑配对双方教师的年龄、学科领域，审慎进行配对。在访谈中，两位老师都谈到了此问题，H 老师提出："同学科同学段教师一起备课，我受益最多，如果我师父跟我在同一个年级，可能会更好些。这样我就能更多地去听课，随时向她请教。"

第二，建议适量减少指导教师工作量，给予物质奖励。新教师认为在教学实践中，师父对自己有很大的帮助，但是师父本身教学负担太重，繁忙的工作制约着其对新教师的关注。学校并没有因为指导教师承担辅导新教师的任务而减轻其工作量。Z 老师说："我师父经常奔波于各种培训班和会议，为了研究课题、撰写论文很晚才回家。课间吧，办公室也常常挤满了学生。我有问题时，能自己解决的，就不去给她添乱了。"。另外，指导新教师的工作是无偿的，更多的是义务性的，这也导致指导教师积极性比较低，不能深入了解新教师的问题，影响指导效果。

第三，建议学校加大过程性管理师徒制的主要参与者是指导教师和新教师本人，但学校在此过程中承担着组织与监督的职责，有的教师表示在此过程中，学校缺乏过程性的管理。R 老师说："教师节组织了拜师仪式后，学校就退出了。平时没人过问，是比较放心我们吧，其实很多活动是需要过程管理的。有些师徒关系有名无实，做做样子的，但学校也没有管。"

"青蓝工程"是 S 学校针对新教师的校本培训项目，每学期双周的周五开展，每次 50 分钟，此项目内容丰富，形式多样，通过问卷，教师们对青蓝培训的满意度比较高。但是，由于时间关系，"青蓝工程"活动的时间安排在中午教师们休息的时间，这在某种程度上大大降低了其效果。新教师刚工作就被淹没在过多的日常琐碎工作中。专题化教师培训作为促进教师职业成长和终身发展的过程，应该具有一定的连贯性，在实施过程中要总体规划、分步实施。S 学校"青蓝工程"由于培训目标过于宽泛，内容和形式安排随意性比较大，有些教师建议以"专题"的形式，梳理培训内容。

教研组和年级组作为教师在学校的基层组织，对新教师专业发展也起着非常重要的作用。在教研组安排的听课活动，新教师通过观摩直观了解到了"如何做"。但由于课后没有时间和授课教师交流自己看到的，没有时间详细询问老教师为什么这样设计，怎样想到这样设计，更没有时间将自己的设计分享，新教师只是观摩到了结果，却未能厘清教学行为背后的内隐理论。其次，在评课上，新教师存在不知如何评课的困难。S 老师说："记得我第一次参加教研组的听评课，轮到我评时，我不知道从哪里入手，如何评，我也不知道课到底存在什么问题。"新教师在听评课中存在很大的盲目性，教研组应该关注此方面，对新教师给予一些相关的帮助与指导。在访谈中，新教师提到师徒制中师父更多的是对新教师学科专业方面的辅导，但对班主任管理方面的工作指导比较少。新教师希望年级组能够弥补师徒制的不足，给予他们更多关于班级管理方面的帮助与支持。

在访谈中，新教师除了针对学校项目本身表达了自己的需求与看法，研究者还关注到了 S 学校新教师表达了两个方面的情感需求：一是希望得到学校领导、同事的认同和接纳，尽快成为教学专业中的正式合格成员；二是由于缺乏教学经验，在教学中难免出现一些问题，需要得到校长或其他教师的理解、安慰和鼓励。研究者还发现新教师情感需求是否能得到满足，教学副校长是关键人物之一，教学副校长是与教师接触最直接、最频繁的领导，他对新教师的信任、宽容、帮助和提携可以让新教师的角色适应过程更加顺利。如果教学副校长以成熟教师的标准要求新教师，对其在适应过程中出现的问题不包容，不能在适当的时候给予鼓励，也不能给新教师创造一些锻炼自我、展示自我的机会，新教师将在很大程度上产生挫败感，这将直接影响其未来的工作态度和行为。对此方面的需求，也有研究者归结为"交往需求"——新教师在入职阶段需要建立与领导、同事、学生以及家长之间融洽的职业关系,并希望得到他们的认可。

3. S 学校新教师校本培训中存在的问题及对策

1)新教师校本培训规划缺乏整体性和连续性,随意性大

作为校本培训领导小组的核心成员,校长和书记,其主要作用体现在集中培训邀请某位专家或联系主讲教师,而具体到某个讲座,对培训者所讲授的培训内容和方式要求都比较宽泛,对新教师的培训缺乏一个整体而系统的规划。例如,岗前与"青蓝工程"等集中培训由于规模效应,其内容通常以通识性知识与技能为主,与师徒结对子、学科备课组等个性化指导相比针对性弱。另一个比较突出的问题是培训内容缺乏系统性,存在随意拼凑的问题。

解决策略:抓住与首都师范大学合作的契机,依托教师专业发展项目,系统梳理新教师校本培训,负责校本培训的副校长可以选择学校两位有经验的指导教师与首师大教师专业发展领域的专家加入项目组,负责校本培训的制定与审核工作。

2)新教师培训需求分析依靠主观经验,缺乏科学、系统调研

S 学校在开展新教师校本培训过程中,更多的是依靠经验,学校领导或相关负责人认为新教师需要什么,而未进行系统的需求分析。在调研时,我们采用组织、任务、人员三种角度进行校本培训的需求分析,并把这种思路和学校的领导、老教师、新教师进行了深入交流,引导学校发现了新教师校本培训需要满足多方面需求。

解决策略:科学、系统调研需求分析对一线学校是一个难点。高效或教育学院等机构,要加强对校本培训的指导,引导学校从多个层面开展校本培训的需求分析。另外,学校目前采用的观摩新教师的课堂确定其发展需求的方式虽然有不够科学化、系统化的弊端,但是对学校来说,具有便于操作的优势。因此,需要发扬学校在这方面的优势,鼓励学校从这方面调研校本培训需求。

3)现有的校本培训不能满足组织、任务、人员三个方面的合理需求,影响了校本培训的实际效果

根据调查发现,从组织、任务、人员三个方面的需求来看,S 学校培训活动有很多值得改进的地方。

解决策略:针对与高校合作办学、初、高中一体化的战略发展方向,充分利用好高校教育资源,积极引入高校师资调研初、高中一体化办学的特征,研究新教师特别是"85 后"和"90 后"的新教师成长规律,为新教师校本培训设计特色专门课程。

在校本培训方案制定中,在重视提升教学技能的同时,切实结合学校对新教师的多种岗位需求,开展多方面的培训,避免新教师产生"教学单一中心论"的思维。要增加人际沟通能力培训内容,建议采用案例分析、老教师讲心得等形式,使新教师能够客观认识到人际沟通能力对教学工作的重要性,主动提高人际沟通技巧,有效化解教学过程中遇到的人际障碍。要增加教育工作整体介绍,使新教师认识到教育是一个系统工程,学校是一个有机整体,课堂教学只是教学中的一个环节,其他工作也很重要,直接影响教学工作的好坏,以老教师传授合理分配教学时间和其他任务时间的经验的形式,教导新教师正确认识学校教学以外的其他工作,积极完成相关任务。

学校要转变培训理念,不能仅仅站在管理者角度组织培训工作,更要树立以受培训者为主体的角度,认真调研新教师的培训需求,设计有针对性的培训方案;细化培训过程,充分考虑新教师的培训感受,及时收集新教师的培训反馈意见,根据反馈意见对样本培训方案进

行适当调整；归纳总结新教师校本培训经验，推动校本培训创新发展。这是从根本上解决校本培训工作切合人员需求的途径。

四、研究的结论与建议

本研究采用个案研究法，选取一所初、高中一体化学校作为案例，选取该校入职 1～3 年的新教师作为研究重点，对其进行系统的 OTP 校本培训需求分析，梳理出该校新教师校本培训需求，将需求报告反馈给学校校本培训管理者，指导学校对未来的校本培训工作进行调整。通过研究，我们发现以下问题。

1. 需求分析不足影响校本培训的实际效果

系统的需求分析是新教师校本培训工作的基础。学校在开展新教师校本培训过程中，没有有意识、成体系地进行需求分析，更多的是依靠经验，按照学校领导或相关负责人的意见开展校本培训工作。对培训需求分析的重视程度不够，影响了学校管理者、教师对校本培训的认识，没有把校本培训和学校的战略发展、岗位任务的有效、新教师的有效参与结合起来，现有的培训也不能满足组织、任务、人员三个方面的合理需求，导致培训走过场、效果不明显。

2. 采用 OTP 校本培训需求模式可以有效地对新教师校本培训进行系统的需求分析

我们在调研时，采用组织、任务、人员三种角度进行校本培训的需求分析，在组织需求分析中，梳理了存在三种需求：与高校合作办学及初、高中一体化，为 S 学校新教师校本培训提出新的要求；学校领导希望通过培训加快教师教学能力的提升；学校希望通过培训让"85 后"和"90 后"的新教师更加积极，有责任感，有担当。在任务需求分析中，我们总结了四个方面的培训需求：提高对教师职业的认同；提高对教学规律的认识和把握，高效完成教学任务；提高人际沟通能力，有效处理和学校领导、同事以及家长的关系；遵守学校规章制度，合理安排时间，完成相关工作任务。在人员需求分析中，我们依托学校开展的岗前培训、师徒结对子、"青蓝工程"、教研组活动、年级组活动五种校本培训形式对新教师进行需求分析调研，收集了很多新教师对培训项目提出的具体需求。

3. OTP 校本培训需求分析对改进新教师校本培训工作具有积极作用

OTP 校本培训需求能够引导学校多角度挖掘校本培训需求，满足组织、任务、人员三个方面对校本培训的合理需求；能够提高学校对校本培训工作重要性的认识，使学校认识到校本培训对推动学校战略发展、改进教学工作、提升新教师素质的作用和意义；能够帮助学校从校本培训需求的角度出发，整合现有的校本培训项目，优化现有培训项目的细节，促进不同培训方式间的有机结合，从而从根本上增强新教师校本培训效果。

参 考 文 献

[1] 赵德成，梁永正. 教师培训需求分析 [M]. 北京：北京师范大学出版社，2012.
[2] 严加平. 教师"想要的"就是"需求"了吗——OTP 模式及其在教师学习需求分析中的运用 [J]. 上海教育科研，2013（12）：35-38.

[3] 郑金洲. 校本研究指导 [M]. 北京：教育科学出版社，2002.
[4] 朱益明. 论校本教师培训的方案设计 [J]. 教育发展研究，2005（2）：23-26.
[5] 肖成全，周新. 中小学教师培训方案的有效设计与有效实施策略例谈 [J]. 中小学教师培训，2010（3）：17-19.
[6] 李方. 北京市校本培训管理与评价研究 [M]. 北京：北京出版社，2006.
[7] 胡燕琴. 新教师入职初期困难分析及对策研究 [J]. 内蒙古师范大学学报，2006（6）：89-91.
[8] 赵德成，梁永正. 培训需求分析：内涵、模式与推进 [J]. 教师教育研究，2010（11）：9-14.
[9] 周立群. 新教师常见问题调查及对策探讨 [J]. 中小学教师培训，2005（9）：3-7.
[10] 纪明泽，周坤亮，夏寅. 新教师发展需求的调查与分析 [J]. 上海教育科研，2011（12）：25-28.

专家点评

关注教师培训需求，并将其作为设计培训方案的重要依据是有效开展教师培训的前提，也是进行培训效果评估的基础。为了科学系统地分析教师培训需求，本文借助OTP需求分析模式，为教师培训需求分析提供了理论框架，以此为参照对教师校本培训个案存在的问题及其原因进行诊断分析，提出了有针对性的培训改进建议。有效的教师培训需要以理论为指导，发挥理论对于培训实践的解释、预测和调控的功能，本文就此在注重培训需求分析的科学性与规范性、发挥培训需求分析的多重功能等方面进行了有益的探索。

北京教育学院　何彩霞

新教师专业发展的内容与路径

北京师范大学大兴附属中学　王　迪

【摘　要】　新教师不仅为教师队伍增添了全新的成员,也是整个教师队伍未来发展的力量源泉。教育改革对奋战在教学一线的教师提出了新的需求,新教师要不断学习,适应并达到教育改革提出的新需求。本文认为新教师专业知识发展包括学科知识、科学文化知识和教育教学知识;新教师的专业能力分为教学设计、教学实施、班级管理、科研、评价、反思。并提出了新教师专业发展路径,具体为设立新教师专业发展管理部门、开展新教师入职培训活动、确立"学徒组"和"导师组"的一一对应、帮助新教师制定适切的专业发展规划、搭建新教师专业发展平台、考核新教师专业发展效果。

【关键词】　新教师,专业发展,内容,路径

教师队伍是我国教育发展的坚实后盾,而新教师不仅为教师队伍增添了全新的成员,也是整个教师队伍未来发展的力量源泉。教育改革对奋战在教学一线的教师提出了新的需求。教师,尤其是新教师要不断学习,适应并达到教育改革提出的新需求。此外,新教师的专业发展不仅是为了顺应教育改革的需求,也是新教师作为一名专业的教学人员必须经历的专业提升的过程。

一、新教师专业发展的重要性和必要性

1. 新教师处于教师专业发展的关键阶段

教师专业发展可以分为多个阶段,而且各阶段的相互衔接十分紧密,前一阶段的发展会直接影响随后阶段的发展。每个初入教育行业,选择教师岗位的新教师都要经历身份角色转变、由高等教育的理论学习向教育教学实践转变等一系列适应方面的问题。新教师在职业初期阶段的专业发展状况对其今后的职业发展影响深远,不仅关系着新教师自身,还影响着新教师任教的学校、整个教师队伍乃至整个教育系统的长远发展。

2. 入职阶段的专业发展状况影响着新教师的去留

新教师是我国教育行业重要的人力资源,直接影响着未来教育发展的质量。新教师在入职阶段需要迅速地完成由学生向教师的身份转变。同时,入职阶段的身份转变情况会影响新教师接下来的专业发展效果,进而影响新教师的留任率。

新教师如果不能在入职阶段得到有效的指导与帮助，顺利度过适应期，并获得专业发展的知识与能力，他们极有可能在职业初期便离开教学岗位。新教师流失会让高等院校对专业人才的培养付之东流，也给教师队伍带来了一定损失。

3. 新教师在实际的教育教学工作中面临许多困境

新教师刚刚走上教学岗位，教育教学经验相对缺乏、教育教学能力比较薄弱。另外，对课堂情境的认知不足、缺乏敏锐的洞察和判断等情况使得新教师无法准确地预见教学中可能出现的问题，从而在一系列具体问题面前无所适从，陷入困境。新教师有时会无意识地模仿他们上学时期的任课教师，即便他们并不完全认同那些老师们的教学方法，但是仍会有意或无意地效仿曾经的老师们，并在确认其有效后形成自己的经验，以至于他们无法形成自己的教学理念及有效的教学方法体系，专业发展过程也因此受阻。初入职场的新教师难免忙于日常的教学工作，少有时间和精力思考自身的专业发展问题，更不用说为了促进自身的专业发展而展开实际行动。

二、新教师专业发展的内容

叶澜（2001）指出：新教师专业发展包括专业理念、知识结构、能力结构三部分，结合教育部师范教育司（2003）和《中学教师专业标准（试行）》（2012）对教师专业知识结构和专业能力结构的表述，本文认为新教师专业包括知识和能力两部分，其中知识发展主要包含学科知识、科学文化知识和教育教学知识；新教师的专业能力分为教学设计、教学实施、班级管理、科研、评价、反思6个方面。

为了更清晰地表述新教师专业发展的内容构成，借鉴"冰山模型"（图1）来表述各部分的关系。其中，"表面素养"是新教师专业发展"冰山"以上的部分，包括基础的知识与能力，是新教师成为合格教师应具有的基础素养，是浅层的发展内容；"深层素养"是新教师专业发展"冰山"以下的部分，包括深层的知识、能力与专业理念，是新教师成为优秀教师要不断努力拓展的素养，是深层的发展内容。其中，表面素养与深层素养的划分并非绝对，两者紧密相关，不可分割。表面素养需要巩固，深层素养需要挖掘，才能促进新教师的

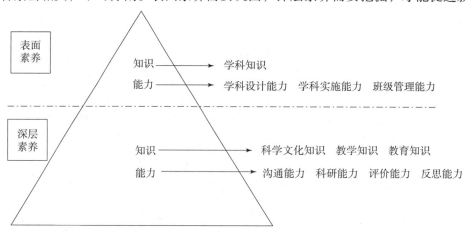

图1 新教师专业发展内容冰山模型

发展。

1. 新教师的专业知识

1）新教师的学科知识

新教师的学科知识的本质是"教什么",即教授某一学科所需要的本体性知识。扎实的学科知识是新教师开展教学工作的前提,它不仅影响新教师的课堂教学效果与教学成绩,也会影响新教师的自信心以及新教师在学生心中的印象和地位,进而影响新教师能否在学生中树立起威望。

首先,新教师的学科知识要有一定的深度。新教师要对本学科的知识有整体的把握和了解,熟知本学科的每个知识点,并了解其在教材中所处的位置。其次,新教师的学科知识还要有一定的广度。新教师要了解本学科的历史背景和发展趋势,把握其对社会与人类发展的价值及其外在的表现形式,及时吸收学习本学科的前沿知识。

2）新教师的科学文化知识

新教师的科学文化知识也是有关"教什么"的问题。科学文化知识不仅与学科知识紧密相连,也是新教师"教什么"的重要补充。教师的任务包括"教书"和"育人"两个方面。教师对学生的影响应该是全方面的,而不能局限于单一的学科知识。此外,现在的考题越来越灵活,只是把课本吃透是不够的。丰富的科学文化知识有利于新教师有效地开展教育教学工作,是新教师专业发展的重要内容。新教师要具有深厚的科学文化知识,面对学生的各种问题都能游刃有余地进行解答,以此增加学生知识面的宽度,满足学生全面发展的需求。

3）新教师的教学知识

新教师的教学知识的本质是"怎样教"。教学知识强调新教师要深入理解学科知识和科学文化知识,同时还要懂得怎样将学科知识和科学文化知识按照中小学生容易理解的方式表达出来,即以中小学生的学习特点和所教授学生的现实情况对所要讲授的知识进行加工。

对于新教师而言,对学科知识和科学文化知识的了解和熟悉或许容易,但是要把教学内容转变成学生容易接受的知识,并以学生容易理解的方式进行教授却十分困难。因此,除了掌握要"教什么",新教师还要掌握教学设计与实施、教学策略与方法等"怎样教"的教学知识。

4）新教师的教育知识

无论职前还是职后教师,掌握最弱的是学生身心发展、教与学和学生成绩评价的知识,即教育学与心理学知识。新教师的教育知识是帮助其教得更好的辅助性知识,新教师要掌握一定的教育知识,包括教育学、心理学、教育研究方法等。在中、小学阶段,了解孩子的心理是很重要的。只想着把教育做好,但是忽略了孩子的心理是不行的,摸透了孩子的心理才能跟孩子更好地沟通。

教育学和心理学知识可以帮助新教师了解中、小学生身心发展的特点及其学习的规律,教育研究方法知识可以帮助新教师有效地探究教学中遇到的问题,总结规律并解决问题。此外,一些能够启发学生思维,帮助学生产生学习兴趣的知识也是新老师需要不断学习的。

2. 新教师的专业能力

能力与知识相辅相成,同为新教师专业发展的重要内容。新教师的专业能力分为教学设计、教学实施、班级管理、科研、评价、反思等方面。其中，教学设计、教学实施与班级管理能力是"冰山"以上的部分，是新教师专业发展过程中普遍关注的能力；沟通、科研、评价与反思能力是"冰山"以下的部分，在新教师专业发展过程中常常被忽视，而这部分能力在新教师专业发展中也是不可或缺的。

1）新教师的教学设计能力

教学设计是在课堂教学活动开展之前，将课堂教学所要涉及的所有教学内容与环节，包括教学目标、条件、方法、评价等进行设计的过程。新教师要具一定的教学设计能力，在进行课堂教学前形成相对完善的教学设计。

新教师要研究课程标准、教材和教学对象。首先，新教师要研读本学科课程标准的框架及其详细内容，并对课程标准进行分析与处理；然后，新教师需要把课程标准规定的各部分教学内容联系起来，明确本学科具体的教学目标、教学要求及教学重难点，形成对本学科教学内容的整体把握，进而合理规划教学内容和教学进度。

新教师要沿着全册教材、某一册教材、某一单元教材至某一课教材的脉络，分析教材的整体性，掌握所教授阶段的教材与全册教材的联系；分析教材的编写体系和特点，掌握教材内容和整体教学目标；分析教材的各部分内容与知识点之间的逻辑关系，把握教材内容的重点与难点。

新教师在高等院校学习到的更多的是理论知识，但是走到职场上面对的是许多的学生，而学生的学习过程由两方面组成：一是学生学习动机的调动；二是学生学习效率的提升方法。新教师要清楚教学对象的整体情况，在教学中时刻考虑学生对教学的反应及其发展变化。

新教师要依据课程标准、教材与教学对象设计全面、具体且可测量的教学目标。同时，新教师要考虑到每种教学方法的优势与局限，依据自身的素养和个性特征、学生的知识与能力水平，以及学科与教学内容的特点等要素科学地选择教学方法。此外，新教师应该注重教学反思，课前完成教案，课后修改教案，在反复推敲中挖掘教材，提升自我。

2）新教师的教学实施能力

教学实施能力是教师依据教学设计在实际的课堂教学中完成课堂教学任务的能力。在教学实施能力方面，新教师要在其教学设计的基础上展开导课、讲授、提问、结课等一系列教学活动。在此过程中，新教师需要系统地调控各个教学环节，从而实现教学活动的有序开展。

首先，新教师要遵循针对性、启发性、整体性的导课原则，采取合适且高效的导课方式，利用短暂的导课时间引起学生的求知欲，激发学生的学习兴趣。其次，在授课过程中，新教师要鼓励学生参与教学互动，注重培养学生的主观能动性，采用合理的提问方式和策略以增加师生在课堂中的交流与互动。同时，新教师要能够准确、适时、规范地利用板书或课件加深学生对教学内容重点和逻辑的理解与掌握。最后，新教师在课堂教学的结尾对课堂教学内容的梳理既要全面又要突出重点。

3）新教师的班级管理能力

作为一名教师，最基本的是能不能上台讲课。尽管有些新老师很努力，课前准备很充分，可就是课上管不住学生，导致课堂教学没办法进行。有效的班级管理有利于教学工作的顺利展开，因此新教师要具备班级管理的能力。

教师的班级管理能力主要体现在对班级以及课堂的掌控与组织等方面。新教师要具有课堂教学管理、班级活动管理、班级制度建设等能力。一方面，新教师要维持课堂秩序，完成教学任务；另一方面，新教师要创建稳定有序的班级环境，并鼓励学生自主地进行班级管理。

4）新教师的沟通能力

新教师不是一个孤立的存在，因此绝不能闭门造车。一方面，新教师要与其他教师相互沟通交流教学经验，整合共同的教育资源，集聚教育力量；与任职学校内、外的相关人员相互沟通，共同完成教育教学工作。在沟通的过程中，新教师要注意与一些充满负能量的教师保持距离，避免随波逐流。另一方面，跟学生的沟通很重要，新教师要学会走进孩子的心灵世界，与学生多沟通。

此外，每个家庭不一样，孩子受家庭环境和家长的影响也不一样。绝大部分的家长都需要一个受过专业训练的"家庭教师"辅助或代替自己管理孩子的学习、成长及各方面能力提升的工作。所以，新教师不仅要和学生沟通，也要和家长沟通，承担起"家庭教师"的职责，指导家长树立正确的教育观和价值观。

5）新教师的科研能力

教育科研能力指教师运用教育研究方法，研究教学工作中出现的问题，揭示教育的本质，探寻教育规律的能力。

（1）新教师要具有开展教育科学研究的基础性能力，包括自主学习、收集研究资料、展现研究成果等能力。

（2）新教师要具有开展教育科学研究的发展性能力，包括研究的选题、研究资料的加工、动手实践、研究结果质量的分析与评价以及研究成果的推广和应用能力。

6）新教师的评价能力

评价是具有自觉性与反思性的行为，评价的实质在于不断地完善现状。新教师的评价能力应包括对学生的评价能力以及对自身的评价能力两方面。

（1）新教师需要具有对所教授学生的学习水平和发展水平进行评价的能力。新教师对学生的评价要展现学生的发展过程，让学生看到自己的成长与进步，从而激发学生的内在学习动力。

（2）新教师需要具有对自身的教学水平和发展水平进行评价的能力，以此为自身的专业发展提供支撑。新教师可以采用 SWOT（Strength，Weakness，Opportunity，Threat）分析法进行自我评价。

7）新教师的反思能力

反思是人们不断地审视自身的经历，发现其中的问题，分析问题的原因并解决问题的过程，其最终目标是"从一种不确定、怀疑和困惑的状态过渡到能够掌握问题情境、因发现解决困境材料获得满足感"。

教师专业的发展需要一个发现教学问题、分析教学问题并解决教学问题的反思过程。反思有助于新教师对有效的教育教学行为的认知、巩固与发展，也有助于新教师及时发现无效的教育教学行为、分析原因并及时改正。

新教师要通过反思来分析自己的优点以及不足，及时改进教学策略，并明确今后努力的方向。新教师专业发展的进程要伴随着不断的反思，而且反思应该涉及各个方面；新教师不仅要进行教学反思，还要进行学习反思、师德反思等。此外，新教师要勤于动笔，将反思落到实处，以案例、叙事、随笔或总结等形式记录反思的过程和结果。

三、新教师专业发展的路径

新教师的专业发展是动态的、长期的、持续不断的过程，因此需要有一定的路径，并伴有相应的制度保障。新教师专业发展路径，具体为设立新教师专业发展管理部门、开展新教师入职培训活动、确立"学徒组"和"导师组"的一一对应、帮助新教师制定适切的专业发展规划、搭建新教师专业发展平台、考核新教师专业发展效果。

1. 设立新教师专业发展管理部门

目前，大多数中小学校没有专门的新教师专业发展管理部门，而是将新教师的专业发展分散到了教研处、教务处等相关部门。为落实新教师专业发展的相关政策，有必要设置新教师专业发展的管理部门，专门负责新教师专业发展模式运行的管理工作，具体包括对新教师专业发展三年规划、工具平台、实践活动以及新教师专业发展实际效果的考核等进行管理。

新教师专业发展部门要制定相应的新教师专业发展制度。新教师专业发展制度可以引导新教师积极主动地关注自身的专业发展，提升新教师专业发展的意识，是新教师专业发展的坚实保障。新教师专业发展制度主要包括两方面：第一，参与新教师专业发展实践活动的组织或者个人的职责；第二，新教师专业发展活动实施的具体制度规定和操作程序。例如，新教师教研制度、培训制度、科研制度以及"师徒制"制度。

2. 开展新教师入职培训活动

职业适应是每个步入工作岗位的人必须解决的一个重要问题。所以选择职业很重要，但就业后是否适应的问题也值得予以重视。文献梳理与访谈资料的分析也发现新教师在入职期面临多方面的不适应问题，因此开展新教师入职培训活动是中小学校必须要重视的一项工作。新教师培训应包括新教师入职培训和入职后的长期培训两部分，其中入职培训最初应注重实用性。随着新教师工作时间的延长，逐渐加入理论性的培训内容。

新教师初次踏上工作岗位，对任职学校和教学工作尚未熟悉，入职培训主要是增强新教师对任职学校与教学工作的适应性。首先，通过入职培训使新教师熟悉并适应学校环境、文化、同事、管理方式以及办学理念等基本情况。学校要向新教师发放学校发展计划、学校手册、师生人员目录、学校规划及时间表等辅助资料帮助新教师更好更快地了解任职学校。其次，通过入职培训使新教师迅速了解学校的教学活动，帮助新教师了解在任职学校未来几年的整体工作情况。

入职培训是新教师进入学校工作的首要任务，是新教师培训的开始。在新教师今后的工作中，仍然要坚持开展长期的培训工作。另外，新教师对培训的效果较为认可，认为培训对新教师的帮助很大。

3. 帮助新教师制定适切的专业发展规划

作为一名从事教育教学工作的专业人员，每一位新教师在踏入教育行业的伊始都要认真地进行专业发展规划，积极推进自身的专业发展。新教师可以从自我分析、目标定位、发展措施三方面进行专业发展规划。

1）自我分析

清晰的自我认知是专业发展的基础。新教师应该清楚自身专业发展的实际情况，分析自身的优势与不足，在充分发挥自身优势、开展好教育教学工作的同时不断弥补不足，完善自身专业发展的内容。

2）目标定位

在现实生活中，有的教师从事教学工作十几年，甚至几十年都只是在原地踏步，没有些许成就，这与他们从教的最初几年的工作相关。新教师只有找准自己的目标，并不断努力，才能有所建树。新教师专业发展目标，不仅是新教师自身不断努力和提升的方向，也是新教师专业发展实际效果的考核标准。

3）发展措施

完成自我分析与目标定位之后，新教师要就如何实现既定目标制定具体的发展措施。在制定发展措施时，一方面，新教师要充分考虑任职学校及教育行政部门提供的专业发展平台；另一方面，新教师要担负起自身专业发展的重任，充分利用发达的信息媒体获取自身专业发展所需要的内容。中、小学校要帮助新教师从多方面出发制定符合新教师实际情况的专业发展规划，同时保证规划的可操作性。

4. 确立"学徒组"和"导师组"的一一对应

新教师的专业发展过程需要"重要的他人"的指导和帮助。在学校中，"重要的他人"就是有着丰富的教育教学阅历的老教师。老教师的指导与帮助可以帮助新教师加快成长的步伐，缩短教学适应期。实践中，许多中小学校为使新教师尽快适应教师工作都使用过或者正在使用"师徒制"的形式。

1）组建新教师"学徒组"

为了提高师徒结对的有效性，本研究认为新教师可以组成"学徒组"，在组内交流彼此遇到的教学上或其他方面的问题，如此不仅可以帮助新教师反思自己已经遇到的问题，还能够帮助新教师预设在今后的教学工作中可能会遇到的问题。

2）组建老教师"导师组"

目前，各中、小学校老教师对新教师的指导大都采用"一对一"的形式。考虑到"一对一"指导形式的局限性，可采用"一对多"和"多对一"两种形式相结合，具体要根据新教师与老教师以及任职学校教师数量等现实情况选取适合的形式，而不能仅仅局限于"一对一"指导。

老教师可以组成"导师组"指导"学徒组"解决遇到的问题。"导师组"中老教师的人员选择，可以采用"申报制"与"选拔制"相结合的双向选择方式。首先，申报的教师要对指导工作有正确的认识，要把担任新教师的指导工作看作一种责任和荣誉，而不是负担。在申报结束后，学校要从专业知识与能力、教育经验、教育科研能力与教育理念等方面对申报的教师进行严格的选拔。

同时，"导师组"中老教师的人员选择也要考虑新教师自身的意愿。在确定师徒关系前要让新教师对老教师有一定的了解，并根据新教师的学科和学段情况，以及指导教师与新教师各自的性格特点组建师徒关系。

3）明确"学徒组"与"导师组"的对应

考虑到老教师与新教师有各自的教学任务，"导师组"可以先相互交流，了解"学徒组"新教师的整体情况以及个体差异，然后指派一名老教师针对性地跟踪帮助"学徒组"的一名新教师。

4）明确"导师组"的指导内容与指导责任

入职初期，新教师需要在短时间内能够上台讲课，因此指导教师对新教师主要应该在备课、上课、听课等方面进行指导。此外，指导教师对新教师的指导应该是全方面的，既要涵盖学校的教育教学管理的方方面面，也要涉及新教师的师德和个人的情感等方面。另外，要规定指导教师的指导职责，并对指导过程和结果进行监督与考核，一方面要保证师徒双方有足够的沟通与交流；另一方面要保证指导过程与结果的有效性。

5. 搭建新教师专业发展平台

新教师专业发展管理部门要统筹协调社会、高校、中、小学校等各方力量，采用多种方式促进新教师的专业发展。搭建新教师的教研、科研、长期培训等平台，并充分利用新教师专业发展平台开展促进新教师专业发展的教研、科研、长期培训等系列实践活动。

1）新教师专业发展的教研平台

教研可以改变教师的教学理念、教学行为，增强课堂教学的效果，对于新教师的专业发展帮助巨大。教研可以帮助新教师在短时间内建立起知识体系，教会新教师备课和授课的方法等指引性的东西。

教研是一种潜移默化的形式，过了一年、两年或是三年，反观自己积累会很丰富。教研具有很强的时效性和实际性，可以帮助新教师快速成长。因此，学校有必要为新教师打造促进其专业发展的教研平台。新教师参加教研的形式主要包括备课、听评课等。在教研中进行集体备课，可以帮助新教师很快地熟悉教学内容，厘清教学内容的重难点，建立课堂教学的知识体系，以此促进新教师的专业发展。一方面，听其他教师的课，借鉴别人的课堂能帮助新教师不断进步。理性的思维观察别人的课堂，新教师可以发现自身与授课教师共同存在的问题，以及对自身教学行为进行完善；另一方面，新教师要主动请其他教师听自己的课，并给自己提意见。此外，除了要听其他教师的课、请其他教师听自己的课，新教师也要听自己的课，新教师可以将自己的课堂教学过程进行录像，以供自己课后审视和反思。

2）新教师专业发展的科研平台

教育科研可以帮助新教师实现教育实践与教育理论的相互转化。研究过程可以促使研究者不断地进行总结与反思。新教师面对的教育对象各不相同，想要做好教学工作，仅靠主观判断和教学经验远远不够，还需要借助科学的方法。

新教师驻守在教学的一线，而教学一线本身存在很多值得进行研究的课题。此外，新教师的课题主要源于某个学科或某一个范围。考虑到正常教学工作之外的时间和精力的限制，新教师可以开展教育行动研究。新教师要跟随时代发展的步伐，对教学实践进行思考和探究，同时洞察国内外及教学实践中的教育热点问题，了解、吸收前沿的科研信息，选择自己感兴趣且具有价值的教育教学问题开展课题研究，从而促进自身的专业发展。

3）新教师专业发展的长期培训平台

新教师培训工作：一方面要提高新教师的实际教学能力；另一方面也要提高新教师的专业发展意识，帮助新教师认识到专业发展的重要性，并且体验到教学工作的意义和教师职业的价值，从而不断地提升自我。

培训可以给新教师带来心理、专业和职业规划三个方面的主要收获。第一是心理方面，刚入职的老师是迷茫的，对学校、自己的本职工作、学生都不太了解，这时候培训可以从心理上给新教师以指引。第二是专业方面，培训可以帮助新教师找到将内化的知识转化为学生易于吸收的知识的方法。第三是职业规划方面，刚入职的新教师大都没有自己的职业规划，培训会帮助新教师制定三年、五年的发展目标，以及达到目标的辅助手段。

此外，培训开始前，新教师需要做好准备工作，总结自己在工作中遇到的问题，并将问题分类，必要时可以制作培训前问题单；在培训过程中，新教师可以提出问题，认真与专家学者进行分析和讨论，从而生成解决策略。与此同时，新教师要明白，并不是所有的教学问题都可以用理论进行解释，在培训过程中遇到专家学者的观念与自己的教学实践不相符时，新教师也要主动提问、敢于质疑。

6. 考核新教师专业发展效果

新教师专业发展管理部门不仅要监督新教师专业发展实践活动的开展过程，还要依据新教师专业发展目标规划对新教师专业发展的实际效果进行考核，以了解新教师专业发展的现实状况。新教师专业发展评价要从考核目的、考核标准、考核主体等方面做出明确的规定。

首先，对新教师专业发展进行考核的目的在于为新教师提供反馈信息，让新教师对自己的进步与不足有清楚的认识，以此促进新教师的专业发展。其次，新教师群体内部也存在个体差异，因此对新教师要提出恰如其分的考核标准，要以"新教师为本"开展考核。考虑到新入职的新教师的性格特点、业务水平的差异，他们会形成属于个人的能力技巧和教学模式，因此不能用绝对统一的标准去进行评价。最后，对新教师专业发展进行考核的主体应该包括新教师自身、新教师团体、指导教师、学生、家长和学校6个方面。

四、结语

教师队伍是我国教育发展的坚实后盾，新教师不仅为教师队伍增添了全新的成员，也是整个教师队伍未来发展的力量源泉新教师是我国教育组织的宝贵资源，构建新教师专业发展模式对于提升新教师的专业发展水平十分重要且必要。其中，专业发展内容是新教师专业发展模式的关键，是新教师专业发展的实质。路径是新教师专业发展模式的实现途径，对新教师专业发展的最终实现起支持与保障的作用。

参 考 文 献

[1] 叶澜，等. 教师角色与教师发展新探［M］. 北京：教育科学出版社，2001.
[2] 教育部师范教育司. 教师专业化的理论与实践［M］. 北京：人民教育出版社，2003.
[3] 教育部教师工作司. 中学教师专业标准（试行）解读［M］. 北京：北京师范大学出版社，2013.
[4] 冯莎. 新教师入职适应的影响因素及对策［J］. 教学与管理，2016（15）.
[5] 王建军. 课程变革与教师专业发展［M］. 成都：四川教育出版社，2004.
[6] 叶澜. 新世纪教师专业素养培养新探［J］. 教育研究与实验，1998（1）：41-46，72.
[7] 高圆圆. 中小学新教师专业发展模式研究［D］. 石家庄：河北师范大学，2017.

专家点评

  作为一名新教师,如何实现良好的专业发展是最为关心的问题。作者以新教师的视角,阅读了许多的文献,对新教师的专业发展理论进行了比较系统的思考。作者借助"冰山模型"从理论层面形象地阐述了自己对新教师专业发展所包含的三个方面——知识、能力、理念的理解,阐释了"表层"和"深层"的关系。在此基础上,结合实践中遇到的问题,从管理、培训、规划、平台、评价等多个方面提出了新教师专业发展的路径。

首都师范大学 刘 菁

师徒制促进小学实习教师专业化成长

北京市平谷区镇罗营中心小学　周雪梅

> **【摘　要】** 实习教师主要是指即将走上讲台步入职场的在校学生，我所在的单位连续10年承担对首都师范大学实习教师进行培训的任务，累计接待首都师范大学实习教师150余人次，主要培训形式为师徒制的教师培训方式。师徒制有助于帮助实习教师提前进入磨合期，帮助其发现自己的问题，提高自己的能力，以免在正式入职后出现多种不适。本文从自身参与师徒制的经验出发，阐述了学校内师徒制的运行方式，以基于相互协作条件下的平等、共赢的师徒关系的建立为目标，采用"多对多"师徒结对模式，通过对实习教师身份认同、课堂教学能力、班级管理能力培养等方面的指导，呈现师徒制对小学实习教师专业发展所产生的影响作用，从而为更多的即将走向小学教师岗位的实习教师提供借鉴和指导。
>
> **【关键词】** 师徒制，专业化成长，实习教师

师徒制在我国由来已久，当前师徒制也应用到教育领域之中，在培养新教师上得以广泛应用。教师的专业发展是每所学校十分关注的问题，其中新教师的专业发展更是受到普遍的关注。不可否认，师徒制作为培养新教师的有力手段，在一定程度上起到了推动作用，但同时师徒制模式下仍面临诸多问题亟待解决。

本文通过自身的教育经历，围绕师徒制制度的建立、表现形式、实施运作、管理评价等方面，对如何影响实习教师的自我认同课堂教学、教学管理等方面的专业发展进行探讨和研究，为更多的即将走向教学工作岗位的实习教师提供借鉴和指导。

一、关于师徒制与教师专业发展的研究

1. 关于师徒制的研究

师徒制，在国外称为师徒式教学指导，在我国还有其他不同的称法。例如，又称为"学徒制""师徒结对""师带徒"等，虽然称呼不一但是内涵都是一样的。师徒制包含两种：一种是为提高师范生实习质量，尚未毕业的师范实习生与中、小学教师结成师徒关系；另一情况是为帮助有经验的教师成为骨干教师，校内骨干教师或校外名师与其结对，形成师徒关系。

这两种情况既有区别也有联系。

（1）二者的培养对象和培养目标不同。前者的培养对象是实习生教师，是没有教育教学经验的即将走上工作岗位的在校学生。他们在高校期间，可能参与过短期的课堂教学观摩，但是从未真正投身于实践，没有真正意义上的接触学生接触教学。因此，对他们而言的师徒制，不仅要帮他们尽快适应教育教学，积累教学经验，还要帮助他们转变自身角色，以教师的身份投入到工作中，为他们今后的入职打下基础。而后者则不同，后者的培养对象是已经有一定经验的成长期的教师，他们一般工作三年以上，在教育教学中逐步形成了自己的一些风格。但是，还需锻造与提升，因此要由更高一层次的骨干教师带领他们尽快成长，他们的目标是成为校级骨干或者更高层次的骨干教师。

（2）二者之间也有联系，即都需要由指导教师带领，都需要在师徒制模式下，通过多种形式的帮传带，多种途径的培养，促使他们个人成长，促进属于他们自身的教师专业发展。

本文所探讨的是基于前者的师徒制，指应届毕业生与实习学校在职教师所结成的师徒关系，侧重于对实习教师身份认同、课堂教学能力、班级管理能力培养等方面的指导，呈现师徒制对小学实习教师专业发展所产生的影响作用，促进实习教师步入工作岗位后的尽快成长。

2. 关于教师专业发展的研究

对教师专业发展的理解可以分为以下两种，即教师专业的发展和教师的专业发展。教师专业的发展可有以下两种理解方式：一种是视教师职业为一种专门的职业，强调教师群体的、外在的专业性的提升；另一种是与教师培养、教育有关的专业尤其是师范教育的历史演变。教师的专业发展则强调教师个体、内在的专业性的提高，关注教师如何形成专业精神、知识、技能，可以理解为教师由非专业人员成为专业人员的过程。本研究中的教师专业发展概念指的是后者，主要探讨的是教师个体的专业发展过程。

二、实习教师在教学实践中遇到的主要问题以及建立师徒制的必要性

1. 实习教师的界定

传统的师范教育用"实习生"这一概念指参加教育实习的师范生。从教师专业化的视角来看，教师教育包括职前培养和职后发展。"学生"这一概念对于教师发展的亦"师"亦"生"的双重身份显得过于狭隘。因此，本文采用"实习教师"的概念来指高师院校职前教育阶段培养的准备做教师的人。

2. 实习教师在教学实践中遇到的主要问题

实习教师在实习期间以及入职初期面临和老教师同样繁重的教学任务和教学计划，会遇到诸多困难，这些严峻的挑战往往令新教师产生多种不适。1995年，王晓棉以问卷的方式调查了广东省几百位在职教师，通过回忆自己在新入职时期的困难，总结为下列结果：根据学生的个别差异因材施教；根据学生的知识基础和心理特点教学；教学过程的设计和教学方法的选择；组织学生外出活动；激发学生兴趣和积极性；及时根据学生的反馈调整教学；根据大纲的要求处理教材；理解教材的重点和难点；让学生了解和接受自己，建立威信；与学生交朋友，了解其个性和思想；恰当评价学生的学习情况，维持课堂纪律和控制课堂气氛。

在我们接触首都师范大学实习教师的10年间,也发现了很多实习教师实践中的一些主要问题。例如,他们书本上的知识丰富,但对小学教材不熟,对重点、难点把握不准;教学上,能够按照指导教师的要求去做,但是教学方法不灵活,不能够根据学生实际设计能够调动学生积极性的教学活动,课堂教学程序化;课堂上,容易出现秩序较乱的局面,把控课堂能力明显不足;课上讲解的成分较多,对课堂生成性的问题不能灵活处理,致使课堂教学中师生关系显得脱离、不融洽等。诸多问题源自他们初入课堂,没能将书本与实际相结合,缺少课堂实践经验。

3. 建立师徒制的必要性

由实习教师在实践中遇到的常见问题可以看出,实习教师的成长需求是一个解决适应性困难的需要而产生的,既包括胜任教学的需求,又包含安全的心理氛围的需求,心理需求的实现过程就是解决适应困难的过程。让实习教师尽快走出困惑,尽快适应学校教育教学工作,能够在自己入职后尽快成长,师徒制的介入是很好的解决途径。因为在实习期间,实习教师在师父的指导下,可以亲自参与日常班级问题的处理以及课堂教学,从而体会教育教学原则如何在实践中运用,从中获得基本的教育教学能力,这个过程既是他们的学习任务又是他们职前体验的过程。这样,就使得他们走上工作岗位后,面对教育教学的日常工作,虽"新"却不会因为"新"降低对其基本工作任务必须完成工作的要求,能够促使他们拥有一颗良好的心态去面对类似又不尽相同的教育教学工作。

在师徒制中,担任师父的指导教师需要有过硬的业务能力,要帮助实习教师尽快转变自身角色,能够以"老师"的身份较好地解决入职前所遇到的问题;对实习教师在实习过程中以"老师"的身份对教育教学实践中遇到的学生问题处理方法的进行指导;并用指导教师自身的人格魅力,对实习教师进行价值引领,促使他们愿意把"做一名合格的教师"作为自己毕业后的追求。要更好地实现师徒制的作用,就要把"指导教师"的指导落到实际的工作量中,落实到教师评价中去,落实双重教师的角色,即教学生的老师和指导实习教师的老师。

三、师徒制促进小学实习教师专业发展的实践

如何在小学开展实习教师师徒制的实践?我们基于自己的长期实践,认为应该从以下几个方面进行。

1. 师徒关系的确立

实习教师在师范院校本科期间共有三次教育实践学习的机会,第一次设置在大学二年级下学期,为期两周,学习地点为市内重点小学,均为一个师父组织3~5名师范生进行学习;第二次设置在大学三年级下学期,为期四周,学习地点为郊区小学,形式为师徒一对一;第三次设置在大学四年级上学期,为期六周,师徒一对一的结对形式。此次研究内容围绕实习教师在本科期间的第三次教育实习,探讨如何实施师徒制对促进小学教师专业化成长的作用。

实习教师和师父之间师徒关系的确立具备以下特点:首先,在年龄特征方面,师父一般是老教师。这里的"老",除资质上比较老练、具有经验外,还有一点是在年龄上要比新教

师大。这种观点很可能来自一种传统的观念，一般认为资质老、年龄大的教师往往具备丰富的教学经验，对教育教学中出现的问题，能给实习教师提供"正确"的指导。其次，个性平和的教师也是成为指导教师的又一重要因素，较为融洽的师徒关系有助于实习教师的专注力集中在专业能力的学习，不会影响其后续真正走入教师岗位时，对教师职业的人际关系产生恐惧感。最后，当他们真正走上教师工作岗位后，所取得的各种和业务有关的成绩，并不需要借助指导教师的名气，不直接与指导教师有关。于是职前与指导教师建立师徒关系确立日常化，不含任何仪式性。

2. 师徒关系的运行方式

实习教师进入小学实习，除了要熟悉小学内部的运行情况，所在学校同样会布置学习任务。因此，指导内容主要以围绕应届毕业生学校所布置的实习任务为主，包括听课、备课、讲课、说课以及班主任工作等内容。由于小学生在校的一天学习生活具有突发性的特点，新教师之前走进学校的实习经历，可以提高其处理突发事件的能力，提高应对多种事件的机智。小学阶段是人的良好品德和习惯养成的关键期，教师的工作事无巨细，需要教师用心观察，况且教育无小事，很多事情都具有即时性，发生了往往需要教师第一时间去处理解决。基于此，师父即"老"教师还应针对以上方面对实习教师做出示范和指导。

教师是一种实操性较强的工作类型。因此，实习教师的学习方式主要以实践观察为主，经过对实践结果以及观察结果的反思，总结积累经验，提高自身的专业发展。"老"教师对实习教师的指导，大多通过安排其参与实际教学活动，对其实际教育教育活动进行点评甚至提升总结，帮助他们明确对自身工作的正确认识以及帮助其实现专业发展。

"老"教师与实习教师都是成年人，指导方式也不拘泥单一。其指导经常深入浅出，使其在平日的闲聊中就能有所收获。记得一次我和实习教师在多次的修改教案后进行课堂教学实践，对备课准备充分的他，信心满满地站在了讲台上开始了机械式的课堂教学。虽然课堂教学有条不紊，但是孩子们在这种僵化式的讲课形式下没有思维发散的过程，生成效果很差。课上我们眼神交汇时，我为了缓解他的压力，总是用微笑或点头示意的方式鼓励他把一节课完整的按照备课的内容继续，达到完成教学目标的基本要求。课后，我对他说：这节课，你上得不错，咱们一起到操场放松一下，聊聊天。在聊天的过程中我针对其课堂教学中存在的教学方法的灵活性、语言的感染力等方面进行指导，使其明白，教师利用不同的教学方法向学生传递知识，在教法多样化的前提下，教师所传递给学生们的氛围信号也很重要。我说：你看，咱俩边散步边说课，你是不是很放松。学生们也是这样的，轻松愉悦的环境决定着学生的心态，也影响学生课堂的学习和思维的发展。适时适度地对实习教师进行业务方面的指导，指导教师也要方法多样，多一些耐心和鼓励。

3. 对实习教师的评价

评价的参与人员来自三个方面，主要参与评价的人员是所在实习学校的指导教师（与新教师结为师徒关系的师父），后两个方面为实习学校的校方领导以及本科院校的带队老师。在实习期间，实习教师会根据本科院校规定的任务为导向，对逐个具体任务进行实践操作，实践过程由指导教师全程参与，及时发现问题，并为新教师提出修改建议和解决策略。

实习生所在院校会以不同形式的评价，大多数会利用评价手册作为评价的载体，其中规定实习教师在实习学校完成的任务，每项任务之下都包括实习校指导教师对新教师任务完成情况的评语一栏。指导教师在完成本职任务的同时还要兼顾实习生的评价工作。因此，指导教师对实习教师的指导更倾向于直观且效率性较强的方式。填写手册需要占据实习教师以及指导教师的大量时间，甚至二人在处理其他事务时都感到力不从心，晕头转向。作为评价载体的手册，大多情况流于形式，并未起到评价应起到的指向性作用，显得无足轻重。

实习期间对实习教师的评价缺少相关标准是导致评价失败的最主要原因。无理论原则的存在，令评价的参与人员无法真正重视。评价手册存在的初衷是为了使评价更全面，更好地实现实习教师的专业发展。首先，由于重视程度低，目的只为完成任务，过程更多流于形式，意义不大；其次，对评价结果缺少反馈总结，得不到反馈不免导致重视程度的降低，学习过程也缺少动力，最终使得职前教师在整个实习过程中学习不充分，在专业方面得不到理想的发展；最后，不具备完善的考核方式，让评价无从施展，评价方向模糊。

学校在对实习教师进行评价的过程中采用三方、三稿、两课的评价方式。①三方指的是评价实习教师需要三方面的人物进行综合评价：学校的教务处、指导教师和所在实习班的全体学生，评价系数占60%。评价内容涉及教育、教学两方面，评价等级分为：A. 良好，B. 合格，C. 不合格。教务处针对实习教师的全方面进行评价，指导教师主要针对实习过程中态度和业务能力学习进行评价，学生们要评价实习教师课堂教学和班级管理的方式方法是否喜欢。②三稿包括要上交教务处实习期间的一篇教学论文、一篇教育论文和一节精读课的教案。③两课是指一节实习学科课和一节班队会课。三稿和两课的评价分别占20%。多方评价着眼点落到实处，评价结果对实习教师专业发展具备的总结性、反思性、展望性等特点。

四、师徒模式下实习教师的专业发展与收获

1. 师徒制有助于实习教师得到正确的身份认同

从学生到教师的转变是一个过程。教师身份认同是作为"人"的教师和作为"教师"的人的统一，是对自身角色以及特定价值的选择、体验，内含着对人性、道德等基本价值的评价和选择。作为教师所感受到的以及实际存在的之所以成为教师的东西，教师身份至少要包含三层意思：我认为自己是谁，我怎样看待自己的社会角色，我如何看待我与他人关系；我为什么要认同自己的身份；我是以谁的方式去认同"我们"。然而，新教师的实习教师，在小学中的身份也与正式入职的教师身份大相径庭，不同的学校对新教师身份认同影响的效果与结果也同样呈现不均等的态势。教师的身份认同受多种因素的影响，例如，最初的职业选择、入职后的薪资水平、社会地位、工作强度、工作环境等。新教师在入职前走进小学，进行身份转变的体验可以有效地预防在正式入职后出现的很多问题和麻烦。

本人所在的小学是一所优质校，不论是校园的物质环境，还是人文环境都可以说在当地名列前茅。因此，实习新教师在这样的学校实习，对自身的教师身份认同起到了很大程度的积极影响。首先，所在小学的教师工作热情很高，可以从教师的工作状态中看出，教师们是真的喜欢学生，热爱这份工作。教师们的课后谈资也大多围绕学生的教育问题，进行热烈深刻的讨论。虽然是一个班级内部的问题，但是解决方案往往是一个办公室老师全员探讨的结果。在如此欣欣向荣的环境中，令教师的工作得到更加充分的尊重，新教师的工作也得到了更广泛的支持与理解。在与实习教师的课余聊天中，我曾谈道："教师是一份特别好的职业，你给学生什么，学生就会给你反馈什么。以前我一直带高年级，不太重视卫生什么的，

但我自从带这个班开始，发现这些学生做值日特别棒，其实这就是他们以前的班主任要求的。如果你抓学生的书写严格的话，那班里的学生书写就一定不会太差。虽然教师的工作看似反复枯燥，还有很多琐碎的小事，但是学生每天都会带给你不同的惊喜。而且还有寒暑假，我和我先生就可以带老人和孩子出去旅游，别的工作哪能这样？所以我干了十多年了，还有劲头，总有期待。"这样一席话，让实习教师心中充满感动与鼓舞，也更加坚定了他们的教育梦想。"近朱者赤，近墨者黑"，因此，师徒关系中"师父"对自身的积极的身份认同也会对"徒弟"起到良好的影响。

由此可见，教师的受教育水平、工作环境、薪资保障、工作满意度等方面均是影响教师身份认同的重要因素。实习小学的教师具备较强的专业性，能够时刻敦促其不断发展专业，与之积极正确的身份认同密不可分。

2. 师徒制有助于实习教师课堂教学能力的提高

白益民在自我更新取向的教师专业发展阶段论中，把教师专业发展历程分为非关注阶段、虚拟关注阶段、生存关注阶段、任务关注阶段、自我更新关注阶段。其中，教师职业生涯发展理论中的入职期、心理发展阶段理论的单纯时期、自我更新取向的教师发展阶段论的"生存关注"阶段都指向入职未久的新教师。处于这个时期的新教师因为面临着师范生向教师转化环境突变的状况，缺少基本的教学经验而对教学工作无所适从，受到来自生活和专业两方面的压力，对未来的教师职业生涯缺少信心。因此，促进新教师的专业发展，提高他们对教学和研究等方面的专业发展就成为学校的头等大事。在师徒带教中，新教师作为"徒弟"，在有经验的老教师"师父"的指导下，逐步发展其专业。

课堂教学是展现一位教师的专业水平最直接的平台。当前处于信息爆炸的时代，学生获取知识信息的途径十分丰富。知识学问浩如烟海，实习教师若不能时常进行自我更新学习，在课堂上很容易招架不住学生的回答，再加之经验少，不免产生无措，最终无法驾驭课堂。对于初次走向讲台的实习教师，进行实际课堂教学，往往需要面对诸多的问题和困境。教学是一个互动的过程，教师需要在课前认真解读教材，进行学情分析，课上认真投入教学，调动学生的积极性，让学生能够全神贯注地参与教学活动。精彩的课堂是令师生都能收获知识、收获幸福的过程。

在指导教师的带领下，实习教师从琢磨教材，详细编写教案到做课件，每一样都是改了又改，每一个过程也都是不得不面对的困难与挑战。直到他们认为能改好地符合班级情况为止，这样才交给指导老师审批，在指导老师的批改和建议下再做修改，并且在上课前进行试讲。虽然其全身心投入其中，但是结果总是差强人意。实习教师在备课方面，充分体现其对文本解读细致深入的优点，但是因为实践经验缺乏，对教学环节设计太过细化，对学生拽得太过于紧张，不利于培养学生的能力。实习教师每一节课我们都要坚持听课，并在课后参加评课。例如，他们注重课堂上应给予每位学生发言的机会，尤其要注意坐在后排的角落里的学生。因此在选择哪位学生回答问题时不免迟疑，打破了课堂的节奏，达不到层层递进的效果。所谓"当局者迷，旁观者清"，指导教师的及时指出和指导就有助于实习教师对课堂教学节奏的把握，有助于整个课堂教学的顺利进行。在一节课上，教师的语言除规范外，还应更富有魅力，不仅要具备优雅的语言内容，更要在语气语调方面多加留心，要有抑扬顿挫的变化，如此才能抓住学生的注意力，把控好课堂，组织好教学。有指导教师在班内听课，他们的这些问题才有可能被更为明确清晰地发现，并获得合理解决。所以实习教师不要惧怕自己的不足被暴露，只有清楚地认识到自己的缺点，才有进一步提升的可能。

通过听课、改课、反思、试讲这种一次又一次的反复过程，实习教师在教态、语言、板书、提问技巧、与学生互动、评价各方面都有了显著的提高。在最后的公开课展示上，实习教师受到学校带队老师的表扬。相比最初，他们状态轻松，与学生之间的互动更自如，不仅能时刻留心学生的状态，抓住学生的发言，而且对课堂教学的随机形成都有一定的把控能力。在很大程度上，指导教师的尽职负责，不断的鼓励和帮助，对促进新教师的专业发展发挥了极其重要的作用。

3. 师徒制有助于实习教师班级管理能力培养

小学是一个人品德与习惯养成的关键期，作为班主任，不仅要在学生的学习状态上留心留意，更要注重培养班内学生良好的行为习惯和养成健康的品德素质。班主任的工作可以用事无巨细来形容，需要注意到每位学生，需要对每位学生的不良行为进行及时的指正。由于小学生的自控力较差，这就需要班主任长时间待在班里管理学生。实习老师在跟随指导老师进行班主任工作的学习过程中，主要以观察学习为主，基本在指导老师在班内的时间，实习教师主要以旁听的身份参与其中，观察班级内学生的状态，观察班主任的日常工作。但是，由于经验少，作为实习班主任，进行班级管理以及组织学生方面遇到的困境也处处存在。由此可见，仅仅通过观察学习法的方式进行班主任工作方学习成效不大。更何况要面对差异万千的学生，对症下药才是最关键所在。

目前，在师徒制模式下，对于实习老师的专业发展和有关班主任工作方面的影响方法，主要以主动观察、主动思考的形式。不过，从观察到实践，缺少参与性的指导过程。因为语文学科具备较强的人文性特点，所以在课堂教学上，语文教师也会不可避免地向学生们渗透有关品德和习惯等方面的内容，加之大多数语文教师都为班主任，班主任的工作大多围绕对班内学生的常规要求。因此，对学生的管理工作随堂随时可见，需要新任语文老师能够运用好此契机。但是，如何有效合理运用，这无疑是对新任语文教师的巨大挑战。

教师是一种实操性较强的工作类型。因此，实习教师的学习方式主要以实践观察为主，经过对实践结果以及观察结果的反思，总结积累经验，提高自身的专业发展。"老"教师对他们的指导，大多通过安排其参与实际教学活动，对其实际教育教育活动进行点评甚至提升总结，帮助实习教师明确对自身工作的正确认识以及帮助其实现专业发展。

五、结论

应届师范毕业生进入小学进行教育实习，与实习校的正式教师结为师徒关系，以一对一的形式为主。在这种模式下，师父个人的专业水平如专业能力、责任心以及个人影响力等因素都对尚未入职的师范生起着极其重要的作用。倘若师父的各项素质没有达到可以指导师范生的水平，会造成什么样的结果呢？可见，这种一对一形式的师徒制，具有很大的局限性，也存在演变为形式化的危险性。因此，为避免这种一对一形式、单一师徒制的不良结果的产生，师徒结对的方式应该多样化，模式也应逐渐向"多对多"的形式变化。这样的模式更加便于教师们在问题专业上的探讨与交流，达到共同实现专业发展成长的结果。

在新的时代背景之下，根据新教师专业成长的内在需要和教学的实际需要，师徒制模式下,对于实习教师的指导方式不再是单纯的"传、帮、带",而是一种基于相互协作条件下的平等、共赢的关系。师徒交往的过程也是资源共享、教学相长、和谐共赢、创造"自我"的过程。

在指导内容上,师徒制模式下,对于实习教师的指导以教学为核心,主要以围绕学科知识与教学技能等为主要内容。但往往由于指导教师本身的工作任务限制,对于一些管理的技巧方法无法全面向实习教师说明,在直接指导上稍显薄弱,这就需要他们能够善于观察,勤于思考,主动提问。由于对教师专业的要求日渐提高,在师徒制背景下,对于实习教师的带教内容也会逐渐丰富。明确对实习教师的带教内容,才能对教师专业发展所包括的各个方面的内容逐一突破,从而更理想地实现新教师的专业发展。

老教师即师父,对于实习教师专业发展的指导方式,包括提供相关资料、相互听课评课、共同备课和切磋讨论。多年来,师徒制模式下,这几种最基本、最方便的指导方式对促进实习教师的专业发展十分有效,使师徒制的实施效果得到了一定程度的保障。所以,这几种方式应在师徒制中继续提倡使用,使其发挥出最大效果。

虽然实习学校大多都会选用有过指导经验的教师作为实习生的师父,但面对不同类型的实习生,指导方式也应有所改变。况且,大多指导方式多为老教师的经验性知识技能,缺少理论性的指导。因此,在实习教师在教学中遇到实际性的问题,老教师很少能够做出系统性的指导解决工作。既然师徒制作为培养新教师的主要途径,相应的指导方式也应更加系统更加科学。这就需要为师父们即开设此类课程,帮助其不断提炼自己的知识,将其形成系统的体系,以更好地指导新教师。这就需要为老教师减少工作量,让二者有充足的时间磨合,促进师徒互动,实现专业成长。

完善师徒制模式的监督体制和评价体制是重点工作。目前,师徒制模式存在形式主义的问题,主要原因是相关条例的缺失。完善该处的漏洞,加强奖励鼓励机制,倡导组织多元评价,以达到师徒带动的最佳效果。评价能够帮助发现问题和解决问题,奖励政策可以达到强化的作用,提高教师们的工作积极性。

参 考 文 献

[1] 叶澜,白益民. 教师角色与教师专业发展新探 [M]. 北京:教育科学出版社,2001.
[2] 赵昌木. 教师成长:实践知识和智慧的形成和发展 [J]. 教育研究,2004 (5).
[3] 叶澜. 新世纪教师专业素养初探 [J]. 教育研究与试验,1998 (1).
[4] 王长纯. 教师专业发展对教师的重新发现 [J]. 教育研究,2002 (2).
[5] 毛齐明,岳奎. "师徒制"教师学习:困境与出路 [J],教育发展研究,2011 (22).
[6] 刘义国,林天伦. 教师教育叙事与身份认同:关联及有效性前提 [J]. 当代教育科学,2007 (21).

专家点评

  师徒制是小学实习教师培养的重要一环。作者从自身丰富的师徒制实践经验出发，针对实习教师教学实践中存在的问题，从师徒制的建立、表现形式、实施运作、管理评价等方面，总结和提炼了小学实习教师师徒制的具体实施方法。特别值得指出的是，作为一线指导教师，不仅对实施师徒制的优点有着明确的认识，同时对传统的一对一师徒制可能导致的形式化和局限性等问题也有深刻的思考，提出了在实施师徒制促进职前教师发展过程中应采用师徒结对方式多样化，模式多元化的，为实习教师创造"独立"机会等非常有价值的建议。

首都师范大学 刘 菁

后　　记

本书从策划、汇编到成册，历经数月。在成书的过程中，北京市教委领导、北京市教委人事处、北京教育学院领导给予了极大的支持和指导。北京师范大学、首都师范大学、国家开放大学、北京教育学院、北京青少年研究所等高校、科研院所专家充分发挥专业优势，对入册的论文成果给予了细致的指导，并对每篇成果进行了点评，以专业视角、点睛之笔，解读内涵、剖析新意。北京师范大学王本陆教授、北京教育科学研究院方中雄院长、首都师范大学教师教育学院王海燕教授对全书的编写工作给予了重要的指导和宝贵的建议。

本书的编写也得到各区教育两委和教师培训机构的鼎力配合。在区级教育行政部门的高度重视和教师培训机构的高效组织下，成果征集和汇总工作得以顺利推进。广大培训者、教研员、中小学校管理者、教师们积极响应、踊跃参与，彰显了对培训研究工作的极大热情。还要感谢北京理工大学出版社的编辑老师们为本书的编辑出版付出的辛苦努力。感谢所有对本书提供帮助的专家们和朋友们，虽不能一一列举，但大家的智慧与汗水体现在书页的字里行间！

受时间和水平所限，本书在编辑整理过程中不免疏漏和不足之处，仅期望以基层的实践探索为同行的工作给予一些借鉴和启发，恳请广大读者多提宝贵意见。本书盼与同行分享、切磋、互促、互进。

本书编委会
2020 年 8 月